歐陽翰，劉燁 著

當菜根譚

為商場必修課

為人處事學分修好修滿

崧燁文化

目錄

前言

人生咬得菜根香，心平氣和天地寬

《菜根譚》是明代萬曆年間問世的一部奇書。原作者洪應明，用一條條精煉的箴言警句，向世人講述為人處世的道理。本書集儒家修身齊家治國平天下的思想、佛家超凡脫俗息念觀心的禪機、道家清淨無為樂天知命的觀念於一體，人生百味，蘊集其中！綜觀全書，文辭幽雅，含義醇厚，耐人尋味。有禪、有道、有趣、有味……可以陶冶性情、練達人生！

《菜根譚》是一部論述修養、人生、處世的箴言文集，書中警句，實為傳誦千年的金玉良言！

先哲云：「人生咬得菜根香，則百事可做！」

先哲云：「急功近名者，服之可當清涼散；萎靡不振者，服之可當益智膏！」

日本企業界一致認同：「論企業經營管理的書成千上萬，而從根本上說，無一部能與《菜根譚》媲美！」

本書活學活用《菜根譚》的精髓要義，以通俗易懂的語言闡述了《菜根譚》的精氣所在。細品此書，菜根會越來越香，心智自然越來越高！一來，在快節奏的都市裡重溫早已被淡忘的真趣；二來，重新審視被金錢燒灼的頭腦；三來，尋找修身養性、待人處世的準則……

1 依阿權勢，淒涼萬古

■ 原文

棲守道德者，寂寞一時；依阿權勢者，淒涼萬古。達人觀物外之物，思身後之身，寧受一時之寂寞，毋取萬古之淒涼。

■ 譯文

恪守道德規範的人，可能會遭受一時的冷落；而那些依附權勢的人，卻會遭受永遠的淒涼。但凡通達事理、胸襟開闊的人，重視物質以外精神的價值，考慮到自己死後的名譽。所以他們寧願受一時的冷落，也不願遭受永遠的淒涼。

■ 活學活用：

依阿權勢，淒涼萬古

歷史上有不少恪守道德的高潔者，走的是寂寞的人生之路。如人們熟知的貧居陋巷、簞食瓢飲而不改其樂的顏回；身遭流放而後自沉於汨羅江的屈原；持節牧羊的蘇武；堅持抗金而血灑風波亭的岳飛等等。他們不是人生的春風得意者，但他們卻是歷史上的有德之人，千百年來，人格的魅力永遠傳頌。

相反，類似趙高、秦檜之流，生前趨炎附勢，雖可享盡榮華富貴，不可一世，卻也免不了被押上歷史的審判台，遭到審判，遭人唾棄。

據此來論，只要一個人的榮譽富貴是建立在道德之上的，那麼，一切就如山林的自然盛開之花，繁衍不息，是建立在倚仗權勢基礎上的富貴名譽所不可企及的。

2 抱樸守拙，涉世之道

■ 原文

涉世淺，點染亦淺；歷事深，機械亦深。故君子與其練達，不若樸魯；與其曲謹，不若疏狂。

■ 譯文

涉世不深閱歷短淺的人，其所受社會不良影響也就少一些；涉世很深見多識廣的人，其城府也隨之而增加。所以君子與其處世圓滑世故，不如保持質樸憨厚的個性；與其小心謹慎、委曲求全，不如豁達、豪邁一些。

■ 活學活用：

抱樸守拙，涉世之道

社會是人生的大舞台、是一所大學校。剛剛踏入社會的人，因處世缺乏經驗，所以仍能保持純樸天真的個性。但隨時光的飛逝，社會閱歷的加深，人往往變得圓滑世故。

曾有這樣一個人，主管讓他看一報告，他看了看說：「寫得不錯。」主管搖了搖頭。他趕緊說：「不過，也有一些問題。」主管又搖了搖頭。他說：「問題不大。」主管再次搖頭。他又忙說：「我建議打回這個報告。」誰想主管一言驚醒夢中人，「這新衣領真不舒服。」

你看，這樣為人處世，豈不很累？

追求「善於處世」本身並無過錯，可善於處世，並不等於要圓滑、虛偽、八面玲瓏、見風轉舵或是大耍陰謀。一味在如何討好別人，如何使自己不吃虧上下功夫，就會扭曲自己、使自己變成一條變色龍。從此點上看，為人處世，多些正直、多些真誠、多些樸實、多些灑脫，實在難能可貴。

3 心胸宜坦，才華宜藏

■ 原文

君子之心事，天青日白，不可使人不知；君子之才華，玉韞珠藏，不可使人易知。

■ 譯文

君子的心胸，應像青天白日一樣光明，沒有什麼不可以告人的事情；君子的才華，應像珍珠美玉一樣珍藏，不應輕易炫耀讓人知道。

■ 活學活用：

心胸宜坦，才華宜藏

胸懷坦蕩是做人的原則，蘊藏才華是處世的智慧。

胸懷坦蕩的人，為人光明磊落。胸懷坦蕩的人，更是一個誠實的人，他誠實地對待自己、對待他人。人民教育家陶行知曾讚揚過一位叫平老靜的老者，稱他「平凡而偉大」。平老靜是一個包子鋪的店主，他曾拿鍍金鐲子去當，贖回來的卻是真金鐲，就去當鋪還掉，大家知道平老靜光明磊落是個誠實的人，都去他的鋪子買包子，他因此而生意興隆。

一個人胸懷坦蕩，他就能與別人建立和諧的人際關係，他也就擁有了成功的基礎，但若想成功還須謹記：切忌鋒芒畢露。

鋒芒本意是刀劍的尖端，就像人們露出來的才華。有鋒芒是好事，但鋒芒可以刺傷別人，也會刺傷自己，運用起來須小心翼翼。否則，過度顯露自己的才華容易招來嫉恨，從而導致自己的失敗。當然，蘊藏才華並不是永遠藏而不露，而是「藏器於身，待時而動」，先保全自己，待時機成熟時發揮自己的聰明才智，做一番轟轟烈烈的大事業。

4 出淤不染，知巧不用

■ 原文

勢利紛華，不近者為潔，近之而不染者為尤潔；智械機巧，不知者為高，知之而不用者為尤高。

■ 譯文

權勢和財利，不接近這些的人就清白，接近了而不為之所動的人就更清白；機謀巧詐，不知道才算高明，知道了卻不使用那就更高明了。

■ 活學活用：

出淤不染，知巧不用

有的人遇到有利可圖的事，就削尖了腦袋往裡鑽；而在權勢富貴者的周圍，天天都有趨炎附勢的人聚集在一起。究其原因，只因一個「貪」字。因「貪」而聚集起來的組合不可能有人間真情，出現「富居深山有遠親，貧在鬧市無人問」的局面也不足為奇。

有貪必有失。從古至今，因權力而貪汙、因金錢而墮落喪命者比比皆是，只有人格高尚的人，才能出淤泥而不染，才能恥於機謀巧詐而不用。尤其掌握了權力和金錢的時候，卻能保持清醒、淡泊則更高尚。

智者說：「你認為美玉是寶，我則認為不貪才是寶。」同樣一個「寶」字，世人卻有著截然不同的兩種理解，哪種令人欽佩？哪種令人鄙夷？聰明的你又會選擇哪一種呢？

5 良藥苦口，忠言逆耳

■ 原文

耳中常聞逆耳之言，心中常有拂心之事，才是進德修身的砥石。若言言悅耳，事事快心，便把此生埋在鴆毒中矣。

■ 譯文

耳中常聽些不中聽的話，心中常想些不如意的事，這些都像是敦品勵德有益身心的磨刀石。反之假如聽到的每一句話都悅耳動聽，想到的每一件事都稱心如意，那就等於把自己的一生葬送在毒藥裡。

■ 活學活用：

良藥苦口，忠言逆耳

《孔子家語》中有「良藥苦口而利於病，忠言逆耳而利於行」，這句話人們常說，其間道理也顯而易見。可生活中人們往往只喜歡聽誇獎奉承之詞，別人一誇就飄飄然、得意洋洋；反之，對待逆耳忠言，一聽如坐針氈，甚至是暴跳如雷。殊不知自己生活的輕浮，在無形之中削弱了自己的上進心。

記得那窮途末路的郭國國君，逃亡之際仍改不了喜歡聽奉承話的毛病，當車伕告訴他之所以逃亡全是由於他有德，而天下人皆無德的緣故，郭君聽後喜不自禁，笑著睡熟於車上，而車伕悄悄離去，郭君死於田野。由此可見，這樣的人多麼幼稚、無知，其失敗並非偶然。

聽逆耳忠言，思失意之事，能使人更加成熟，是使人成功的階梯。從聽和思中可以認識到自己的缺點和錯誤，從而修正自己的思想言行。正如哲人所說：「人是在不斷地糾正自己的錯誤和不足中成長起來的。」

6 和氣致祥，喜神多瑞

■ 原文

疾風怒雨，禽鳥戚戚；霽日光風，草木欣欣。可見天地不可一日無和氣，人心不可一日無喜神。

■ 譯文

在狂風暴雨的天氣裡，連飛鳥也會感到惶惶不安；在風和日麗的日子中，連草木也會呈現欣欣向榮。由此可見，天地之間不能一天沒有和煦溫馨的氣氛，而人的內心也是一樣，不可以一天沒有樂觀自信的情緒。

■ 活學活用：

和氣致祥，喜神多瑞

拿破崙・希爾曾經說過：「只要你感覺你是幸福的，那麼毫無疑問你就是幸福的！」境由心生，世間萬物常隨我們心理的變化而轉移。當我們怒氣沖天時，看一切事物都覺得可恨可憎；當我們悲觀失望時，看一切事物都覺得可悲可泣；當我們喜開顏笑時，看萬事萬物都覺得可喜可樂。

一位哲人說：「你的心態就是你真正的主人。」

一位偉人說：「要麼你去駕馭生命，要麼是生命駕馭你。你的心態決定誰是坐騎，誰是騎師。」

好的心態決定好的命運。人的命運完全可以由自己掌握，面對同樣一件事，你可以是歡天喜地，也可以是憂愁悲傷。你擁有歡欣樂觀的心態，如霽日光風的天氣，使你生活健康明亮；相反，你擁有悲觀失望的心態，如狂風暴雨的天氣，使你庸人自擾一事無成。

7 真味是淡，神奇是常

■ 原文

肥辛甘非真味，真味只是淡；神奇卓異非至人，至人只是常。

■ 譯文

美酒佳餚並不是真正的美味，真正的美味只是那粗茶淡飯；有著神奇本領的人並不是最完美的人，最完美的人只是那平淡無奇的人。

■ 活學活用：

真味是淡，神奇是常

酸甜苦辣只是調味料，平平淡淡才是真。

像雞鴨魚肉、山珍海味，固然都是極其可口美味的佳餚，但吃久了會讓人厭膩覺得難以下嚥；粗茶淡飯，最益於身體，人生在世百吃不厭。做人也是同樣的道理，做一個平凡人，是修身養性的關鍵；做平凡事，才是事業成功的基礎。

做平凡人、平凡事，在平凡中堅守自己的崗位，在平凡中實踐自己偉大的理想，在不驕不矜中修養自己的品德，這樣的人總有一天能達到理想境界，在平凡之中盡顯英雄本色。

8 閒時吃緊，忙處悠閒

■ 原文

天地寂然不動，而氣機無息稍停；日月晝夜奔馳，而貞明萬古不易。故君子閒時要有吃緊的心思，忙處要有悠閒的趣味。

■ 譯文

天地好像是一動也不動，其實天地的活動從未有過片刻停息；日月晝夜都在旋轉，而日月永遠是靜靜地高懸天際、光照萬物。所以君子應效法大自然的變化，閒暇時要有緊迫感作一番打算，忙碌時也要懂得忙裡偷閒，享受一點生活中悠閒的樂趣。

■ 活學活用：

閒時吃緊，忙處悠閒

靜中有動，動中有靜，這是自然界的普遍規律。從自然的規律中來認識人生的處事法則，即一個人閒暇之時要有應變之心，緊張忙碌之中要學會忙裡偷閒，享受一點生活的樂趣。

閒時吃緊，用現代的流行語來說，就是要有「危機意識」，事前有遠見，遇事之時才能不慌不亂。《伊索寓言》中有一則這樣的故事：有一隻野豬對著樹幹磨牠的獠牙，一隻狐狸見了，問牠為什麼不躺下來休息、享樂，而且現在還沒看到獵人？野豬回答：「等到獵人和獵狗出現時再來磨牙就來不及啦！」「生於憂患，死於安樂」，只有有了「危機意識」，我們才能有備而無患，多有成功，少有失敗。

有「閒」就有「忙」，忙時應學會悠閒。在繁忙之中靜下來深思自己做事的方法是否正確；學會調理自己的情緒不至於盲目；透過生活的樂趣來平衡自己的身心。有張有弛，有勞有逸，才最有效率。

9 靜坐觀心，妄窮真露

■ 原文

夜深人靜獨坐觀心，始知妄窮而真獨露，每於此中得大機趣；既覺真現而妄難逃，又於此中得大慚忸。

■ 譯文

夜深人靜萬籟俱寂的時候，獨自一人靜坐，觀察自己的內心，你會覺得虛妄的雜念都蕩然無存，心靈的真性顯露無遺。每當這個時候常常可以獲得許多啟發和趣味，即達到返璞歸真，驅除了荒誕的雜念，又可以從中反省過失，為之感到羞愧。

■ 活學活用：

靜坐觀心，妄窮真露

古人講求寧靜致遠，淡泊明志，這裡講真心與妄心。所謂真心，就如空中明日，光輝皎潔，沒有一點烏雲遮掩。所謂妄心，就如同遮掩明月的烏雲。聖人之心經常靜如止水，凡夫之心易起妄念。人生活在大千世界之中，終日忙忙碌碌，沒有時間靜下來細細思索生命的意義，難免會產生非分的妄念，以致喪失純潔之心。只有當靜心回首時，才能真正領悟人生的真諦。

其實，做人也要像做生意那樣，每日把帳目查得清清楚楚。如果賺了，繼續努力；如果虧了，趕快改弦更張，免得一敗塗地。

俗話云：「當局者迷，旁觀者清。」自省是一種心理活動的反芻與回饋，它把當局者變成一個旁觀者，自己把自己變成一個審視的對象。正如伊壁鳩魯所說：「認識錯誤是拯救自己的第一步。」可見，自省是一種人生的大智慧。

10 快意回首，拂心莫放

■ 原文

恩裡由來生害，故快意時須早回首；敗後或反成功，故拂心處莫便放手。

■ 譯文

身處順境被人恩寵，往往會招來禍患，所以一個人在春風得意之時一定要及早清醒；遭受挫折身處逆境，有時反而會使人走向成功，因此不如意時，千萬不要輕易放棄追求。

■ 活學活用：

快意回首，拂心莫放

得意之時早回首，失意之時莫灰心。

老子《道德經》中說：「功成名遂身退，天之道。」就是勸誡人們功成名就、官顯位赫之時，就應退而賦閒，也即退一步海闊天空，因為「功高震主者身危，名滿天下者不賞」「弓滿則折，月滿則缺」，只有知足常樂，知止而止才是最明智的做法。如春秋時期的范蠡、西漢的張良，功成身退，讓人景仰。而從做人的角度來說，就是要求我們得意之時要謹慎，不驕不躁，不貪圖名利，懂得為後來者讓位。

有得意就會有失意，一個人失意之時，千萬不能自我消沉、甘於平庸、放棄追求，飽食終日而無所事事。看看那些成功者的自述與偉人們的傳記吧！可以說，每一位成功者都經歷過失敗的磨練。臥薪嘗膽的勾踐如此，因試驗炸藥從血泊中爬起來的諾貝爾如此，發明大王愛迪生也如此。可見，要取得成功，須先學習承受失敗。失敗乃成功之母。

11 澹泊明志，肥甘喪節

■ 原文

藜口莧腸者，多冰清玉潔；袞衣玉食者，甘婢膝奴顏。蓋志以澹泊明，而節從甘肥喪也。

■ 譯文

靠粗茶淡飯度日的清貧之士，操守多半像冰玉一般純潔；錦衣玉食奢侈享樂的人，多半作出卑躬屈膝的奴才面孔。大概是淡泊的生活可以培養人堅貞的意志，而奢靡安逸的生活則會使人氣節喪盡、意志消沉。

■ 活學活用：

澹泊明志，肥甘喪節

貪圖物質享受的人，他們的生活容易陷入糜爛，精神上空虛，這樣的人定會與高尚的品德遠離，越走越遠。他們的慾望永遠也不能得到滿足，為了能夠得到更多的享受，他們不惜用任何手段去鑽營，甚至卑躬屈膝、人格喪盡。正所謂「天下熙熙皆為利來，天下攘攘皆為利往。」他們無時無刻不在為一種表面現象所困擾，被世俗的一種爭搶之心占據著思想的空間。

反之，甘於平淡、有遠大志向的人，他們處在喧囂的社會之中而不煩亂，能夠為自己開闢一片自然的天空，因為他們心靈寧靜而平和，他們的志向明晰而遠大。他們身上，有著許多值得貪婪之人學習的突出優點，他們的作為無時無刻不在告誡貪婪的人們：較好的物質生活是透過辛勤勞動創造的，較高的精神是較好物質生活的基礎，沒有充實精神的物質追求是空虛的。

12 心胸開闊，恩澤綿長

■ 原文

面前的田地要放得寬，使人無不平之嘆；身後的恩澤要流得久，使人有不匱之思。

■ 譯文

待人處世要寬厚些，因為如此才不會使人有憤憤不平的怨恨；身後的恩澤要流傳久遠些，因為這樣才會使人永遠懷念。

■ 活學活用：

心胸開闊，恩澤綿長

古人云：「江海所以能為百谷王者，以其善下之。」「有容德乃大。」「唯寬可以容人，唯厚可以載物。」「君子不責人所不及，不強人所不能，不苦人所不好」，從社會生活實踐來看，寬厚的確是人在實際生活中不可缺少的素質。

做人，首先要寬以待人。反之，以敵視的目光看人，對周圍人戒備森嚴，心胸窄小，處處提防，不能寬大為懷的人，必然會因孤獨而陷於憂鬱、痛苦之中，與人交往必會招致別人的怨恨。

一個人若能寬以待人，那他在生活中肯定能與人無爭，無爭便會無禍，無爭之人更能顧及他人的利益，行善積德，一心想著為他人做一些有益的事情，這樣的人恩澤就會流傳很久，為人愛戴、為人景仰、為人懷念。

13 路留一步，味讓三分

■ 原文

徑路窄處，留一步與人行；滋味濃處，減三分讓人嘗。此是涉世一極安樂法。

■ 譯文

在狹窄的道路上行走，要留一點餘地讓別人走；有美味可口的食物，要留出三分請別人品嚐。這是為人處世一種最安樂的方法。

■ 活學活用：

路留一步，味讓三分

高爾基說：「智慧是寶石，如果用謙讓鑲邊，就會更燦爛奪目。」謙讓的確是人的美德，它不僅不會招來危害，反而是尋求安樂的有效方法。比如走在山間小道上兩人不能同時透過，如果爭先恐後互不相讓就有跌落深谷的危險，這種情況下自己停住腳步，讓他人先行才有禮貌，才不會有危險。又如享受美酒佳餚，你總是一人獨享，勢必招來別人的妒恨，面對美酒佳餚這樣有利可圖的事情，要想想周圍的人，處處為他人著想，才能有好人緣，危難之時才易得到別人的幫助。

路留一步，味讓三分，這是一種謹慎的為人處世的方式，是謙讓的美德。人絕不能自私自利，除了生活中原則性的問題必須堅持，對小事情、個人利益做到謙讓會帶來個人身心的愉悅，帶來人際關係的和諧。如果人人都能做到謙讓，那我們的社會就不會再有無謂的糾紛，到處充滿歡聲笑語。

14 做人脫俗，為學除物

■ 原文

做人無甚高遠事業，擺脫得俗情便入名流；為學無甚增益功夫，減除得物累便臻聖境。

■ 譯文

做人並不是非要懂得多少高深的大道理，一定要做大的事業才行，只要能擺脫俗欲就可躋身名流；要想求得很高深的學問，並不需要特別的祕訣，只要能排除外界的干擾保持寧靜之心，就可以進入超凡脫俗的境界。

■ 活學活用：

做人脫俗，為學除物

躋身名流並不是什麼難事，難就難在難捨物慾世俗；成就學問並沒有什麼特殊的技巧，特殊就特殊在耐得住寂寞之心。

孔子推崇其弟子顏回，就在於他遠離物慾，追求一種自我心理平衡。孔子說：「賢哉，回也！一簞食，一瓢飲，在陋巷，人不堪其憂，回也不改其樂。賢哉，回也！」顏回家境貧寒，自幼好學，注重品德修養，每日只食一簞食一瓢飲，過著粗茶淡飯的清苦生活，絲毫不受外界物質的困擾。顏回捨去物慾世俗，他被後人尊為「復聖」；顏回耐得住寂寞之心，他成就了自己的大學問。

再看今人，人們為了追求生活的享受，忽視了精神的價值，結果變成了俗不可耐的物慾奴隸。人不被物慾所奴隸，雖不能像古人所說的那樣成聖，但他有自己的志向、有堅定的意志，他的精神生活總是充實的。

15 俠氣交友，素心做人

■ 原文

交友須帶三分俠氣，做人要存一點素心。

■ 譯文

結交朋友要有幾分甘為友情赴湯蹈火的豪俠之氣，做人要存一顆樸實純潔的赤子之心。

■ 活學活用：

俠氣交友，素心做人

「君子之交淡如水」，是道家莊子的名言，與儒家《中庸》上的「君子之道，淡而不厭」是同一個道理。君子交往之道，如淡淡的流水，長流不息、淵遠流長。現代人將交友比作花香，說「友誼就像花香，越淡香氣越長久」，與古人有異曲同工之妙。

成為朋友的理由很多，但俠義之腸無疑是朋友之間最寶貴的。朋友之間，重的是義氣之交，重的是肝膽相照。交朋友要交有血性、有骨氣、有仁德的朋友。利勢、利權、利財之交不是長久之交，酒肉朋友、臭氣相投是歪曲了交友的真義。日常做人，始終應保持一顆純潔的赤子之心，光明磊落、心地善良，與志向一致、心靈相通有俠肝義膽的人相交，也是人生的一大快事。

16 受享毋逾，修為毋減

■ 原文

寵利毋居人前，德業毋落人後；受享毋逾分外，修為毋減分中。

■ 譯義

追求功名利祿不要搶在人先，進德修業不要落於人後；在物質享受上不要超過限度，在個人修養上不要降低標準。

■ 活學活用：

受享毋逾，修為毋減

人的品德修養是從實際的利益中體現和磨練出來的。

北宋范仲淹說：「先天下之憂而憂，後天下之樂而樂。」表現了一種傳統的優良人生態度，成為千百年來人們追求的一種完善道德的標準。中國歷史上的人禹含辛茹苦治水三十載，三過家門而不入，他那種吃苦耐勞、克己奉公的忘我精神，成為千古流傳的佳話。

追求功名利祿不搶在人先，進修德業不居於人後，真可謂「吃苦在前，享樂在後」，這種把快樂留給別人，自己吃苦的精神，是一個人高尚道德的具體體現。從辨證的角度來看，苦與樂相互矛盾又相互依存，樂的結果是苦，苦的結果是樂，苦樂相循是自然的法則，一個不能吃苦的人不可能成功，苦盡才能甘來。所以，在日常生活中，我們應當發揚吃苦耐勞的精神，在名利享樂上不爭先、不過度，在德業修為上時時提高、不落於人後，使自己成為一個有利於人民的人，這樣我們的精神才能充實，我們的身心才能愉悅。

17 退讓為高，利人利己

■ 原文

處世讓一步為高，退步即進步的張本；待人寬一分是福，利人實利己的根基。

■ 譯文

遇事讓別人一步是明智之舉，因為讓一步就等於為進一步留下了餘地；對待他人寬厚一點大有好處，善待他人實際上為自己以後受到善待奠定了基礎。

■ 活學活用：

退讓為高，利人利己

退讓並非懦弱，而是一種謙虛的美德，是一種我為人人的精神。孔融四歲讓梨，千古傳誦。清朝大學士張英有詩：「千里家書只為牆，再讓三尺又何妨？萬里長城今猶在，不見當年秦始皇。」張英之母深明其意，將院牆退後三尺，相爭的鄰居見了愧疚難當，同樣將院牆退後三尺，因此世間傳為佳話，至今被人樂道，「六尺巷」也保留至今，成為安徽桐城一景。

類似孔融讓梨，會增加家庭的和睦氣氛。類似張英的謙讓，則不僅是給自己和別人留下了更多的生存活動空間，也是給自己和別人的心理留下了更多轉圜的餘地，給鄰里人際關係帶來了更多謙和之氣。

進一步懸崖萬丈，退一步海闊天空。遇事退一步將有進一步的可能，待人退一步則會被人善待，與人方便，與己方便，如此皆大歡喜之事，何樂而不為呢？

18 驕矜無功，懺悔滅罪

■ 原文

蓋世功勞，當不得一個矜字；彌天罪過，當不得一個悔字。

■ 譯文

哪怕有蓋世的功勞，假如因此而驕傲自滿，就必然要栽跟頭；哪怕犯下彌天大罪，只要能悔過自新，還可以重新做人。

■ 活學活用：

驕矜無功，懺悔滅

罪一個人應該有自知之明，任何時候都應擺正自己的位置，保持自謙向上的品質。舜教導禹說：「你正因為不自誇自大，所以天下才沒人能與你爭高下。」同樣傅說告誡高宗：「如果自大自誇，即使有了美好的東西，也會喪失掉；炫耀自己的能力，就會失去自己的功勞。」舜、禹、高宗都是聖明的君王，傅說則是賢能的丞相，他們都用這些真言來告誡自己。所以我們做人必須排除一個「矜」字，更何況即使你有了功，那也只能說明過去，今天則應拋棄那榮耀的光環，一切從頭開始。

與功相對的就是罪，犯下滔天大罪的人，假如能徹底懺悔，洗新革面重新做人，邪念就會消去，罪孽也能灰飛煙滅。這就如《佛經》所云：「罪性本空由心造，心若滅時罪亦亡，心亡罪滅兩俱空，是則名為真懺悔。」所以一個人的行善與行惡僅僅是一念之差、一步之遙，並不是不可踰越的鴻溝。正所謂「放下屠刀，立地成佛」，這的確是至理名言。

19 讓名遠害，歸咎修德

■ 原文

完名美節，不宜獨任，分些與人，可以遠害全身；辱行汙名，不宜全推，引些歸己，可以韜光養德。

■ 譯文

完善的名聲和節操，不要自己集於一身，分一些給別人，可以遠離災禍而保全自身；有辱操行和敗壞名譽的事，也不要推個一乾二淨，應當自己承擔幾分，這樣就能避免鋒芒太露，培養自己良好的品德。

■ 活學活用：

讓名遠害，歸咎修德

做人不能只享美名，不擔責任。從歷史上看，一個人功高業隆、名傾天下之時，常常會遭受他人的嫉妒和猜疑。歷代君主多半殺戮開國功臣，故有「功高震主者身危」之言，如春秋時期的文仲、范蠡，他們經歷磨難，備受艱難，為越王勾踐光復了社稷江山，報了大仇，雪了大恥。本可安享富貴，范蠡卻獨具慧心，急遁江湖，並勸文仲遁去。文仲不信其言，終被越王賜劍自刎。只有像范蠡那樣明哲保身的人才能防範於未然。所以君子宜明了居功之害，將名利等物與他人一同分享，否則，就會招人嫉恨，導致災禍。

人都喜歡美名而討厭汙名。汙名固然可以損壞一個人的名譽，然而一旦不幸有汙名降身，也不可全部推給別人，一定要自己承擔幾分。這樣才不至於鋒芒太露，給人一種「眾人皆醉我獨醒」的感覺，同時也可以培養自己的品德，讓自己有寬大的胸懷。

20 業不求滿，功不求盈

■ 原文

　　事事留個有餘不盡，便造物不能忌我，鬼神不能損我；若業必求滿，功必求盈者，不生內變，必召外憂。

■ 譯文

　　不論做什麼事都要留有餘地，不要做絕，因為這樣即使是創造萬物的天地也不會嫉恨我，鬼神也不會對我造成傷害。如果對事業都追求盡善盡美，對功績都希望登峰造極，即使不從自身發生變患，也必然會招來外部禍端。

■ 活學活用：

　　業不求滿，功不求盈

　　「滿招損，謙受益。」太陽到了正午，就會西斜；月亮到了圓時，就會漸缺；事物達到極盛就會走向衰敗，這是自然的規律。

　　《易經》有言：「天的意志是將圓的變缺，讓缺的變圓；地的意志是讓實的變虛，讓空的變滿；鬼神的意志是給自滿者以損害，給謙讓者以增益。」《道德經》有言：「持而盈之不如其己，揣而銳之不可長保。」《忍經》也有言：「月盈則虧，器滿則覆，一盈一虧，鬼神禍福。」如此也難怪司馬光在《資治通鑑》中發出「漢三傑而已，蕭何繫獄，韓信誅夷，子房托於神仙」的感嘆。

　　人們凡事都追求完美，為之而絞盡腦汁。其實，不論什麼事情都不應妄想登峰造極，因為強盛到了極點，就預示著衰敗的來臨。成功之時驕傲自滿，不知進取，就會走向失敗。凡事不求盈滿，留有餘地，這也是一種處世的智慧。

21 誠心和氣，勝於觀心

■ 原文

家庭有個真佛，日用有種真道。人能誠心和氣，愉色婉言，使父母兄弟間形骸兩釋、意氣交流，勝於調息觀心萬倍矣！

■ 譯文

任何家庭都應該有一個真正需要敬拜的「真佛」，日常生活都要有一種需要努力修行的「大道」。這就是家庭成員之間以誠相待、和顏悅色，這樣才能使父母兄弟和諧無間，相互理解。常拜此「佛」勝過吃齋唸經，常修此「道」勝過調氣養性千萬倍！

■ 活學活用：

誠心和氣，勝於觀心

俗話說：「百事和為貴，家和萬事興。」這句話說明「一團和氣」在家庭中的重要性。當然，這裡所講的「和為貴」，並不是不講原則。「和為貴」是指要發揚團結在家庭中的重要作用，以期人們以家庭和諧為重，過上親密溫馨的家庭生活。

「和為貴」貴在和氣。怎樣才能達到「和為貴」的目的呢？透過對家庭問題的調查，除了樹立家庭成員和為貴的觀念外，平時要和氣處事，和氣待人。要做到和氣，需要辦事和氣，談話和氣，態度和表情和氣。現在商業上提倡微笑服務，說到底就是和氣處事，和氣待人。在家庭生活中，只要大家和氣了，就有了共同的基礎，遇到分歧也就好解決了。

22 定雲止水，鳶飛魚躍

■ 原文

好動者，雲電風燈，嗜寂者，死灰槁木；須定雲止水中，有鳶飛魚躍氣象，才是有道心體。

■ 譯文

好動的人，就像雲中閃電、一盞風前的孤燈，倏忽閃滅，不能持久；好靜的人，宛如熄火的灰燼、枯乾的樹木，毫無生氣，缺乏希望。過度變幻和過度清靜，是兩個極端，不合乎理想的人生觀，只有在緩緩浮動的雲下和平靜的水面上，出現鶖鷹飛舞、魚兒跳躍的景象，才算是達到了理想境界，人也才具備崇高的道德心胸。

■ 活學活用：

定雲止水，鳶飛魚躍

動和靜是人兩種不同的行為。正是因為它們相互對應，所以人們常常有一個錯覺：動是忙碌、追求；靜是停止、淡泊。動時就不可能靜，靜時也就不可能動，兩者互為矛盾，不能相併而生。

其實，這種想法是錯誤的，從自然界的角度來看，一個好動的人就如雲中閃電，不可能持久；而一個好靜的人就如枯乾的樹木，缺乏希望。一味地動和一味地靜都走向了人生修養的兩個極端，只有動靜合宜才最正確，也才符合儒家的中庸之道。

動中有靜，靜中有動，如此才不失人生的節度。如忙時悠閒，忙碌之時靜下來深思做事的方法，有勞有逸；如閒時吃緊，閒暇之時居安思危，未雨綢繆。正如那「定雲止水，鳶飛魚躍」之象，在極為寧靜的心境中卻蘊藏動態，這才是正確的生存之道。

23 攻人毋嚴，教人毋高

■ 原文

攻人之惡毋太嚴，要思其堪受；教人之善毋過高，當使其可從。

■ 譯文

指責別人的過錯時不能太刻薄，要考慮到對方是否能夠接受；教誨別人行善時不能期望過高，要考慮到別人是否能夠做到。

■ 活學活用：

攻人毋嚴，教人毋高

人人都喜歡表揚、稱讚，批評總令人難堪。但「人非聖賢，孰能無過？」如果我們發現別人的錯誤而不能指出，甚至還要隨聲附和，那會是件多麼令人難過、不安的事情。

因此，要擺脫「說」還是「不說」這種左右為難的尷尬局面，需要掌握批評的技巧。要考慮到時間、地點、對象等多種因素，其宗旨是要顧及到對方的自尊心，力求不傷害對方。

生活中我們常看到這樣的場面：一位主管不顧場合對其下屬大聲斥責，以為這樣可以樹立威信；一位家長不顧孩子的感受嘮嘮叨叨不停地指責，以為這是對孩子的愛……他們的做法對嗎？看一下實際效果吧，這樣批評、教誨的方式往往事與願違，即使對方感到是自己的錯誤，也會強辭奪理，甚至拂袖而去，弄得不歡而散。

如果我們謹記「攻人毋嚴，教人毋高」，私下與其交換意見，委婉表達自己的想法，並與他擺事實、講道理、分析利弊、循循善誘，他就會心悅誠服，真正接受你的批評和幫助。

24 潔自汙出，明從晦生

■ 原文

　　糞蟲至穢，變為蟬而飲露於秋風；腐草無光，化為螢而耀采於夏日。因知潔常自汙出，明每從晦生也。

■ 譯文

　　糞土中的蛆蟲是最汙穢的，但當牠變成蟬後，卻可以在秋風送爽的秋季吸吮朝露；腐爛發霉的野草本來晦暗無光，但從其中孕育而出的螢火蟲，卻能在月色皎潔的夏夜發出光彩。由此可知，高潔往往出自卑汙，光明每每生於晦暗。

■ 活學活用：

　　潔自汙出，明從晦生

　　環境對一個人的成長有影響，但一個人所處的環境並不能決定他的命運。翻開歷史就可以知道，大多數成功的人，在以前許多都是貧苦的孩子。成功的人，大多是從困乏的「學校」中訓練出來的。困境就像是人生路上的篩子，它讓強者透過，它把弱者截留。

　　戴爾·卡內基說：「不幸而為富家之子的人，他們的不幸，是因為他們從開始就背負著包袱而賽跑著。」大多數的富家子弟，總不能抵抗財富對他們的影響，這些人就像林中的一棵弱苗，他們不是窮苦孩子的對手。困境可以激發一個人的鬥志，優越卻能使一個人腐化墮落。犯錯誤的過程是一個累積經驗的過程，失敗的過程也是接受成功的過程，只要自身努力，再惡劣的環境也可以改變，再遠大的夢想也可以實現。

25 消得妄心，真心自現

■ 原文

矜高倨傲，無非客氣，降服得客氣下，而後正氣伸；情慾意識，盡屬妄心，消殺得妄心盡，而後真心現。

■ 譯文

一個人所以會有驕矜高傲的無理態度，無非是心理浮躁的表現，只有抑制住這種浮薄的心理，合乎義理的正氣才能伸張；情感、慾望及其他雜念都屬於虛幻無常的荒誕心念，只有將其徹底剷除，善良的本性才能顯現出來。

■ 活學活用：

消得妄心，真心自現

每一個人立足於社會，都要以正氣為核心力量，因為正氣乃天地之間至大至剛之氣，也就是孟子所說的浩然之氣。正氣之人重氣節、脊梁直、骨頭硬。古往今來，浩然正氣之士燦若群星，他們做人光明磊落，為國家、為民族氣壯山河；他們的言行與日月同輝，光照千秋萬代，教育、激勵著無數後人。

林則徐是浩然正氣之士的典範，他曾言：「海納百川有容乃大，壁立千仞無慾則剛。」「苟利國家生死以，豈因禍福避趨之。」都衵露了其「無慾則剛」的博大胸懷。「無慾則剛」——杜絕一切私慾，剛正不阿，堂堂正正，這就是浩然正氣之人最大的表現。

浩然正氣是人應把持的根本，只有浩然正氣才能壓服住虛驕之心，並加以消滅，才能克服虛妄不實之心，終而顯露出自己的本性，顯出一個本我。

26 事悟痴除，性定動正

■ 原文

飽後思味，則濃淡之境都消；色後思淫，則男女之見盡絕。故人常以事後之悔悟，破臨事之痴迷，則性定而動無不正。

■ 譯文

酒足飯飽之後再想那些美味佳餚，就會覺得索然無味；親近女色之後再去想那淫亂之事，便會覺得興趣全消。所以假如人們常用事後的悔悟，來作為辦一件事開端的判斷參考，就可以消除一切執迷不悟而恢復聰明的本性。能做到這一點，就會真性堅定，做事情也就不會偏離正道了。

■ 活學活用：

事悟痴除，性定動正

生活中人們常常喜歡當事後諸葛，事情做完了才明白走了彎路或為自己做的事後悔不已，可結果已經產生、損失已經造成，只能陣陣感嘆而無濟於事。所以做事要事先謹慎考慮，切忌盲目行動。

「事悟痴除，性定動正」是經驗之談，但要達到遇事不慌、臨危不亂；行而不貪，做而不過，不是一朝一夕的事。需要經過一個磨練的過程，才會建立和掌握一套方法，這就有必要慎重考慮，先正心去痴，先打破愚痴和迷妄的執著。唯有這樣才能不後悔，才能穩定本性。

痴除則事明，性定則心正。這樣做事就不會盲目，對事物就不會只看到好的一面而忽視壞的一面，使我們隨時保持清醒的頭腦，用正確的方法做事。

27 志在林泉，胸懷廊廟

■ 原文

居軒冕之中，不可無山林的氣味；處林泉之下，須要懷廊廟的經綸。

■ 譯文

身居高位，終日華車美服，要保持一種隱居山林淡泊名利的思想；棲身山野林間，每天布衣粗食，必須要有胸懷天下的雄心壯志。

■ 活學活用：

志在林泉，胸懷廊廟

中國古代知識分子受儒、道思想影響極大，表現在對待人生的問題上，一方面是出世，身處在名利場中，往往被困擾在繁瑣事務之中，不得一刻清閒，如果在百忙之中走進大自然，品味一下隱居山林的情趣，名利心就會淡一些；另一方面是入世，身處江湖的山林之中，對時事不聞不問，名為修身養性，實際上是逃避責任，如果隱居山林而不忘報國之志，關注國家興亡大事，自己的意志就會受到磨礪，以便將來走出山林有更好的作為。

出世是主張人在繁華之中要思淡泊，入世則主張淡泊之時不泯青雲之志。

但不管你出世，還是入世，都不可以忘記國家興亡的大事。在今天，人們參政議政的意識越來越強烈，表現人們意願的方式也更多，「志在林泉，胸懷廊廟」已不應是口號，更應付出行動，社會的發展已不允許人把自己封閉在社會之外，鎖在個人的小天地裡，天下興亡你我都有關係。

28 無過是功，無怨是德

■ 原文

處世不必邀功，無過便是功；與人不求感德，無怨便是德。

■ 譯文

為人處世不必追求功名顯赫，只要踏踏實實，沒有大的過失，就是功勞；幫助別人，不希求別人感恩戴德，只要大家都心平氣順，沒有怨言，便是德業圓滿。

■ 活學活用：

無過是功，無怨是德

在生活中，人們常常認為自己有功就理應得到獎賞，自己幫助了別人就理應得到別人的回報。這種觀念是錯誤的，施恩圖報，那就等於貪婪而不是給予。真正的給予，不是施小惠，完全是一種自我犧牲。真正的給予是犧牲自己照亮別人。用今天的話來說就是多奉獻，少索取，對不屬於自己的東西，不奢求不貪戀，應該順其自然，強求反而會適得其反。老子曾說：「後其身，而身先；外其身，而身存。非以其無私邪？故能成其私。」只有不以個人利益為重，無私奉獻，才能最終成就自己的大業。

「無過便是功，無怨便是德」，從這個意義上講，不邀功就可以保持自我而不被功利所迷惑，才會把奉獻、給予當成一種崇高的精神追求，而這樣的人會得回報的。

29 憂勤勿過，淡泊勿枯

■ 原文

憂勤是美德，太苦則無以適性怡情；淡泊是高風，太枯則無以濟人利物。

■ 譯文

憂國憂民，勤奮勞苦固然是一種美好的品德，但如果過度清苦就難以涵養高雅的性情；淡泊無慾本來是一種高潔的情操，但如果過度清心寡慾，對社會對他人也就不會有什麼貢獻了。

■ 活學活用：

憂勤勿過，淡泊勿枯

凡事講究適度，即便是美好的行為也是如此。太過，事物就要走向其反面。如勤於事業、忙於職業是美德，是一種敬業精神，但一味陷於忙碌之中不可自拔，因忙碌而終使自己心力憔悴、喪失了生活本應有的情趣就很不可取。再如淡泊無慾，「高貴於我如浮雲」的心境本來是一種高尚的節操，但如果太追求淡泊而忘記了自己對社會的責任，忘記了人間真情而自我封閉同樣也不可取，甚至於演變為只管清掃門前雪，不管他人瓦上霜的地步，就成了自私自利，就變成了心胸狹窄，如此就會被人們視為沒有責任感、沒有公德心，就會人情淡泊、遭人鄙夷。

因此，凡事要學會把握中庸之道，過猶不及，只有做到恰到好處才最明智。

30 事窮原初，功成觀末

■ 原文

事窮勢蹙之人，當原其初心；功成行滿之士，要觀其末路。

■ 譯文

生活中遭遇困厄的人，這時應回憶自己昔日之抱負，方能振奮精神，繼續奮進；功成行滿之人，則應未雨綢繆，自警自醒，以防晚節不保。

■ 活學活用：

事窮原初，功成觀末

作家茅盾說：「命運，不過是失敗者無聊的自慰，不過是懦弱者的解嘲，人們的前途只能靠自己的意志，自己的努力決定。」遭遇困厄的人，如果在困厄之時謹記自己昔日的抱負，能以不服氣的精神去挑戰，如此才能有飛躍的進步而克服逆境。

困厄並不可怕，可怕的是失去了走出困厄的信心。哲人說的好：「只有在困厄的砧鐵上不斷錘鍊，才能鍛造成一種鐵的品質。困境可以使強者更強，勇者越勇，也可以使弱者更弱，從此一蹶不振。」貝多芬曾陷入幾乎絕望的困境之中，但他不忘自己的理想、對音樂的追求，面對困境他大吼：「我要扼住命運的咽喉……」最終創造了舉世聞名的《命運》交響曲。總之，如果你因逆境而失去信心，那麼成功就會離你而去；如果你永遠充滿信心，不忘初志，那成功也就不再遙遠。

逆境固然可畏，可順境、成功亦可畏。成功的人就易自傲，終因驕傲而失敗；成功的人就易不思進取，終因止步不前而功敗垂成。成功之時，要能小心謹慎，未雨綢繆，自覺自醒，這樣才能善始善終，自保晚節。

31 富多施捨，智不炫耀

■ 原文

富貴家宜寬厚，而反忌刻，是富貴而貧賤其行矣！如何能享？聰明人宜斂藏，而反炫耀，是聰明而愚懵其病矣！如何不敗？

■ 譯文

一個富貴的家庭本應寬厚待人，卻反而尖酸刻薄。這種人家雖家藏萬貫，可是所作所為卻十分卑劣，這樣又怎麼能安享富貴呢？一個聰明敏銳的人，本來應該保持謙恭藏而不露，可是他卻處處炫耀。這種人看似聰明實際上卻愚昧膚淺，怎麼能不落得身敗名裂的下場呢？

■ 活學活用：

富多施捨，智不炫耀

一個人的言行要與自己的身分相符，思想要與地位相稱，否則就會有失身分，有損形象，從而影響到自己的發展。

一個富裕的人，要時時想著那些窮苦的人，因為富貴也是一件很凶險的事，眾人皆窮，唯吾獨富，易招致別人的嫉恨，引來禍端。所以宜透過捐助、慈善、義舉來為自己樹立美名，消除別人的嫉妒之心。生意鼻祖陶朱公，就曾仗義疏財而廣施眾人，終而與人相安無事。總之，多行善舉，才能常保富裕。

同樣，一個聰明的人就應做聰明的事，不處處炫耀自己的才華，而是將自己的才能默默地運用到工作之中，否則就會「聰明反被聰明誤」，因聰明而害了自己，阻礙了自己的發展和成功。

32 居卑知高，處晦知明

■ 原文

　　居卑而後知登高之為危，處晦而後知向明之太露，守靜而後知好動之過勞，養默而後知多言之為躁。

■ 譯文

　　曾處於社會底層的人，懂得身處高位的危險；在晦暗處生活過的人，知道追求榮耀實在過於招眼；甘於淡泊的人深感喜歡作為是多麼累人，保持沉默的人看得透喜歡亂發議論之人的淺薄。

■ 活學活用：

　　居卑知高，處晦知明

　　尊與卑，晦與明，靜與動，默與躁，相互對立又相互統一，它們是事物不同的兩個方面。人認識事理，往往只會站在本身的立場思考問題，而不善於站在自己的對立面去對比觀察，如此就很難認識到自己所處環境的優劣。

　　生活中處處充滿辯證法，有張有弛、有勞有逸也是對生活的一種總結。例如一個終日無所事事的人，無意之間做了一點工作，他由此就品嚐到了勞動的快樂；一個整日忙碌的人，一旦忙裡偷閒，他自會享受到悠閒的樂趣。比之更重要的是，運用辯證的眼光去看問題，則能更好地安身立命。如處於幸福之中而想到那曾經歷過的痛苦，就不至於會身在福中不知福；居於高高在上的位置，聲名顯赫，卻能想到那位低人卑的生活，自然就會不驕不躁……

　　總之，用辯證法去認識生活，會對生活有個客觀正確的理解，從而能夠正確為人，永遠不會有什麼危害。

33 放得心下，入聖超凡

■ 原文

放得功名富貴之心下，便可脫凡；放得道德仁義之心下，才可入聖。

■ 譯文

一個將功名富貴不放在心上的人，才是一個脫俗之人。一個靠自己純樸的本性，做人做事而不將仁義道德掛在心上、講在嘴上的人，才是真正的聖人。

■ 活學活用：

放得心下，入聖超凡

追求是一種高尚的行為。追求財富運用合法的手段，有了錢財，可為自己的作為提供基礎，為社會和他人盡一點力，這是好事。追求權力則透過業績的升遷，有了權力，能夠為國為民作貢獻，這也是好事。

事雖好，但切忌走向極端。如果為求功名利祿而不擇手段，以種種不道德的行為去鑽營，於是無形之中高尚的追求就變了質，讓人不恥、讓人噁心。所以一個人在平凡的奮鬥中，不可以太熱衷於功名富貴。

同樣，仁義道德也非常重要。假如有人置仁義道德而不顧，勢必被人罵是一個不通人性的禽獸。但是，如果太熱衷於仁義道德的追求，一心想讓他人讚美自己，滿口仁義道德，可事實上卻沒有敦品勵行的毅力，這樣的人就是一個偽君子。

「放得下心，入聖超凡」，只有凡事不走向極端，靠自己純樸的本性，做人做事，才能有所收穫，才能超凡脫俗，甚至成為聖人。

34 偏私害人，聰明障道

■ 原文

利慾未盡害心，意見乃害心之蟊賊；聲色未必障道，聰明乃障道之藩屏。

■ 譯文

對於利祿的追求未必全是毒害心靈的東西，只有自以為是的偏私和邪念才是殘害心靈的毒蟲；歌舞美色未必都會妨礙人的品德，只有自作聰明的人才是破壞道德的最大障礙。

■ 活學活用：

偏私害人，聰明障道

做人做事，內心的意志往往起決定作用，可人們往往看不到這一點，總是喜歡過度強調客觀的原因。

據說禪宗六祖慧能從五祖弘忍處得到了衣缽傳承後，來到了廣州法性寺，聽到兩和尚在寺前的旗幡旁爭論。甲認為：「這是幡在動。」乙則堅持：「這是風在動。」慧能則指出：「不是風動，不是幡動，是你們這些仁者的心在動。」

「仁者心動」，正如常言道：「酒不醉人，人自醉；色不迷人，人自迷」，其中具有深刻的人生哲理。名利、慾望、女色等等，都是來自外界的誘惑，對於一個意志堅定的人來說不起任何作用。只有那些意志薄弱、自作聰明的人才會被聲色犬馬所迷惑，而且還為自己找了許多理由。

因此，在人的修養中，找到自己思維的誤解，克服剛愎自用的偏見、自以為是的聰明，是對一個人意志的考驗。

35 知退一步，加讓三分

■ 原文

人情反覆，世路崎嶇。行不去處，須知退一步之法；行得去處，務加讓三分之功。

■ 譯文

人情變化無常，人生的道路崎嶇不平。遇到障礙難以透過時，必須學會暫時退避，必須明白以退為進的方法；暢通無阻，春風得意之時，也要恭謹慎行，具備遇事讓三分的美德。

■ 活學活用：

知退一步，加讓三分

為人處事必須學會謙讓，不能處處爭強好勝，不能事事出頭露尖，正所謂「忍一時風平浪靜，退一步海闊天空」，退讓也是一種極其聰明的處世方式。這也正如前面所說，在道路狹窄之處，應該停下來讓別人先行一步。只要心中有這樣的想法，那麼人生就會安詳。

凡事讓步表面上看來是吃虧，但事實上由此獲得的必然比失去的多。這其實是一種圓熟的、以退為進的做法。俗話說：「人情翻覆似波瀾」，今日的朋友，也許將成為明日的仇敵；而今日的對手，也可能成為明天的朋友。世事一如崎嶇道路，困難重重，因此走不過去的地方不妨退一步，讓對方先過，就是寬闊的道路也要讓人三分便利。這樣做，既是為他人著想，同時也是為自己，多一個朋友多一條路。

36 不惡小人，禮待君子

■ 原文

待小人，不難於嚴，而難於不惡；待君子，不難於恭，而難於有禮。

■ 譯文

對待那些卑鄙小人，態度嚴厲並不困難，困難的是不去憎恨他們；對待那些謙謙君子，態度恭敬並不困難，困難在於不容易事事合乎禮節。

■ 活學活用：

不惡小人，禮待君子

待人處世做到愛憎分明並不容易，而做到把握分寸恰到好處就更不容易。

鼠輩小人，為了一己之私，而不惜一切代價準備用各種手段來算計他人，令人防不勝防。對待小人我們常常心生憎惡，不去教育，結果小人仍是小人，或者在批評小人之時，由於心中憎恨而言語過激，一來會傷害小人自尊，使其喪失改過自新的自信心；二來得罪了小人，從而使他想方設法地破壞自己，分散精力，不能安心地工作、生活。所以與其如此，倒不如不去憎恨他們，而是真正地去愛他們，幫助他們，這樣與人與己都會有益。

反之，對待君子，我們都要敬重他們，可是如果太謙虛就會變成諂媚，使自己由於過度自卑而處於卑微地位，這就不是應有的禮貌，所以說「待君子不難於恭，而難於有禮」。

總之，待人處世應把握好分寸、尺度，過與不及都不正確，只有恰到好處，才能協調好人際關係，才合乎禮節。

37 正氣天地，清名乾坤

■ 原文

寧守渾噩而黜聰明，留些正氣還天地；寧謝紛華而甘澹泊，遺個清白在乾坤。

■ 譯文

做人寧可純真質樸，而不耍小聰明，以使自己在天地之間保留一分正氣；處世寧可平凡清貧，而不追求繁華富麗，以使自己在世上留下一個清白的名聲。

■ 活學活用：

正氣天地，清名乾坤

古人認為天地之間有正氣，喻之於人，實際上就是保持本性，就是正氣於胸。諸如那原始人類，他們處於渾渾噩噩不知掩飾的本性狀態，所以他們也就不懂得什麼功名利祿，什麼浮誇欺騙。可人類走過了幾千年，社會的發展使人聰明而複雜，保持古人的「本性」越來越難，而一味地回到那渾噩的本性狀態似又是人類的退步。

因此要做到「正氣天地，清名乾坤」，我們不必迴避現代社會的紛華，在紛華中保持幾分淡泊；我們不必追求極端的淡泊，而忽視社會的進步。

38 降魔自心，馭橫平氣

■ 原文

　　降魔者先降自心，心伏則群魔退聽；馭橫者先馭此氣，氣平則外橫不侵。

■ 譯文

　　要想制服邪惡必須先制服自己內心的邪惡，自己內心的邪惡降服之後，那麼一切妖邪都會不起作用而退卻。要想制伏蠻橫之人，必須先能駕馭自己的脾氣，心氣平和才能不心浮氣躁，如此才能懾服一切外來的橫暴勢力。

■ 活學活用：

　　降魔自心，馭橫平氣

　　對於一個人的修養來說，外在邪惡容易看到、克服，內心的邪念往往會成為自己修養中無形的障礙。

　　《六祖經》說：「心平何帶持戒，行直何用修禪」，又說「菩提只自心覓，何勞自求玄。」強調心是人一切行為的主宰。人生中最難戰勝的對手不是別人而是自己，自己才是自己最大的敵人。如要想控制蠻橫的人必須能先駕馭自己的脾氣，因為別人蠻橫的行為只有透過內心才能作用自己，並致使自己心浮氣躁，假如自己控制不住自己，便易與蠻橫之人爭吵，甚至動起武來，如此即使你制服了他，他也不會真正的服氣，心中仍想著反抗。反之，你控制住了自己，讓自己心平氣和，甚至笑臉相迎，蠻橫的人會為你的寬容而退讓，會為你的善意而羞愧。

　　修身更重要的在於修心，只要你內心靜如止水，也就可以做到「百邪不入，寒暑不侵」了。

39 教子養女，嚴出謹交

■ 原文

教子弟如養閨女，最要嚴出入、謹交遊。若一接近匪人，是清淨田中下一不淨的種子，便終身難植嘉禾矣。

■ 譯文

教導子弟，要像養育一個女孩那樣謹慎，必須嚴格管束他們的出入和所交往的朋友。一不小心結交了品行不正的人，就等於在良田之中播下了壞的種子，一年到頭也別再想長出好的莊稼。

■ 活學活用：

教子養女，嚴出謹交

環境對一個人的健康成長有著極大的影響。

孟母為孟子的健康成長曾經搬過三次家，只為選擇一個好的鄰居。生活之中，結交品行端正、心地善良、樂於助人、勤奮上進的人，這樣的朋友是益友，一生中會對你有很大的幫助。而結交酒肉朋友、為非作歹、地痞流氓之類的人，就會使自己走向墮落。

「近朱者赤，近墨者黑。」我們一定要慎重地選擇朋友，切不可濫交，一定要避免和那品行不正的人結交，免得沾染惡習。基於此理，父母教育自己的子女，師長教導自己的弟子，就要嚴格要求，不放任自流，否則後患無窮。

40 欲路勿染，理路勿退

■ 原文

欲路上事，毋樂其便而姑為染指，一染指便深入萬仞；理路上事，毋憚其難而稍微退步，一退步便遠隔千山。

■ 譯文

涉及慾望方面的事，絕對不要運用便利而貪圖便宜，一旦貪圖，就會墮入萬丈深淵；涉及光大正義、完善品德方面的事，絕對不要懼怕困難而退卻，一旦退卻，就會和真理正義有千山萬水之隔。

■ 活學活用：

欲路勿染，理路勿退

人生在世，七情六慾。慾望本非壞事，慾望、欲求這是人生的內在源動力。正因為人有慾望、欲求，才會有人的理想、信念、追求，才會有科學、藝術、進步等物質和精神的建樹。正因為人有慾望、欲求，人類才會有飛馳的轎車、摩天的大樓和可與龍宮天庭媲美的俗世物品，人類才會有奇特的幻想和各種色彩的風俗。總之，人類的文明和進步都離不開這種源驅動因素。

但慾望、欲求難得有度，失度則會貽害無窮。放縱情慾就會迷失本性，墮入欲念深淵，小則害身，大則誤國。所以古人處世修行非常講究理性的修煉，「欲路勿染，理路勿退」「一寸道九寸魔」，千萬不可等閒視之。

慾望的度難以把握，可見修煉品德是一件艱辛的事，就像登山一樣要奮力前進，否則蹉跎一生將會落得一事無成的結果，所謂「莫待老來方學道，孤墳盡是少年人。」對於慾望千萬不能放縱，對於修德千萬不要怕苦，堅持不懈，終會有所成就。

41 念頭勿濃，勿陷枯寂

■ 原文

念頭濃者，自待厚，待人亦厚，處處皆濃；念頭淡者，自待薄，待人亦薄，事事皆淡。故君子居常嗜好，不可太濃豔，亦不宜太枯寂。

■ 譯文

一個心胸開朗的人，自己的生活豐足，對待別人也講究慷慨大方，因此他凡事都講究豪華氣派；一個慾望淡泊的人，自己過著清苦的生活，對待別人也很淡泊，因此他凡事都表現的冷漠無情。所以君子日常的愛好，既不可過度講究奢侈豪華，也不可過度刻薄吝嗇。

■ 活學活用：

念頭勿濃，勿陷枯寂

生活中，許多人為人處世走向了一個極端。有人慾望強烈，他對自己講究錦衣玉食，對待別人也是過於慷慨；有人慾望淡泊，他對自己講究清苦，對待別人也冷漠無情。這兩者都不可取，因為寬厚過度就等於流於奢侈，淡泊過度就流於吝嗇。

任何事情都有一個度的問題，生活也不例外，對待自己、對待他人濃豔枯寂一定要適中，要做到既善待自己，也善待別人；既不苛求自己，也不苛求別人；既不奢侈豪華，也不寡淡無味。

浪費無度足以敗身，刻薄寡恩必將失人，這是決定人生失敗的兩大因素。心中要有一把準確的尺子，什麼事過與不及都沒有好處。

42 彼富我仁，彼爵我義

■ 原文

彼富我仁，彼爵我義，君子故不為君相所牢籠；人定勝天，志一動氣，君子亦不受造化之陶鑄。

■ 譯文

別人富裕而我堅守仁德，別人官高位顯而我堅守正義。作為君子絕不會被統治者的高官厚祿所收買。人力可以勝天，意志可以改變受到的挫折，所以君子出神入化、無拘無束，就連造物之神也無可奈何。

■ 活學活用：

彼富我仁，彼爵我義

一個活得灑脫的人，不應為身外之物所左右。

別人富裕而我堅守仁德，別人官高位顯而我堅守正義，如此我行我素。孟子說：「居天下之廣居，立天下之正位，行天下之大道，得志與民由，不得志獨善其身；富貴不能淫，貧賤不能移，威武不能屈。」不受富貴名利所誘，這才是君子的高風亮節，比之爭名奪利的小人不知高出多少倍。

一個人能保持自我的人格和遠大的理想，他就能超然物外，不為任何權勢所動。正如佛語云：「一切唯心造，自力創造非他力。」一切皆由自己造成，並非是由外力所左右。控制住了自我，外力也就沒了作用。

遵從大義，堅定自我，一個有為的人理應鍛鍊自己的意志，開闊自己的心胸，鑄造自己的人格。人定勝天，廣闊天地任我遨遊。

43 立身要高，處世須退

■ 原文

立身不高一步立，如塵裡振衣，泥中濯足，如何超達？處世不退一步處，如飛蛾投燭，羝羊觸藩，如何安樂？

■ 譯文

對自己做人的標準，一定要訂立得比世俗要高，否則，就如同塵裡振衣、泥中洗腳，又如何能超凡脫俗呢？與世相處，要處處想到忍讓，而不能像飛蛾撲火、羝羊觸藩那樣，使自己失去了退路。這樣一來，生活中有何安樂可言呢？

■ 活學活用：

立身要高，處世須退

為人處世應立大志、立高志，唯有比別人高一步立身，才可以超越眼前事物所帶給人的那些侷限，否則，就如在塵土飛揚之時抖振衣服，在泥濘中洗腳……展開的只能是一團糟的人生。

反觀歷史和現實，常常可以看到，成功者與失敗者之差，往往僅有一步之遙、一分之差。高一些立身，高一步追求，往往就能使一個人成為生活中的強者，競爭中的贏家。揭竿而起的陳勝曾嘆：「唉！低飛覓食的燕雀哪會理解鴻鵠的沖天志向呢？」聞名天下的班超曾說：「庸碌小人怎麼理解壯士的胸懷與志向啊！？」

立身要高，如此才不至於將來默默無聞，才不至於力有餘而心不足，才不至於讓「我這輩子只能如此」的想法妨礙自己更上一層樓，才不至於安於現狀而養成惰性……立身高的人，更不會與人斤斤計較，爭執不休，他目光遠大、顧全大局，以退為進，由此他能達成自己的目的，實現自己的志向，安樂地生活。

44 修道忘名，讀書深心

■ 原文

學者要收拾精神，併歸一路。如修德而留意於事功名譽，必無實詣；讀書而寄興於吟詠風雅，定不深心。

■ 譯文

做學問的人必須聚精會神、專心致志地鑽研。如果一面修養道德，另一面在乎名聲榮譽和事業成功，那麼必然不會有真正的造詣；讀書學習時卻熱衷於風花雪月吟詩作賦，那麼在學業上一定不會有所成就。

■ 活學活用：

修道忘名，讀書深心

歷來做學問講究一個「勤」字，古人云：「書山有路勤為徑，學海無涯苦作舟。」追求學業本來就無捷徑可尋，要想在學業上有一定的造詣，就必須專心致志地鑽研。西漢匡衡鑿壁偷光，晉朝車胤聚螢作囊，倪寬一邊為人作飯一邊讀書，更有甚者頭懸梁、錐刺骨，這些人都成了飽讀詩書的聖賢、國家的棟梁。反之不知勞苦，只知道吟風弄月講求風雅，尋章摘句不務實學不求甚解也不深思其意的人，永遠也不可能求得真才實學。

同樣，讀書修德不能三心二意。林語堂曾說：「讀書的主旨在於擺脫俗氣。」如果一個人讀書之時，卻想著以讀書為跳板，追求名利，那他就歪曲了讀書的真義，他也就不可能真正地讀好書，只有讀書修德忘掉功名之心，才能學有所成，這樣的人將來才能有所作為。

45 欲閉情封，咫尺千里

■ 原文

人人有個大慈悲，維摩、屠劊無二心也；處處有種真趣味，金屋、茅檐非兩地也。只是欲閉情封，當面錯過，便咫尺千里矣。

■ 譯文

每個人心中，都有一顆大慈大悲的純真之心，就連屠夫和劊子手也和以慈悲為懷的維摩詰的本性相同；世上到處都有生活的情趣，金屋和茅屋也沒什麼差別。不過人們常常為私心貪慾所矇蔽，因而使真正的生活情趣錯過，結果造成差之毫釐失之千里的局面。

■ 活學活用：

欲閉情封，咫尺千里

關於人性的討論，千百年來爭論不休，但總體上可以分為兩大陣營，即以荀子為代表者主張性惡；以孟子為代表者主張性善。孟子認為「人皆有惻隱之心，是非之心，辭讓之心，羞惡之心。」仁者見仁，智者見智，我們不必去爭論誰對誰錯，但有一點是可以肯定：人性的善惡並不因為外部世界的財富差異而有區別。天地之間充滿了真善美，這種天然的情趣存在於寒門蔽戶之中，也存於富貴人家的高樓大廈之中，一個人貪得無厭、無惡不做，即使擁有金屋也如同置於地獄一般；一個人知足常樂、心地善良，即使居住茅屋也如同生活在天堂。真可謂「欲閉情封，咫尺千里。」為私心貪慾所矇蔽，結果造成了千里之別。

由此可知，人要想快樂地生活，享受到真正的生活情趣，必須追求這一精神，不為私心貪慾矇蔽。

46 有木石心，具雲水趣

■ 原文

進德修道，要個木石的念頭，若一有欣羨，便趨欲境；濟世經邦，要段雲水的趣味，若一有貪著，便墜危機。

■ 譯文

增進品德、修煉道行，要有木石一樣堅貞的意志。如果稍微對外界事物萌生嚮往羨慕的念頭，便會被物慾所困惑；拯救世人、治理天下就要像行雲流水一樣無牽無掛，假如稍有貪念名利的念頭，便會陷入難以解脫的危機。

■ 活學活用：

有木石心，具雲水趣

不論修身養性，還是成就事業，都必須意志堅定，不為外物所擾，心志高潔。這種尋求內心悟性的方式用之於經邦濟世、從政當權有積極的意義。

一個富貴者可能富可敵國，一個當權者可以權傾朝野，但很難具備隱世者的淡泊情趣，很難具有雲遊者的無憂無慮飄然出世，那種恬淡超逸的清高志趣，絕對不是一個沉迷於世俗名利富貴中的凡夫俗子所能體會的。

沉迷世俗之中的凡夫俗子體會不了，但一個經邦濟世之人必須具備這樣的胸襟，如此他才能看淡一切名利而保持廉潔。如果一味地貪圖榮華富貴、功名利祿，就無異於在自掘墳墓，不僅不可能為國為民出力，甚至還會失去性命。

富貴易使人貪婪，權力易使人腐化，唯有保持木石一樣堅貞的意志，對待名利像行雲流水一樣無牽無掛，才能不隨波逐流。

47 吉人安詳，凶人殺機

■ 原文

吉人無論作用安詳，即夢寐神魂，無非和氣；凶人無論行事狠戾，即聲音笑語，渾是殺機。

■ 譯文

心地善良的人，不論言談舉止都鎮定安詳，就是夢中也是一團和氣，充滿善意；性情凶暴的人，無論做什麼事情都心狠手辣，就是平日面帶微笑與人交談，也都潛藏著無限殺機。

■ 活學活用：

吉人安詳，凶人殺機

俗話說：「江山易改，本性難移。」一個心地善良的人，由於他內心毫無邪念，所以處處與人為善、一團和氣，正由於他心地善良，不做虧心事自然不怕鬼叫門，所以他的言談舉止都能鎮定安詳。反之，一個性情凶暴的人，由於他內心充滿邪念，所以處處算計別人、警惕別人，正由於他心地邪惡，所以他時時刻刻存在噁心，就是平時談笑間也充滿凶殺之氣。

善人與惡人如此不同，由此從一個人的言談舉止、音容笑貌之中便可分辨其善惡。在交友之時，要善於從細微處觀察對方。益友猶如良師在側，惡友如惡虎凶狼，用人識人亦是如此。

為人處世，不可輕信於人，要靠自己的雙眼明察秋毫，識面識心。

48 昭欲無罪，冥先無罪

■ 原文

　　肝受病，則目不能視，腎受病，則耳不能聽。病受於人所不見，必發於人所共見。故君子欲無得罪於昭昭，先無得罪於冥冥。

■ 譯文

　　肝部有病，則視力下降，腎部有病，則聽力下降。有病的地方人們雖然看不見，但卻能在人們看得見的地方表現出來。因此，君子如果希望自己在光天化日之下不被指責，就需要在無人看得見之處不做傷天害理之事。

■ 活學活用：

　　昭欲無罪，冥先無罪

　　俗話說：「要想人不知，除非己莫為。」古人講修身主要是對自我道德的完善，是推崇一種慎獨的處世觀。所謂慎獨，就是指在別人看不見、聽不到的地方，也能心中明亮，堅持始終如一的處世道德觀念，絕不做任何見不得人的事情。

　　做到慎獨，主要在於自檢自省、自我約束。慎獨能使人在無人監督或不受輿論譴責的情況下，謹慎處世，潔身自好，從而自覺調理好自己與他人、個人與社會之間的關係。

　　對於慎獨，古人有「瓜田不納履，李下不整冠」之類的訓誡。意思是，當孤身一人經過別人瓜田時，即使鞋子脫落了，也不要彎腰去提撿鞋子，以免別人懷疑你在偷瓜；同理，在經過別人的李樹下時，即使帽子被碰歪了，也不要舉手去戴正它，以免別人懷疑你在偷李子。可見，在處世時，要成為品格高尚的人，繞避類似瓜田李下的種種嫌疑，就不可不慎獨。此理古今相通，在今天依然有著現實的意義。

49 少事為福，多事為禍

■ 原文

福莫福於少事，禍莫禍於多心。唯苦事者，方知少事之為福；唯平心者，始知多心之為禍。

■ 譯文

最大的幸福就是無事一身輕，最大的禍患就是疑神疑鬼。只有那些整天奔波勞累的人，才知道無事是一種福氣；只有那些心如止水的人，才知道多心是多麼有害。

■ 活學活用：

少事為福，多事為禍

一個人應具備「大智若愚，大巧若拙」的境界，這樣就不會被瑣事纏身，不會被人言所困。在平常生活中，也應該以無事一身輕為幸福，因為所有的禍端多半是由某事而來。

多事又緣於多心，多心是招致禍端最大的根源，一個多心的人，於事無異於杞人憂天者，由於疑心病而廢寢忘食、惶惶不可終日。於人無異於狹窄小人，正所謂「君子坦蕩蕩，小人長戚戚」，一個心地光明的人自然俯仰無愧，既不懷疑別人也不怕被人懷疑；而小人卻不是這樣，心眼又小，疑心又重，所以麻煩不少，是非不斷。

「少事為福，多心為禍」，趨吉避凶於此才是真理，聰明的人又怎能不這樣做呢？

50 方圓處世，寬嚴待人

■ 原文

處治世宜方，處亂世當圓，處叔季之世當方圓並用；待善人宜寬，待惡人當嚴，待庸眾之人宜寬嚴互存。

■ 譯文

生活在政治清明天下太平時，待人接物應嚴正剛直、愛憎分明；處在政治黑暗天下紛爭的亂世，待人接物應圓潤變通、隨機應變；當國家行將衰亡的末世，待人接物就要剛直與圓潤並用。對待善良的君子要寬厚，對待邪惡的小人要嚴厲，對待一般平民大眾要寬嚴互用。

■ 活學活用：

方圓處世，寬嚴待人

太平盛世有明君賢和為政，能採納善言表彰善行，所實行的是大公無私的善政，所以一個人的言行即使剛直嚴正，也不會受到任何政治迫害。反之，假如是處於昏君奸臣當政的亂世，言行就必須盡量圓潤，否則就有招致殺身之禍的危險。從政如此，待人同樣。這種待人處世的方式有一定的借鑑意義。

一個人不能抱著滿腔熱情、懷著赤子之心卻不顧實際環境，不看周圍大眾的水平而自顧自地施展抱負，在待人處事的方式上一成不變，如果這樣，結果將是撞一鼻子灰而一事無成。

51 忘怨忘過，念功念恩

■ 原文

我有功於人不可念，而過則不可不念；人有恩於我不可忘，而怨則不可不忘。

■ 譯文

為別人辦了好事不要念念不忘，但如果作了對不起別人的事不能不經常反省；反之，別人有恩於自己要時時牢記，別人做了傷害自己的事就不可以不立即忘記。

■ 活學活用：

忘怨忘過，念功念恩

在日常生活中與別人因小事而結怨，就會造成人與人之間的隔閡。輕者不利於團結，重者則發展成窩裡反，妨礙了事業的發展，當事者還可能兩敗俱傷，誰也占不了便宜，乃至於身敗名裂。因此，從這些方面說，對待怨恨、別人的過失，應善於忘記，正所謂「冤家宜解不宜結」，忘記才是明智之舉。而如果是自己做了對不起別人的事，則更需要反省，誠懇地向別人道歉，以求化解怨恨。

而對於恩，常有「恩將仇報」「忘恩負義」「過河拆橋」之言，這都是由於自己辦了好事卻念念不忘，以有恩者自居，這種做法很淺薄，易招來別人反感，所以不如忘記。而對於別人有恩於自己，在不失原則的前提下，知恩圖報，既是個人良知的顯現，也會加強加深人際關係的友好度。

52 施而無求，求而無功

■ 原文

施恩者，內不見己，外不見人，則斗粟可當萬鐘之報；利物者，計己之施，責人之報，雖百鎰難成一文之功。

■ 譯文

施恩惠給別人的人，不可以將這種恩惠記在心上，不應有讓別人讚美的念頭，這樣即使是向別人布施了一斗米，也可以收到千萬石米的回報；用財物幫助別人的人，如果總計較自己對別人的施捨，而且要求別人報答，這樣即使是付出了一百鎰，也難收到一文錢的功德。

■ 活學活用：

施而無求，求而無功

古人云：「為善不欲人知。」幫助別人就要出於真心誠意，而不是利用別人來沽名釣譽，或者是炫耀自己的實力。一個出於真心助人的人，絕不會心存半點讓人回報的念頭。

「有心為善雖善不賞，無心為惡雖惡不罰」，行善是一種品行的自然流露，是一種人間真情的自然顯現。所以施之無所求，有所求反而會沒有功勞。雪中送炭、千里寄鵝毛，才可以看到真誠，如果冒行善之名做偽善之事，滿口仁義道德，背地裡卻做見不得人的勾當，這不僅不是積德，反而是敗德，終究會受到懲罰。

53 相觀對治，方便法門

■ 原文

人之際遇，有齊有不齊，而能使己獨齊乎？己之情理，有順有不順，而能使人皆順乎？以此相觀對治，亦是一方便法門。

■ 譯文

人生的際遇，有好的也有不好的，因此怎能希望自己永遠吉星高照呢？自己的情感，有時穩定有時浮躁，因此又怎能要求別人永遠都有情有理呢？按照這一道理將心比心想一想，確實不失為一種行之有效的處世做人的訣竅。

■ 活學活用：

相觀對治，方便法門

看別人的機運，有順暢之時，也有失意之時，因此我們誰也不可能希望自己永遠得意而不失意。既然如此，就要求我們，在自己一帆風順之時，不要得意忘形，要有遭受挫折的心理準備，因為誰都有走下坡路的時候；在自己境遇不佳之時，不要心灰意冷，不要嫉妒那些比自己運氣好的人，相信透過自己不懈的努力也能獲得成功。

看自己的情緒，有穩定也有浮躁的時候，既然自己也無法做到讓自己的情緒永遠處在和順之中，那我們就應該寬容別人的浮躁之心，在別人心浮氣躁時應該理解，這樣就可以避免爭執。

看別人的齊與不齊，來反觀自己；看自己的順與不順，來反觀別人，從中我們可以領悟一些道理，由此提高修養，更加明白事理。

54 心地乾淨，方可學古

■ 原文

心地乾淨，方可讀書學古。不然，見一善行竊以濟私，聞一善言假以覆短，是又藉寇兵而齎盜糧矣。

■ 譯文

只有心地純潔的人才可以透過讀書向古人學習。否則的話，就可能利用先賢的美德來達到個人的目的，或者利用先賢的好語來掩飾自己的缺點。這無異於將兵器借給強盜，送糧食給小偷一樣。

■ 活學活用：

心地乾淨，方可學古

一個心地純潔、品德高尚的人有了學問，就可以用學問修身、治國、平天下，用自己的聰明才智去做有益於社會、有益於人類的事情。一個心術不正的人有了學問，卻好比如虎添翼，他會利用自己掌握的學問，去做各種危害人的事情，他們以君子的姿態好話說盡卻壞事做絕，有的甚至為一己之私而做出禍國殃民的勾當，這些人與其擁有了智慧，還不如沒有智慧的好。

做學問的同時，必須培養良好的思想品德才行；有了學問，必須做有利於社會、有利大眾的事情。總之，學習，必須保持自己「心地乾淨」。

55 儉者有餘，拙者全真

■ 原文

奢者富而不足，何如儉者貧而有餘；能者勞而府怨，何如拙者逸而全真。

■ 譯文

奢侈的人，即使富甲天下仍然不知滿足，怎能比得上節儉的人，雖然一貧如洗卻快樂美滿；有才能的人雖然終日操勞，卻招致了許多怨言，怎能比得上拙笨的人，既能安閒無事又能保持純真的天性。

■ 活學活用：

儉者有餘，拙者全真

知足常樂，平凡是真。生活奢侈的人，無論他多麼富有，他在精神上卻是一個乞丐，他揮霍著財富，表面上看來好像快樂，其實他的內心卻感到很不滿足。正所謂「欲壑難填」，他的財產越多慾望越多，慾望越多痛苦也就越多。反之，一個生活節儉的人，他平日量入為出，他不富有甚至一貧如洗，但在慾望上沒有非分之想，因此他能多多體驗平凡生活的樂趣，也是在品嚐一種真實的人生。

生活上要知道滿足，工作中也要講究方法。有才能的人，工作上很忙碌，但往往事與願違。因為事必親躬，自己辛勞，還會壓抑了別人的才能，使人無從表現，從而招致怨恨。此點對於主管更為重要，作為主管的才能不應表現在如何親為上，而應做到宏觀組織管理，使每個人都能盡其所能，這樣不但能把事情辦好，還會使自己身心輕鬆愉悅。

56 學以致用，立業種德

■ 原文

讀書不見聖賢，如鉛槧傭；居官不愛子民，如衣冠盜；講學不尚躬行，如口頭禪；立業不思種德，如眼前花。

■ 譯文

讀書如果不能領會聖賢的思想，那不過是書本的奴隸；做官如果不知道體恤百姓，那就無異於衣冠楚楚的大盜；只知研究學問卻不注意身體力行，那就不過是誇誇其談罷了；建功立業者如果不想著布施德行，那就只能如曇花一現，不會長久。

■ 活學活用：

學以致用，立業種德

讀書是為了什麼？書呆子們從來不去思考這個問題，他們只為讀書而讀書。而聰明的讀書人卻十分認真地正視這一問題，他們知道讀書最主要的是能親身去做、去行、去實踐，這就是我們常說的學以致用。陸游對此曾說：「紙上得來終覺淺，絕知此事要躬行。」讀書切忌紙上談兵，應去呆氣、傻氣和迂腐的言行，否則，僅僅將讀書的興致寄託在對風雅詩文的吟誦上，誇誇其談，那就不易有什麼深刻的內心感受和大的收穫。讀書不能以所學指導言行，指導實踐，用於社會，那樣的人只能是書的奴隸，沒有什麼用處。

讀書旨在學以致用，造福人類，居官、立業同樣如此，如果不能益於社會、益於子孫後代，那麼官不會長久，業不會牢靠，史不會留名。

57 讀心中書，聽本真曲

■ 原文

人心有一部真文章，都被殘篇斷簡封錮了；有一部真鼓吹，都被妖歌豔舞淹沒了，學者須掃除外物，直覓本來，才有個真受用。

■ 譯文

每個人心中都有一部真正的錦繡文章，可惜卻被內容不健全的雜亂文章給封閉了；每個人心中本來都藏著一部美妙動聽的樂曲，可惜卻被一些妖豔的歌舞給掩蓋了。因此一個讀書人，必須排除物慾，直接用自己的智慧尋求本性，才能得到受用不盡的真學問。

■ 活學活用：

讀心中書，聽本真曲

對事物要學會透過現象看本質，讀書也是同樣。

孔子說：「學而不思則罔，思而不學則殆。」學習和思考必須兩相兼顧，缺一不可。只學不思必不明其意，只思不學會一無所得。

學習的內容有書本知識也有社會知識，無論是哪一種，如果一個人不求甚解，那麼就不可能學到真正的學問；一個人只知讀書而不會思考，那麼他就無法用智慧去分辨書中所講道理的是非，就無法從書中找出一個真我，孟子說：「盡信書不如無書」，說的正是這個道理。

學和思不可分離。書讀多了，思考多了，便會形成自己的思想和認識，成為自己精神世界的組織部分，書讀到了這種境界才是真正有了大學問。

58 苦心得悅，得意生悲

■ 原文

苦心中常得悅心之趣；得意時便生失意之悲。

■ 譯文

艱苦之時常能感到愉悅之趣，得意之時常存失意之悲。這是一種有修養之士的苦樂觀。

■ 活學活用：

苦心得悅，得意生悲

任何事情都是在不斷地發展變化的，痛苦與歡樂，成功與失敗，總是相輔相成。

苦樂可以相互轉化，得失不是絕對永恆。用這種觀點看待我們的人生，就是要做到：艱苦悲傷之時要對前途充滿希望，要有戰勝困難的勇氣和毅力；反之，春風得意之時也別忘記失意時的惆悵，要隨時準備迎接更大困難的挑戰。

哲人說：「苦是樂的種子，樂是苦的根苗。」人不能因為一時的得失而決定自己一生的命運，不能因為一時的苦樂而放棄人生的奮鬥。

59 富貴名譽，自德而來

■ 原文

富貴名譽，自道德來者，如山林中花，自是舒徐繁衍；自功業來者，如盆檻中花，便有遷徙興廢；若以權力得者，如瓶缽中花，其根不植，其萎可立而待矣。

■ 譯文

富貴和名譽，假如是憑藉著高尚的品德而贏得，那就如同山林中的野花，充滿生機，會不斷繁殖綿延不絕；假如是透過建功立業取得，那就如同花園中的盆栽一般，只要稍微移動，花木的成長就會受到嚴重影響；假如是靠強權獲得，那就如同花瓶中的鮮花，缺乏牢固的根基，很快便會枯萎凋謝。

■ 活學活用：

富貴名譽，自德而來

《左傳》有「君子三立：立德、立功、立言。」在這三項不朽的事業中，立德是居於首位的。

只有靠道德力量獲得的社會地位才會長久，只有透過辛勤勞動取得的財富才能保留。飛來橫財，它意味著大災，伴隨著毀滅；虛假的榮譽，經不起時間的考驗，轉眼之間便會原形畢露。

道德是成就富貴名譽的基礎，它要求我們客觀上伸張社會的正氣，主觀上則使自己無愧於人類的良知，而自己的財富要透過勞動付出得來，自己的社會地位要靠道德力量獲得。

60 幸列頭角，立言立行

■ 原文

春至時和，花尚鋪一段好色，鳥且囀幾句好音。士君子幸列頭角，復遇溫飽，不思立好言，行好事，雖是在世百年，恰似未生一日。

■ 譯文

每當時光又將天地萬物帶入到溫暖祥和的春天，自然界就會呈現出一派萬紫千紅、鶯歌燕舞生機蓬勃的景象。生活在其間，連鮮花也會為遼闊的大地鋪列出一段又一段春色，小鳥也會為自由的飛翔婉唱出幾聲讚詞。那麼，作為萬物之靈長的人呢？有氣節的讀書人，倘僥倖嶄露出了頭角，又能過著衣食不愁的溫飽生活，卻不思在人世間寫出好文章，為他人做好事，那麼，即使他能享百歲之壽，也等於未在這個世界上存活過一天。

■ 活學活用：

幸列頭角，立言立行

俗話說：「雁過留聲，人過留名。」人生在世一定要珍惜時光，為天下蒼生和後世子孫多做一些好事，即使不能這樣也應退而求其次著書立說，不要白白蹉跎一生。古人云：「得時當為天下語。」宋儒張載也發出：「為天下立心，為生民立命，為往聖繼絕學，為萬世開太平」的呼聲。既「幸列頭角」，就應當有所作為，能為平民百姓請命是為清官，能為國家興利除弊是為賢達，能為後人著書立說是為賢哲。人生在世有了作為的條件，就應該為自己的抱負、為國家的興旺去努力去拚搏。反之，如果憑藉自己的才能為自己謀私利，如果利用自己的權力為自己行方便，如果只圖享樂而不思貢獻，那麼生命就毫無價值，甚至會遺臭萬年。

61 兢業心思，瀟灑趣味

■ 原文

學者有段兢業的心思，又要有段瀟灑的趣味，若一味斂束清苦，是有秋殺無春生，何以發育萬物？

■ 譯文

做學問的人，既要有兢兢業業、刻苦鑽研的精神，又要學會調劑生活，瀟灑而富有情趣。如果只知一味地克制自己，生活過得單調而清苦，那麼就像是自然界中只有秋天的萬物肅殺，而缺乏春天的生意盎然，那樣的話，自然界的萬物靠什麼來繁衍生息呢？

■ 活學活用：

兢業心思，瀟灑趣味

前面說過，學習講究學以致用。一個做學問的人為了求得高深的知識，每天都兢兢業業、刻苦鑽研，這樣奮發向上的精神是學有所成者必備的要件，但勤奮之餘也別忘了正當的休閒。否則，只知緊張而不知鬆弛，就會變成一個「只會讀書不會做事」的書呆子。

在現代社會中，生活就等於是一種競爭，如果不懂得社會，不了解社會，又怎能在競爭激烈的社會中生存？如果不懂得調劑生活，保留一點生活的情趣，純粹做一個不食人間煙火的天外來客，又怎能將所學知識在實踐中加以運用？讀書之人，不但要會讀書，還要會生活。

62 大智若愚，大巧若拙

■ 原文

真廉無廉名，立名者正所以為貪；大巧無巧術，用術者乃所以為拙。

■ 譯文

一個真正廉潔的人不與人爭名，不一定有很響亮的名聲，那些到處樹立名譽的人，正是為了貪圖虛名才這樣做；一個真正聰明的人不炫耀自己的才華，那些賣弄自己聰明智慧的人，實際上是為了掩飾自己的愚蠢才這樣做。

■ 活學活用：

大智若愚，大巧若拙

生活中，人們對喜歡耍小聰明的人很討厭，對欺世盜名之輩更是深惡痛絕。因為好名聲必須憑真本領，如果為了博取人們的歌功頌德而不擇手段，雖然可以名噪一時，卻欺騙不了歷史。所以一個真正廉潔的人，由於他廉潔的動機不在於讓人歌功頌德，自然也就不會廉名遠播；一個有大智慧的人絕不會靠賣弄小聰明，炫耀才華來提高身價。想做點事業的人，應該認清真廉之名，大巧之人，以防被偽君子和耍小聰明的人所迷惑。

一些人十分可笑地不切實際，竟期望環境遷就他們的異想，並助他們成功，而不是改變自己去適應環境。明智的人當知道謹慎的要旨在於讓自己去順應時勢。

63 滿則招損，謙則受益

■ 原文

敧器以滿覆，撲滿以空全，故君子寧居無不居有，寧處缺不處完。

■ 譯文

敧器因為裝滿了水才傾覆，蓄錢的瓦器由於腹中完無一物才得以保全。所以君子寧願處於無爭無為的地位，也不要站在有爭有奪的場所，日常生活寧可感到欠缺一點，也不要過度美滿。

■ 活學活用：

滿則招損，謙則受益

水滿則溢，月滿則虧，一個自滿的人，因為得意，內心不知壓抑，外表自然就趾高氣揚，總以為老子天下第一。其形就恰似一隻「井底之蛙」，成為笑柄，被人看不起；其狀恰似一個裝滿水的杯子，哪怕還有更好的東西也裝不進去。這是一種驕傲，一種不思進取，一種變相的後退。

處處讓人，處處謙退，處處居下，這是老子先人後己、下己上人、損己益人、退已進人的廣博教化。得意之時，以謙壓之，這是《易經》「謙卦」的真義。「謙」是謙遜的態度，表示屈已而尊人。我敬人，人自然敬我；我尊人，人也尊我；互相敬愛，而出言謙遜。

「滿招損，謙受益」，做人一定要謙虛，不故步自封、不自滿，更不能自以為是。

64 名根塵情，客氣剩技

■ 原文

名根未拔者，縱輕千乘甘一瓢，總墮塵情；客氣未融者，雖澤四海利萬世，終為剩技。

■ 譯文

一個人假如不能拋棄追求虛名的思想，那麼即使他能輕視榮華富貴、甘願過清貧的生活，也還是身陷世俗不能自拔；一個人假如虛情假意的毛病不改，那麼即使他廣施恩惠、造福萬代，也不過是些小伎倆罷了。

■ 活學活用：

名根塵情，客氣剩技

認識事物要認識事物的本質，觀察一個人要看他是否言行一致。

生活中有許多喜歡兩面三刀把戲的人，他們表面上一套，背地卻是另一套。有一些人表面上裝作「富貴於我如浮雲」，但其內心對財富卻有極強的占有欲；還有一些人表面上行善好施、造福於人，其內心卻自私無比，想借施恩來成就自己的美名。

中國歷史上有眾多虛情假意之徒，最盛行的是魏晉時期的隱逸之風，當時眾多文人想當官卻沒有機會，於是故意退隱山林以引起朝廷的注意，這只不過是一種以退為進的伎倆和手段，並不是真正的「淡泊明志」。

其實，一個人出世還是入世並不重要，重要的是他的修養，是浩然正氣居多還是虛驕之氣滿身，要看他的行為是利國利民還是追名逐利。

65 心體光明，青天白日

■ 原文

心體光明，暗室中有青天；念頭暗昧，白日下有厲鬼。

■ 譯文

為人光明磊落，即使在陰暗的房屋裡心中也有一片光天化日；為人心裡陰暗，那麼即使在光天化日之下也彷彿眼前厲鬼橫生。

■ 活學活用：

心體光明，青天白日

俗話說：「身正不怕影歪，真金不怕火煉。」一個人心地光明磊落，即使他身處在黑暗世界，也像站在萬里晴空之下，前途一片光明；一個人如果心懷不軌、心地陰暗，即使他在光天化日之下，也像被魔鬼纏身一樣，終日不得安寧、戰戰兢兢。由此可知，坦誠為人就等於為自己尋找到了一個和平的精神家園。

對我們而言，要做到坦誠為人，最明智的做法就是慎獨，也就是自省自檢，每天檢查自己的言行，找到自己的短處和不足，對症下藥，既可完善自己，又會有助於人際關係的和諧。能夠做到這樣的人，又怎麼會光天化日之下眼前厲鬼橫生呢？

66 勿羨貴顯，勿慮饑餓

■ 原文

人知名位為樂，不知無名無位之樂為最真；人知饑寒為憂，不知不饑不寒之憂為更甚。

■ 譯文

一般人只知道名利地位可以給人帶來快樂，卻不知道不求虛名、不圖高位才是人生最大的快樂；一般人都為挨餓受凍而憂愁，卻不知道那些衣食無憂的人憂愁得更厲害。

■ 活學活用：

勿羨貴顯，勿慮饑餓

生活中人們往往不珍惜自己擁有的平凡生活，終日為名利忙碌、四處奔波，這是因為他們的不知足。不知足，就會產生慾望，慾望達不到，就要爭鬥，就會滿腹牢騷，就會怨恨蒼天之不公，嘆自己命運之太苦，就會精神空虛、生活十分痛苦。從此點上說，不知足的人，他們所獲得快樂並不是真正的快樂，所產生的憂愁卻是真正的憂愁，倒不如生活清貧而不受精神之苦，行為相對自由灑脫而不受排擠逢迎之累。

平凡的人生才是幸福的人生，知足才能常樂，靜靜地生活，靜靜地享受，用不著去承受大喜大憂，也用不著承受大富大貧，如此安貧樂道也未嘗不好。

67 人性善惡，互為根源

■ 原文

為惡而畏人知，惡中猶有善路；為善而急人知，善處即是惡根。

■ 譯文

一個人做了壞事而怕別人知道，這種人還保留了一些羞恥之心，也就是在惡性之中還保留一點改過向善的良知；一個人做了一點善事就急著讓人知道，證明他行善只是為了貪圖虛名和讚譽，這種有目的才做善事的人，在他做善事時已經種下了惡根。

■ 活學活用：

人性善惡，互為根源

道德修養是心靈的磨練，而沽名釣譽之輩常以善舉來裝點自己的形象。每個人都有良知，作惡而知可恥，唯恐被人知道，還有羞恥之心，就證明他還不為大惡，因為無恥之恥才是真正恥辱，即所謂恬不知恥。

孟子說：「羞惡之心人皆有之。」有這種羞惡之心乃是維持人性不墮落的基石。但是世俗的急功近利，往往為偽君子提供了生存的空間；人際的爾虞我詐則為作惡者鋪平了繁衍的溫床。一個正直的人在生活中必須以自己的正氣來識別和戰勝這些邪惡。

68 居安思危，天無所施

■ 原文

天之機緘不測，抑而伸，伸而抑，皆是播弄英雄、顛倒豪傑處。君子只是逆來順受，居安思危，天亦無所用其伎倆矣。

■ 譯文

大自然的運作機理神祕難測，時而壓抑，時而高揚，總是在制約、捉弄英雄人物，使多少豪傑仰天長嘆。知天達命的君子應當一切聽從自然，在安逸時要謹防可能發生的危險，這樣上天也就無法施展它的淫威了。

■ 活學活用：

居安思危，天無所施

事物總是在發展變化，福忽而轉變為禍，安忽而轉變為危，這些變化並不是人可以完全把握的，什麼禍患、什麼災難都有隨時發生的可能，故人們在安居樂業的時候，明智者對此應有所預見、有所警惕並有所防備，以免在災難浩劫襲來之時，因自己的毫無防備而措手不及，小則摔跤跌倒，大則招致滅頂之災。

實質上，潛在或現實的危機，能激發我們竭盡全力去應對。反之，無視潛在或現實的危機者，往往會麻木地陶醉在一種舒適的生活方式中，幻想自己的生活永遠是風平浪靜。顯然，我們不能坐等危機、悲劇的來臨，而必須從內心挑戰自我，並使這成為我們生命力量的源泉。由此可見，居安思危的意識，是一種深謀遠慮的意識，是一種可以體現在處世言行中的憂患意識。

69 偏激為禍，難建功業

■ 原文

燥性者火熾，遇物則焚；寡恩者冰清，逢物必殺；凝滯固執者，如死水腐木，生機已絕，俱難建功業而延福祉。

■ 譯文

性情暴躁的人好比熊熊烈火，見什麼都燒；性情冷漠的人好像一塊冰，對什麼都冷淡無情；而那些墨守成規、固執己見的人，好比一潭死水、腐朽的木頭，已經沒了生氣。上述三種人都難以有所建樹，也不會交上好運。

■ 活學活用：

偏激為禍，難建功業

一個人事業的成就如何，與他自己的個性也有很大的關係。有三種性格會對個人的事業產生不利的影響，也會給人際關係蒙上陰影：性情急躁，這樣的人缺乏沉著、冷靜的心態，遇事好生氣，由於思想準備不足就匆匆行事，從而導致漏洞百出；性情刻薄，這樣的人或許有一副冷靜的頭腦，但他對人對事冷漠無情，人們見到他便會不寒而慄，與人很難愉快合作，這就失去了事業成功的基礎；性情頑固，這種人獨斷專行、剛愎自用，聽不見別人的意見，也不願反省自己，因此這種人做事也很難成功。

急躁、刻薄、頑固，這三種性格不利於個人事業的發展，影響人際關係的和諧，應為我們每個人引以為戒。

70 心存忠厚，遠離災禍

■ 原文

福不可徼，養喜神以為召福之本而已；禍不可避，去殺機以為遠禍之方而已。

■ 譯文

幸福不可強求，只要能經常保持愉快的心情，就算是追求人生幸福的基礎；人間的災禍難以避免，首先應當能消除怨恨他人的念頭，才算是遠離災禍的良策。

■ 活學活用：

心存忠厚，遠離災禍

追求幸福算得上是社會發展的動力之一，對個人來講，幸福固然不可強求，但是誰也不會無緣無故地把幸福賞賜給別人。一個人要想追求幸福還須靠自己奮鬥。雖然每個人的幸福觀不一樣，但追求的期望太高失望就會更大，只有在奮鬥時抱著只問耕耘不問收穫的達觀態度才能保持一種樂觀。這樣即使不是刻意追求幸福，幸福也會因你的努力而到來。世人對幸福總是爭先恐後，一遇災禍卻都想逃避，可逃避不是解決問題的方法，只有心存忠厚，多反省自己，少怨恨別人，才可能遠離災禍。這樣雖然不一定有福降臨，但也絕不至於招來禍患。

71 寧默毋躁，寧拙毋巧

■ 原文

十語九中，未必稱奇，一語不中，則愆尤駢集；十謀九成，未必歸功，一謀不成，則訾議叢興。君子所以寧默毋躁，寧拙毋巧。

■ 譯文

即使十句話說對了九句，也未必有人稱讚，但如果說錯了一句，就會立刻遭人指責；即使十條計謀有九條都取得成效，也未必得到獎賞，但如果一條計謀未能奏效，責難就紛紛到來。因此君子寧願沉默而不浮躁多言，寧願顯得笨拙而不願賣弄智巧。

■ 活學活用：

寧默毋躁，寧拙毋巧

俗話說：「好事不出門，壞事傳千里。」好事之所以不出門，那是因為人們的嫉妒心，看到你有光彩的事閉口不提，結果就使好事遭受塵封、冰凍，以致永遠也無法讓世人知道。反之，一旦做了一件壞事，哪怕再怎麼無關緊要，在人們幸災樂禍的心理驅動下，添油加醋地加以宣揚，一傳十、十傳百，很快就能讓所有人知道。所以作者發出了「十語九中，未必稱奇，一語不中，則愆尤駢集；十謀九成，未必歸功，一謀不成，則訾議叢興。」的讚歎。既然如此，我們又該如何去做呢？作者告訴我們「寧默毋躁，寧拙毋巧。」與其和他人生氣，與其去解釋自己如何清白，倒不如平時沉默寡言、謹言慎行，讓那些想看你笑話的人、陷害你的人、打擊你的人找不到機會。

72 殺氣寒薄，和氣福厚

■ 原文

　　天地之氣，暖而生，寒則殺，故性氣清冷者，受享亦涼薄。唯和氣熱心之人，其福亦厚，其澤亦長。

■ 譯文

　　大自然氣候溫暖則萬物充滿生機，天寒地凍則萬象肅殺。因此，性情冷漠的人，所得的感情回報也就很少。只有性情溫和而又滿腔熱情的人，他的福分才能深厚，他所得到的惠澤才能長久。

■ 活學活用：

殺氣寒薄，和氣福厚

　　大自然四季變化，春夏氣候溫暖，萬物就獲得生機，秋冬寒冷，萬物就喪失生機。同樣，做人的道理也是如此，古道熱腸讓人願意接受，和和氣氣更是持家立業的基礎。反之，一個性情過於冷漠的人就如寒冬一般，讓人無法接近，這種人很難得到別人的協助。從做事來說，個人的力量是有限的，「人多力量大」「眾人拾柴火焰高」，我們必須互相合作才有更大力量，才能成就大的事業。而一個人整天板著面孔自命清高，那誰還願意與之相處、與之精誠合作呢？這樣的人缺少人與人之間的和諧，勢必過著沒有溫情的孤寂生活。

73 天道甚寬，欲道甚窄

■ 原文

天理路上甚寬，稍遊心，胸中便覺廣大宏朗；人欲路上甚窄，才奇蹟，眼前俱是荊棘泥塗。

■ 譯文

大自然中的道路就像一條寬廣的道路，只要稍稍留心，心靈深處就會無邊遼闊、豁然開朗；人世間慾望就好像一條狹窄的小道，剛一涉足，便見眼前一片荊棘泥濘、寸步難行。

■ 活學活用：

天道甚寬，欲道甚窄

人生在世，存在著兩種不同的生活方式，也可以說世人行走在兩條截然不同的道路上。凡是能合乎天理的大道，這條道路不能滿足人的種種世俗慾望，而且走起來枯燥寂寞，假如能順著這條道路前行，會越走越光明，胸襟自然開朗，會覺得自己充滿勇氣，前途遠大。反之，世人內心充滿慾望，而慾望之路卻非常狹隘，雖可滿足一時的虛榮和享受，可是在這條道路上理智易受到矇蔽，一切言行終被慾望驅使，不說難以成就事業，就連四周也荊棘叢生，久而久之會墜入痛苦的深淵，連性命也難保。

人生有追求是好事，但如果因此失了理智，甚至丟掉了性命就很愚蠢，從長遠看，人生應有高層次的追求才是明智之舉。

74 苦樂相磨，疑信相參

■ 原文

一苦一樂相磨練，練極而成福者，其福始久；一疑一信相參勘，勘極而成知者，其知始真。

■ 譯文

在痛苦中迎來歡樂，不斷磨練，最終得到的幸福才會長久；由疑問再到信從，反覆參比驗證，最後得到正確的認識，這樣的認識才是真知灼見。

■ 活學活用：

苦樂相磨，疑信相參

遭受過痛苦的人才能享受到真正的快樂。正是因為他曾處在困苦中，經過不斷的磨練，最終得到了幸福，他才真正地明白何為苦？何為樂？他才能珍惜快樂，而且將以前的困苦牢記於心，不至於重蹈覆轍。

經過苦才能真正地享有樂，求知也是一樣，經過懷疑才能真正地信從。孟子曾說「盡信書，則不如無書。」他在讀《書‧武成》篇的可信處，僅有十分之二三，可見書上的話絕不能全信。

孟子可以說是深知疑書之道，唯有疑，人才能保持獨立思考，才能提出問題，也才可能跳出前人的窠臼，不至於盲從書本，不至於成為一個僅是儲存書本的兩腳書櫃，也才能解決新的問題，迎接新的挑戰。

75 心虛明理，心實卻欲

■ 原文

心不可不虛，虛則義理來居；心不可不實，實則物慾不入。

■ 譯文

一個人應當有虛懷若谷的胸襟，因為只有謙遜才能接受真正的學問和真理；同時，一個人又要抱著擇善執著的態度，因為只有堅強的意志才能抵抗外來物慾的誘惑。

■ 活學活用：

心虛明理，心實卻欲

巴夫洛夫告誡人們：「絕不要陷入自以為是的泥淖，因為一旦自以為是，你就會喪失客觀方面的準繩。」對求知而言，只有虛心好學，才能取人之長，補己之短，日益完善自己的學業和品行。求知如此，做人也是一樣，只有實實在在，善於聽取不同的意見，並擇善而行，改進自己的不是，才能形成正確的認識，才能鑑別善惡是非，自覺地抑制私心雜欲的侵襲。

76 水清無魚，人察無徒

■ 原文

地之穢者多生物，水之清者常無魚。故君子當存含垢納汙之量，不可持好潔獨行之操。

■ 譯文

陸地上汙穢的地方，有利於各種生命的繁衍；清澈見底的水中，沒有魚兒棲息繁殖。所以君子應當經常培養包容一切的氣度，容得下別人的缺點錯誤，千萬不能過於愛好高潔而成為孤家寡人。

■ 活學活用：

水清無魚，人察無徒

《孔子家語》中有：「水至清則無魚，人至察則無徒。」水如果太清了就不會有魚，人如果太認真就不會有朋友。這是孔子教導弟子子張的話，今天，這句話仍具有很大的指導意義。

與人相處，要坦誠相見。以平和的心態去對待一切，無須在一些無所謂的問題上爭個你死我活，過於「精明」，就會落得「人至察則無徒」的結果。

人與人之間交往，產生矛盾，原因很多，也許由於觀點、趣味的不同，也許是因為感情、個性的牴觸，從而誤會，產生糾紛。對此一位學者總結道：「產生矛盾的原因很多，但歸根到底還是由於諸如狹隘自私、敏感多疑、剛愎自用等人性的弱點造成的。」發生矛盾、衝突對雙方都沒好處，必然會對各自的事業產生消極的影響。因此，我們必須學會以一顆寬容之心待人，善於從別人的過錯中吸取教訓。永遠提醒自己：小錯誤並不傷害大的德行，只要不是原則性的錯誤，我又何必去認真追究。

77 病未足羞，無病吾憂

■ 原文

泛駕之馬可就馳驅，躍冶之金終歸型範。只一優遊不振，便終身無個進步。白沙云：「為人多病未足羞，一生無病是吾憂。」真確論也。

■ 譯文

難以駕馭的烈馬，只要訓練有素駕馭得法，仍可以騎上牠馳騁千里。在熔化時跳躍閃爍，濺到熔爐外的金屬溶液，最後還是被人注入模型變成器具。人只要貪圖安逸，便會精神不濟，終生都不會有大的出息。所以明代學者陳獻章說：「做人有過失並沒有什麼可恥的，只有一生不知悔悟的人才最值得憂心。」這真是一句至理名言。

■ 活學活用：

病未足羞，無病吾憂

孟子說過：「憂勞足以興國，逸豫足以亡身。」這說明一個有志向的人想要成就大的事業，必須不怕艱苦的磨練，而離開了艱苦，貪圖安逸的生活，人就會精神陷於萎靡不振的狀態，如此一輩子也不會有什麼出息。

一個不怕艱苦的追求者，一生可能會走許多彎路，有許多過失，但這些都不要緊，只要對自己的錯誤、過失不斷進行反省、改正就行。走彎路、有過失，但只要認識正確，不停住腳步，終會有成就的時刻。

78 不貪為寶，安度一世

■ 原文

人只一念貪私，便銷剛為柔，塞智為昏，變恩為慘，染潔為汙，壞了一生人品，故古人以不貪為寶，所以度越一世。

■ 譯文

一個人只要心中出現一點貪婪、偏私的念頭，那他原本剛直的性格就會變得很懦弱，原本聰明的理智就會被矇蔽的很昏庸，原本慈悲的心腸就會變得很殘酷，原本純潔的人格就會變得很汙濁，結果就等於是毀滅了一輩子的品德。所以聖賢認為：不貪婪是寶貴的品德，憑此一條就可以終生無憂。

■ 活學活用：

不貪為寶，安度一世

毋貪，主要是指不貪圖名位財利。這在人際關係中，是一個人善於掌握處世分寸的一種表現，也是評價個人修養的標準之一。

可生活中，人們往往具有貪婪之心。如在上街購物時，往往可以看到一些商店或路邊無照擺攤叫賣的商販每每以降價多少、打幾折、大贈送等字眼來推銷商品，如果誰貪便宜貨，就會心花怒放又不加選擇地開始購物，那麼，買下來的可能就是或滯銷、或過時，還可能是質量不過關的偽劣產品。從這種意義上講，「便宜無好貨」，倒是一條不會過時的經驗之談，可見小便宜貪不得。

更大的不義之利，更是貪不得了，倘如你是一個單位的主管或企業的管理者，就應遵循職業道德，不貪圖非分之利，否則，一念貪私，就會玷汙了自己一生的人品，毀了自己的發展前途。更重要的是，這還可能危害了民眾的事業與社會的利益，所以不能不謹慎。

79 獨坐中堂，賊化家人

■ 原文

耳目見聞為外賊，情慾意識為內賊，只是主角惺惺不昧，獨坐中堂，賊便化為家人矣！

■ 譯文

耳聽靡音、眼觀美色，這些聲色都可以稱之為外來的盜賊；感情衝動、慾望橫流，這些情慾都可以稱之為家賊。只要人人都能清醒而不糊塗，那就好比明察秋毫的主人坐在中堂，「家賊」不起，「外賊」無處藏身，結果內外之賊都會變成有修養有品德的人，甚至是你的得力助手。

■ 活學活用：

獨坐中堂，賊化家人

生活中，我們人人都經受著內外的考驗，於外，我們周圍布滿了聲色的誘惑，稍有不慎就會失足；於內，我們內心充滿了矛盾，善與惡、禮與情、美與醜、時刻考驗著我們的心靈。在內外考驗之下，是墮落還是純潔，關鍵在於我們能不能把握自己。這就好比你是一家之主，受到「家賊」與「外賊」的夾擊，只有你明察秋毫坐於正堂，「家賊」與「外賊」會無所遁形，結果都會變得老實甚至成為你的得力助手。而對於慾望，你能控制住自己，慾望不但無害反而會為你帶來身心的愉悅。

總之，生活中我們要善於克制自己，不要做出越軌的事情來。

80 保已成業，防將來非

■ 原文

圖未就之功，不如保已成之業；悔既往之失，不如防將來之非。

■ 譯文

與其圖謀沒有把握完成的功業，還不如花些功夫來維護自己已經建成的基業；與其懊悔以前已經發生的過失，還不如預防未來可能出現的錯誤。

■ 活學活用：

保已成業，防將來非

一直以來，我們習慣將自己的一生劃分為三個階段，即：過去，現在，未來。那我們又該以怎樣的態度去對待這三個階段呢？這就要求我們，對於過去，成功的事情不自滿、不誇耀，失敗的事情不懊悔，常常檢討反省自己；對於現在，不輕視、不失望，要把握好每一次機會，一步一個腳印地做好自己的事業；對於未來，不妄想、不恐懼，要充滿希望，也要有迎接困難的心理準備。

總結過去，立足現在，著眼未來，既可以謹防舊錯重新發生，又可以腳踏實地前行，更可以充滿希望和勇氣。

81 品質修養，不偏不倚

■ 原文

氣像要高曠，而不可疏狂；心思要縝密，而不可瑣屑；趣味要沖淡，而不可偏枯；操守要嚴明，而不可激烈。

■ 譯文

一個人的氣度要高曠，卻不可流於粗野狂放；心思要周詳，卻不可繁雜紛亂；生活情趣要清淡，卻不可過於枯燥單調；言行志節要光明磊落，卻不可偏激剛烈。

■ 活學活用：

品質修養，不偏不倚

凡事都講究一個度的問題，品質修養也是如此。氣度恢宏廣闊、心思細密周詳、情趣清靜恬淡、節操嚴謹清明，本來是一種好的品德，但如果過了度反而會失之偏頗。比如：一個人認真過了頭，就顯得呆板；快樂過了頭就顯得輕浮；節約過了頭就顯得吝嗇；清高過了頭，就顯得傲慢。

所以，追求完美的品質也要注意掌握好分寸，要做到不偏不倚才好，不過，這並非易事，還真的需要下一番功夫。

82 風過無聲，雁過無影

■ 原文

風來疏竹，風過而竹不留聲；雁度寒潭，雁去而潭不留影。故君子事來而心始現，事去而心隨空。

■ 譯文

輕風吹過稀疏的竹林，會發出沙沙的聲響，但風過之後竹林便又恢復了寂靜；大雁飛過寒冷的深潭，會映出行行的雁影，但雁過之後清潭便又恢復了晶瑩。由此可見，一個修養高深的君子，當事情來臨時本性才會顯現出來，事過之後便又恢復原來的平靜。

■ 活學活用：

風過無聲，雁過無影

生命短暫，精力有限。如果你想真正地做一些事情，讓生命的每一天都過得有意義，就必須忽略那些生活中的瑣事。

有相當一部分人把他們的大好時光浪費在生活的瑣事上，常常浪費時間和精神去做一些沒有任何價值的事，如不少自尋煩惱的家庭主婦，即便家具、瓷器、玻璃上有一個灰塵，也會讓她擦洗半天，甚至把湯煮多了一點，也會使她心煩，從而擾亂日常的生活。

如此，被生活瑣事困擾，人就活的疲憊不堪，倒不如對生活中的瑣事，抱著隨遇而安的態度，事情來了就去做，做完了以後立即恢復寂靜，像是從來沒做過一樣。這不是不會生活，更不是不負責任，而是一種做事的方法，因為除了瑣事，還有更重要的事等待你去做，如果事事掛念，整天忙忙碌碌，分不清大小主次，就沒什麼效率可言。拿得起，放得下，才是明智之舉。

83 君子德行，其道中庸

■ 原文

清能有容，仁能善斷，明不傷察，直不過矯，是謂蜜餞不甜，海味不鹹，才是懿德。

■ 譯文

清正廉潔而又能容人，寬厚仁愛又善於決斷，聰明過人而又不忘調查研究，秉性耿直而又通情達理。這就好比蜜餞甜而不膩，海味鹹淡適宜，這才是最美好的品德。

■ 活學活用：

君子德行，其道中庸

嚴於品德修養是好的，但嚴的結果應該是行使中庸之道，這樣行事才能不偏不倚。如果失去了中庸，品質的性質就會發生變化。例如一個人清廉自守固然值得尊敬，但失去了中庸，把自己的格調升得很高，對於社會上的萬事萬物容不得半點沙子，嫉惡如仇，結果就變成了毫無雅量的偏激。再如一個居心仁厚的人，如果失去了中庸，就會心腸太好而原則性不強。以上事例都說明了把握中庸的重要性，美好的品質再加上中庸的原則，才能保證主觀努力和客觀效果一致。

84 窮愁寥落，勿自廢弛

■ 原文

貧家淨掃地，貧女淨梳頭，景色雖不豔麗，氣度自是風雅。士君子一當窮愁寥落，奈何輒自廢弛哉！

■ 譯文

貧窮家庭的地上總是乾乾淨淨，貧窮人家女子的頭髮總是光亮整齊，看上去穿著雖不豪華豔麗，卻別有一種高雅不俗的氣質。因此一個有才德的人，一旦境遇不佳而處於窮困潦倒的境況，又怎麼能自暴自棄、自甘消沉呢？

■ 活學活用：

窮愁寥落，勿自廢弛

培根說：「順境的美德是節，逆境的美德是堅忍，這後一種是較為偉大的德性。」生活中絕大多數人之所以無所成就、默默無聞，之所以只能在人生的舞台上扮演無足輕重的次要角色，不是出於他們沒有成就的能力，最重要的原因之一在於他們缺乏走出困境、缺乏積極向上的勇氣。

對於一個試圖克服危機的人來說，不管他是多麼地一貧如洗、身無分文，只要他渴望著有一種克服危機的積極向上的力量，希冀著攀登上成功的巔峰並願意為此付出努力，那麼他終將成功。反之，對於那些胸無大志、自暴自棄、甘於平庸之輩，我們則無計可施。

人生不能沒有希望，所有人都生活在希望之中。假如真有人生活在絕望的人生之中，那麼他只能是失敗者。身處逆境的人，只要不失去希望，就能打開一條邁向成功的大道。

85 未雨綢繆，有備無患

■ 原文

閒中不放過，忙處有受用；靜中不落空，動處有受用；暗中不欺隱，明處有受用。

■ 譯文

在閒暇的時候，不要輕易放過寶貴的時光，等到忙碌起來就會受用不盡；在平靜的時候，不要忘記充實自己的精神，等到重任在肩就會應付自如；在無人知曉的時候，也能保持光明磊落的胸懷，在眾人面前才會受到尊敬。

■ 活學活用：

未雨綢繆，有備無患

古人云：「居安思危，思則有備，有備無患」「無事如有事時提防，可以彌意外之變。」可見，做事順利，就在於平時的努力。《內經素問・四氣調神大論》中有言：「夫病已成而後藥之，亂已成而後治之，譬猶渴而穿井，鬥而鑄錐，不亦晚乎？」平時不作充分準備，當事情發生後才想應對之策，顯然太晚，「平時不燒香，臨時抱佛腳。」往往事與願為。做學問，書到用時方恨少，是由於平時不珍惜時光所致；做事業，到手的機遇卻抓不住，往往是因為平時沒能作充分的準備。

學問、做事如此，做人也是一樣，平時不注意自身修養，在沒人看見的陰暗角落裡，做一些損人利己的事情，這樣的人只能欺人一時，卻不能長久掩飾自己的劣行醜事，一旦事情敗露將永遠也難以做人。所以一個君子必須注意平時的磨練、累積，才會臨事有一定之規，做事有一定遠見。

86 念覺便轉，轉禍為福

■ 原文

念頭起處，才覺向欲路上去，便挽從理路上來。一起便覺，一覺便轉，此是轉禍為福、起死回生的關頭，切莫輕易放過。

■ 譯文

在邪念剛萌發時，便意識到這是走向貪慾的邪路，應立刻打消這種念頭回到正確的道路上來。壞念頭一產生就立刻有所警覺，有警覺就立刻加以挽救，這是轉禍為福、起死回生的重要關頭，絕不可輕易放過這至關重要的一剎那。

■ 活學活用：

念覺便轉，轉禍為福

常言說：「一失足成千古恨，再回頭已是百年身。」很多事情往往在一念之間決定了人今後的人生道路，而一念不慎足以鑄成千古恨事，因此，先儒才有「窮理於事物始生之際，研機於心意初動之時」的名言。但一定會失足並不是在當時，而是在於平時的疏忽，就像是一個剛愎自用的人，平時聽不見別人的勸告，到有了重大損失才後悔，而出現這樣的結果是由於這個人平時還沒有意識到剛愎自用是好是壞。由此可見，一個人不能防邪念於未然，就可能導致壞的結果。所以，對於慾望，人必須拿出毅力恆心控制私心雜念，當心中邪念一起便當機立斷打消這種念頭回到正道上來，而這種扭轉是每時每刻的事情，在於自己平時的磨練。切記，對自己的心靈不能有半點鬆懈，否則一念之差會帶來終身禍亂。

87 淡泊明志，寧靜致遠

■ 原文

靜中念慮澄澈，見心之真體；閒中氣象從客，識心之真機；淡中意趣沖夷，得心之真味。觀心證道，無如此三者。

■ 譯文

一個人只有在寧靜中心緒才會像秋水一般清澈，這時才能發現人性的真正本源；一個人只有在閒暇中氣概才會像萬里晴空一般舒暢悠閒，這時才能發現人性的真正靈魂；一個人在淡泊中，內心才會像平靜無波的湖水一般和藹，這時才能獲得人生真正的樂趣。要想觀察人生的真諦，再也沒有比這種方式更好的了。

■ 活學活用：

淡泊明志，寧靜致遠

天地的玄機只在一個「悟」字，自我的玄機只在一個「靜」字，當一個人心靜如水時，心才能猶如明鏡一般，一塵不染。諸葛亮有句名言：「淡泊以明志，寧靜以致遠。」能在一切環境中保持寧靜心態的人，是有高度修養的人，也是能成就大事的人。他能冷靜地應對世事的千變萬化，永遠不失自己的目標。我們要努力培養自己抗干擾的能力，「任憑風浪起，穩坐釣魚台。」這個「台」，就是寧靜的心靈。

88 動處靜真，苦中樂真

■ 原文

靜中靜非真靜，動處靜得來，才是性天之真境；樂處樂非真樂，苦中樂得來，才是心體之真機。

■ 譯文

在寧靜的環境中能保持寧靜，不是真正的寧靜，只有在動盪或喧鬧的環境中能保持心靈平靜，才是人生中靜的最高境界。同樣，在歡樂的環境中笑顏逐開，並不是真正懂得快樂的人，只有在艱苦環境中仍能保持樂觀的心態，才是人生中能懂得快樂的最高境界。

■ 活學活用：

動處靜真，苦中樂真

事物一經相對事物的襯托會更加彰顯。一個人住在深山幽谷中，保持一份寧靜的心情，當然是一種寧靜，但如果在喧鬧的環境中，仍能保持心靈平靜，就更顯出寧靜的意義；一個人在豐衣足食、躊躇滿志的生活裡，能夠做到笑顏逐開，當然是一種快樂，但如果在艱苦環境中，仍能保持樂觀的心態，就更顯出快樂的意義。

我們在寧靜中保持平靜，在樂觀中保持笑顏逐開，這往往是容易的，但如果我們處在喧鬧中卻要保持寧靜，在艱苦中卻要保持樂觀，這常常很難，而後者才是人生的高境界。

在任何環境中都能悠然自得，不為外物所擾，這是我們應該努力做到的。

89 捨己毋疑，施人毋報

■ 原文

捨己毋處其疑，處其疑，即所舍之志多愧矣；施人毋責其報，責其報，並所施之心俱非矣。

■ 譯文

一個人想做自我犧牲，就不應計較利害得失而猶豫不決，如果心存計較，猶豫不決，就會使志節蒙羞；一個人想施恩於人，就不要希望得到回報，如果希望別人知恩圖報，就會使好心變質。

■ 活學活用：

捨己毋疑，施人毋報

捨己是緊要關頭的自我犧牲，施人是幾十年如一日的自願奉獻。兩者表現形式不同，但其本質上是一致的。

對捨己而言，如果沒有理想追求，沒有平日的修養作基礎，那麼在捨己的關頭就很可能退卻。從古至今無數的先賢，因為他們志向遠大、品質高尚，所以在生命與國家利益、民族大義之間，他們毫無猶豫捨生成仁，終而流芳百世。

對施人來說，就是熱心幫助別人，為讓別人活得更好自己默默奉獻。像雷峰就是典型，他有偉大的理想，有甘願奉獻的精神，所以我們懷念他、學習他。

捨己、施人是高尚的品德，而不是虛情假意的欺騙，不是利用虛假的話語、施捨來達到自己的目的，否則，這樣的人最多只能算是一個偽善家，一旦被人識破陰謀、撕下虛偽面孔，惡行就暴露無遺。

90 不斷進取，天奈我何

■ 原文

天薄我以福，吾厚吾德以迓之；天勞我以形，吾逸吾心以補之；天厄我以遇，吾亨吾道以通之。天且奈我何哉？

■ 譯文

如果上天不賜福給我，我就耐心修養品德以迎接福分的到來；如果上天用貧苦困乏我，我就用安逸的心情來補償；如果上天用窮困折磨我，我就刻苦磨練意志來戰勝命運。做到了這一些，命運又能怎能左右我呢？

■ 活學活用：

不斷進取，天奈我何

人生好比在旅行，辛勞和苦難是我們必付的旅費。天下沒有免費的午餐，任何成功都需要你相應的付出。

一個人要想領悟美好的景色，就要登上事業的巔峰。而在這攀登的過程中，需要有一種優秀的品質作保障——頑強、執著、勇猛向前的進取精神。每個不停進取的人都知道，進取有助於發掘自己的內在潛力，激發自己的內在動力，從而促使不斷地追求成功，不囿於世俗，不畏權勢，不怕險阻，渾身有使不完的勁，不停地向前奔跑。

別以為福分由天賜，別以為窮困是上天對你的折磨，更不要嘆命薄、失去成功的希望，只要你進取不止，那麼你會看到成功在向你招手。那時你可以仰天長嘯：「命運又奈我何？」

91 天機最神，智巧何益

■ 原文

貞士無心繳福，天即就無心處牖其衷；險人著意避禍，天即就著意中奪其魄。可見天之機權最神，人之智巧何益？

■ 譯文

志節堅貞的君子從不想著福氣的降臨，可上天偏偏在他無意之間誘導他得到福分；奸妄邪惡的小人，雖然挖空心思想避免災禍，可上天偏偏在他巧用心機時來剝奪他的精神氣力使他遭受災難。由此可見，上天對於權力的運用可以說是神奇無比變化莫測極具玄機，人類那點小小的伎倆，在上天面前又算得了什麼呢？

■ 活學活用：

天機最神，智巧何益

老子說：「天網恢恢，疏而不漏。」這也正是我們常說的「善有善報，惡有惡報。」這並不是毫不可取的「宿命論」，而是一句警世真言。

平時如果行善積德，做一個志節堅貞的君子，那麼心裡就非常踏實，心情也會非常平靜，更會得到別人的讚揚，因此在工作上能左右逢源，在生活中能延年益壽。這也就是「善有善報」！而相反，如果一個人作惡多端，處處巧用心機損人利己，他心中便會有一種負罪感，又會遭到別人的指責，因此工作生活皆不如意，甚至會因此遭受大的災禍。這也就是「惡有惡報」！

因此，做人一定要正直善良，做一個正人君子，這樣才會一帆風順，永遠平安幸福。

92 半生操守，莫到晚失

■ 原文

聲妓晚景從良，一世之煙花無礙；貞婦白頭失守，半生之清苦俱非。語云：「看人只看後半截。」真名言也。

■ 譯文

晚年從良嫁人的風塵女子，從前的風塵生涯就不再被人計較；晚年喪失貞操的節烈婦女，半輩子守寡的清苦便前功盡棄。俗話說：「要評定一個人的功過得失，必須看他後半生的晚節。」這真是一句至理名言。

■ 活學活用：

半生操守，莫到晚失

「晚節不保」是最值得痛惜的。曹操有詩：「老驥伏櫪，志在千里，烈士暮年，壯心不已。」一個人如果總是沉溺於過去取得的功勞中，就會鬥志全消，如果因過去的輝煌而放縱自己在晚年胡作非為則更可悲可憎。只有活到老學到老，做人做事始終如一，才能保持一個完整的人格，才能一生無憾。

「看人只看後半截」的評人觀，有些不夠全面、不夠辨證，因為評價一個人，應該從各個方面全面地加以評判。但我們不應苟求古人的態度，辨證地看其中倒還蘊藏了一些真理。正所謂「浪子回頭金不換」「苦海無邊回頭是岸」，一個人不論以前如何，只要痛下決心重新做人，世人還是會原諒他的過失，而且欽佩他的勇氣。反之，一個人過去再輝煌，到了晚年卻受不了權勢金錢的誘惑而入歧途，實在可惜。

「半生操守，莫到晚失。」一個人能否保持晚節、珍惜晚節，在人生旅途上，也是至為重要的濃重一筆。

93 多種功德，勿貪權位

■ 原文

平民肯種德施惠，便是無位的公相；士夫徒貪權市寵，竟成有爵的乞人。

■ 譯文

一個普通老百姓如果能行善積德、廣施恩惠，就好比沒有爵位的王公將相受到萬人敬仰；反之，一個身居高位的人如果一味貪戀權勢、欺下瞞上，就無異於有爵位的乞丐那樣可憐。

■ 活學活用：

多種功德，勿貪權位

行善和作惡不在名位高低，只在於人的品行。普通老百姓與身居高位的人行善與作惡的不同之處，僅僅在於後者影響更大一些而已。

假如一個人熱衷於功名利祿，貪戀權位，他會因此而喪失人格，他會為了攀龍附鳳獲得權位而欺下瞞上、阿諛奉承，甚至拉幫結派、爭權納賄、胡作非為，這樣的人即使惡行一時得以遮掩，他也只能算是一個物質上的富翁，而在精神上、人格上無異於可憐的乞丐。這樣的人必不會長久，終會因自己的作為而招致禍端。

因此，做人，不管是誰，應保持正直的品德、善良的心地，為他人著想的高尚情懷，那些身居高位的人更應如此。

94 念累積難，思傾覆易

■ 原文

問祖宗之德澤，吾身所享者是，當念其累積之難；問子孫之福祉，吾身所貽者是，要思其傾覆之易。

■ 譯文

要問祖先留下些什麼恩惠，我們現在享用的一切都是，應當多想想祖先們當時創業累積這些財富是多麼艱難；要知子孫今後生活是否幸福，就要取決於我們給他們遺留了多少恩惠，不過還要想到這些恩惠的葬送也是非常容易的。

■ 活學活用：

念累積難，思傾覆易

俗話說：「創業艱難，毀業容易。」今天我們所享用的一切物質文明和精神文明，都是我們的祖先給我們留下的。我們在享用的時候，千萬別忘了常思祖先們創業的艱難，這樣我們就會特別珍惜，不會輕易浪費。對於物質，我們以儉相持，才能使我們永遠富足；對於精神，我們應該繼承和發揚，讓它永遠地流傳下去。

對於祖先而言我們是守業者，對於我們的後人而言我們是創業者。守業常思艱難，創業則應常思失去的容易，一輩子的累積，失去可以只是一會的事情兒。由此，我們應多多努力，不斷地累積，讓我們的子孫後代多享一些自己的恩惠。

95 不怕小人，怕偽君子

■ 原文

君子而詐善，無異小人之肆惡；君子而改節，不及小人之自新。

■ 譯文

君子如果偽裝善良，那就和小人肆意作惡沒什麼兩樣；君子如果喪失操守，那他還不如一個改過自新的小人。

■ 活學活用：

不怕小人，怕偽君子

俗話說：「明槍易躲，暗箭難防。」印度諺語也有：「『朋友』一吻，勝過『敵人』一拳。」生活中小人難纏，但偽君子則更可怕。我們身邊有一些道貌岸然的人，貌似忠厚的君子，滿口仁義道德，其實肚子裡淨是陰謀詭計男盜女娼；他們表面上謙虛恭讓，實際上內心陰暗惡毒。有人稱小人是狼，在此看來，披著羊皮的狼則更狡詐，這種偽君子比真正的小人更具欺騙性和危險性，讓人防不勝防。

生活中我們應警惕小人，更應警惕那些偽君子、真小人，擦亮眼睛，仔細觀察，這樣才不會讓偽君子有機可乘。

96 春風解凍，和氣消冰

■ 原文

家人有過，不宜暴怒，不宜輕棄。此事難言，借他事隱諷之；今日不悟，俟來日再警之。如春風解凍，如和氣消冰，才是家庭的型範。

■ 譯文

家中有人犯了錯，不可隨便大發脾氣，更不可以冷漠地置之不理。如果有些話不好直截了當地說，可以借助其他事情來婉轉地規勸；如果無法立刻使他領悟，就耐心地等到第二天再慢慢開導。總之要像春風驅散寒氣，像暖流融化堅冰那樣循循善誘、和風細雨，這才是解決家庭事務的典範。

■ 活學活用：

春風解凍，和氣消冰

春風可以驅散寒氣、暖流可以融化堅冰，教育孩子也應像春風一樣循循善誘、和風細雨，這才是正確的教育方法。

生活中有許多家長走向了教育方法的兩種極端，一種是打罵型，一種是放任型。前一種是家長對孩子非打即罵，態度粗暴，以為這樣孩子就會聽話，就能改正錯誤不斷進步。殊不知，這種方法不利於孩子的成長，打罵成了習慣，結果孩子不是變得懦弱，就是反抗心理漸長。後一種是家長對孩子的事漠不關心，以為這樣，孩子才有充分的自由，結果約束力差的孩子們，不良習慣增加、錯誤也越犯越多。

望子成龍的心人皆有之，但是否成龍與家庭環境、家庭教育密不可分，溫馨的家庭和循循善誘的教育方法，才是孩子健康成長的搖籃。

97 赤子之心，天下無缺

■ 原文

此心常看得圓滿，天下自無缺陷之世界；此心常放得寬平，天下自無險側之人情。

■ 譯文

在一個天性善良、心地純潔的人看來，天下事物都很美好而沒有缺陷；在一個天性忠厚、心胸開闊的人看來，世間人情都很正常而沒有險惡。

■ 活學活用：

赤子之心，天下無缺

不平則爭，不滿則怨。

生活中的諸多矛盾，許多是因為人不平、不滿之心引起的，付出與得到不成正比，希望與現實大相逕庭，這些都讓人難以釋懷，不平、不滿之心漸起。

其實，人並不是與生俱來就是這樣。對一個孩子而言，世界總是美好的，孩子天性善良、心地純潔，不知道什麼叫恨。只有當孩子長大成人進入了社會，有了利益、地位、權勢等等，純真的赤子之心才開始不平、不滿，爭怨之念時時充溢。

由此可見，有爭怨之心，是由於人赤子之心的失去，如果一個人能常保赤子之心，知足常樂，就沒什麼可以抱怨的；心胸開闊，就可以友善待人。自己知足，人際和諧，那展現在眼前的便是一片和平美好的世界。

98 不變操履，不露鋒芒

■ 原文

淡泊之士，必為濃豔者所疑；檢飭之人，多為放肆者所忌。君子處此，固不可少變其操履，亦不可太露其鋒芒。

■ 譯文

性情恬淡的人，必然會受到那些熱衷名利的人所懷疑；嚴於律己、行為檢點的人，常被那些邪惡放縱無所顧忌的小人所嫉妒。所以一個有才學、有修養的君子，萬一不幸處在這種既被猜疑又遭忌恨的環境裡，固然不能絲毫改變自己的操守和志向，但也絕不能鋒芒畢露。

■ 活學活用：

不變操履，不露鋒芒

做人要善於變通，不會變通好事也能招致禍端。

一個性情恬淡、嚴於律己、行為檢點的人，往往善待人生，注重自我修養，但一味地保持真我，卻犯了小人的禁忌，正是由於自己品德的高尚而襯托了小人邪惡的心性，結果招致小人嫉恨和攻擊。所以做人要善於變通，不可直來直去，保持真我不隨流俗固然重要，但也要低調一些，最聰明的辦法就是隱藏鋒芒。

切記：一個有為的人，處世節操不可變，待人方法須講究。

99 順不足喜，逆不足憂

■ 原文

居逆境中，周身皆針砭藥石，砥節礪行而不覺；處順境內，眼前盡兵刃戈矛，銷膏靡骨而不知。

■ 譯文

處在不順利的環境中，就好比全身都紮著針、敷著藥，在不知不覺中磨練著意志、培養著高尚的品行；處在優越的環境中，好比被各種兵器所包圍，不知不覺就被淘空了身體，消磨掉了銳氣。

■ 活學活用：

順不足喜，逆不足憂

人的一生有起有落，看待人生要有辨證的觀點。

處在逆境之中，人固然痛苦，但對於一個有志向、能自省的人來說，逆境恰恰是人生最好的修煉場，在逆境之中可以鍛鍊自己的意志，修正自己的不足，等時機成熟，就能走出困境有一番作為。

反之，處在順境之中，人固然快樂，但對於一個沒有遠大追求和自制力的人來說，順境往往使他墮落。在順境中不思進取，就容易遊手好閒；在順境中貪圖享受，就容易滋生腐敗。

貧與富不是絕對不變的，順與逆也是可以轉化的，聰明的人善於用辨證的觀點看待人生，掌握自己的人生。

100 恣勢弄權，自取滅亡

■ 原文

生長富貴叢中的，嗜欲如猛火，權勢似烈焰。若不帶些清冷氣味，其火焰不至焚人，必將自爍矣。

■ 譯文

生活在富裕而顯赫的環境中，容易使人的慾望像火一樣猛烈，權勢如烈焰一樣灼人。如果不能冷靜地思考，及時回頭，那麼這些邪惡之火，不是傷了別人，就是毀滅了自己。

■ 活學活用：

恣勢弄權，自取滅亡

人的慾望永無止境，一個有權有勢的人，過多的物質享受會養成一些不良的嗜好，倚仗權勢會養成作威作福的個性，這些都是富貴帶來的負作用。生活在這種富裕而顯赫的環境裡，人如果不加收斂，不思進取，其結果必將是玩火自焚，生活中有多少花花公子重複演繹著這樣的故事。

可見，一個人的道德修養、思想境界十分重要，尤其生活在富裕之中的人，更應注意培養自己高尚的情操，樹立正確的人生觀。

101 精誠所至，金石為開

■ 原文

人心一真，便霜可飛，城可隕，金石可鏤。若偽妄之人，形骸徒具，真宰已亡，對人則面目可憎，獨居則形影自愧。

■ 譯文

只要人心誠，就可以感動上天，夏天可以飛霜，城堡可以摧毀，就連堅硬的鐵石也可以貫穿。像那些虛偽奸詐的小人，空有人的軀殼，靈魂已經死亡，別人見了會感到他面目可憎，自己一人獨處則自慚形穢備受良心譴責。

■ 活學活用：

精誠所至，金石為開

真誠是一個人極為可貴的品質。

據《淮南子》記載，鄒衍盡忠燕惠王，燕惠王卻聽信讒言將他下獄，鄒仰天大哭，雖盛夏竟六月飛雪；《占今注》記載，孟姜女千里尋夫，其夫因修長城勞累而死，孟姜女悲忿交加放聲慟哭，瞬間長城為之而倒；周朝有一叫雄渠的射手，因晚歸而把巨石疑似猛虎，結果射出之箭深入石中。三則故事，均可見真誠品質的力量——「精誠所至，金石為開。」

一個人擁有了真誠，他就能敞開心扉給人看，使人了解他、接納他、幫助他、支持他，使他的事業一帆風順，他也能為人尊敬、為人景仰。反之，一個虛情假意的人，處處隱匿自己的真面目，結果必然扭曲自己的個性和性情，只會給人留下虛偽可憎的印象。而當他回首平生往事時，會發現自己缺失真我，會自憐自愧，永遠也擺脫不了因虛偽而引致的心理折磨。

102 人品極處，只是本然

■ 原文

文章做到極處，無有他奇，只是恰好；人品做到極處，無有他異，只是本然。

■ 譯文

文章寫到登峰造極的境界時，並沒有什麼特別奇妙的，只是把內心的思想感情表達的恰到好處而已；一個人的修養如果達到爐火純青的境界時，並沒有什麼令人驚異之處，只是使自己的精神回到純真的本性而已。

■ 活學活用：人品極處，只是本然

堆砌詞藻，無病呻吟是寫文章的大忌，老舍先生就主張在文章中不使用過多華麗的形容詞，而是要保持一種天然清新而又自然貼切的文風，以免使文章失去了淳樸的魅力，給人一種華而不實、膚淺賣弄之感。

做人也是同樣的道理，矯揉造作總是給人虛偽之感，如「東施效顰」。失去真我反而使自己更加醜陋，倒不如一如趙傳所唱：「我很醜，但我很溫柔」，醜是客觀，溫柔是自然本色，醜加溫柔，也會可愛。做人只有平平淡淡才是真，品行修養極高的人，其實就是一個純真自然的人，所以提倡說老實話、辦老實事、做老實人。

103 看破認真，可負重任

■ 原文

以幻境言，無論功名富貴，即肢體亦屬委形；以真境言，無論父母兄弟，即萬物皆吾一體。人能看得破，認得真，才可以任天下之負擔，亦可脫世間之韁鎖。

■ 譯文

從虛幻的角度來說，無論功名富貴，甚至本身軀體也都不過是自然界一種暫時形態；從真實的角度來說，父母兄弟甚至世上萬物都和自己渾然一體，是自然的一部分。人如果能看清物質世界的本質，認清真相，那麼不僅可以挑起治理天下的重任，而且可以不受一切世俗枷鎖的約束。

■ 活學活用：

看破認真，可負重任

人必須不為物慾所累才能保持心靈的安寧、淡泊，但生活中許多人以追求金錢權力為時尚，他們的心靈被金線利慾所鏽蝕，這樣的人已成為了金錢權力的奴隸。追求是高尚的，但追求的同時必須保持自我精神的充實。有的大款曾感嘆自己是除了有錢以外什麼都沒有。越是富有，貪圖物質生活享受越多，精神越是空虛。假如過度強調返璞歸真操守清廉是不現實的，但一個人不講道德情操，一個社會不講精神追求，以至學子放下學業，先生丟下教鞭，一味去追求金錢致富，那麼這種富是畸形的。對一個有作為的人來講，不擺脫物累而加入世俗的爭逐就不會有為有成。

104 知足常樂，便無殃悔

■ 原文

爽口之味，皆爛腸腐骨之藥，五分便無殃；快心之事，悉敗身喪德之媒，五分便無悔。

■ 譯文

美味可口的佳餚，都可能是傷害腸胃筋骨的毒藥，只有掌握分寸，只吃到五成飽才無危害；令人身心愉悅的事，都是可能導致身敗名裂的媒介，只要不放縱自己，限定在五成便不會有大的過失。

■ 活學活用：

知足常樂，便無殃悔

生活中有一些人，經不住誘惑，一旦遇到美味可口的美食，就不顧一切拚命地貪吃，結果把腸胃吃壞。注重養生的人知道，營養不良不好，吃得太多也絕非好事，只有少吃多餐才符合養生之道。

做人也是這樣，當一個人沒有慾望的時候，他的生活就很單調枯燥、沒有活力，而當一個人慾望太多時，他的生活又處處充滿危機。因此，做人必須擁有慾望，也要懂得克制慾望，如此最好、最實際的方法就是知足常樂。

105 寬恕待人，養德遠害

■ 原文

不責人小過，不發人陰私，不念人舊惡。三者可以養德，亦可以遠害。

■ 譯文

不輕易責難他人所犯的過失，也不要隨隨便便張揚別人的隱私，更不要對他人以往的錯處耿耿於懷。這三條做人的原則，既可以培養自己良好的品德，又可以避免意外的災禍。

■ 活學活用：

寬恕待人，養德遠害

生活中一些小事情看來微不足道，做出來麻煩卻會很大。如背地裡議論別人的長短，津津樂道別人的隱私，為一點小事斤斤計較懷恨在心，這樣就易造成人際關係的緊張，也易惹出一些意外的麻煩。反之，如果我們試著寬恕別人，或許我們會有另一番感受，擁有更多良好的品德。

不苟責別人的小過。此會使我們學會寬容待人，寬厚論人；

不張揚別人的隱私。此有助於我們理解、尊重並同情他人；

不記別人的舊惡。這將使我們不再糾纏在恩恩怨怨之中，並贏得冰釋前嫌的喜悅。

上下比較，弊利盡顯眼前，可見後者才是做人的明智之舉。

106 持身勿輕，用意勿重

■ 原文

士君子持身不可輕，輕則物能撓我，而無悠閒鎮定之趣；用意不可重，重則我為物泥，而無瀟灑活潑之機。

■ 譯文

君子平日立身處世不可太輕浮急躁，太輕浮了外界因素就會干擾志向，從而失去悠閒寧靜的情趣；處理事情不可思前想後想得太多，不然就會陷入外界制約，喪失瀟脫活潑的生機。

■ 活學活用：

持身勿輕，用意勿重

生活中，我們都欽佩那些在緊要關頭臨危不亂、鎮定自若的人，也想擁有他們那樣的大將風範，須知這種風範不是與生俱來的，而是靠後天磨練而來。

「持身勿輕，用意勿重」，可以看做人的性格磨練。做事情不能魯莽急躁，否則就會欲速則不達，預想的效果不但達不到，反而會因急躁而把事情搞的一團糟。但在考慮事情時，也不能顧慮重重、前怕狼後怕虎，否則就會喪失成功的良機。總之，凡事要把握好適度的原則，輕、重恰到好處，才能擁有臨陣不慌的大將風範。

107 人生百年，不可虛度

■ 原文

天地有萬古，此身不再得；人生只百年，此日最易過。幸生其間者，不可不知有生之樂，亦不可不懷虛生之憂。

■ 譯文

天地的運行永恆不變，而人的生命卻只有一次。人活在世上只有短短不到百年，每一天都是轉瞬即逝。有幸誕生在這個世界上，不能不享受生活的樂趣，也不可不隨時提醒自己不要蹉跎歲月，虛度一生。

■ 活學活用：

人生百年，不可虛度

「你珍惜生命嗎？」班傑明・富蘭克林說，「那麼別浪費時間，時間是構成生命的材料。」

生活中，有些人哀怨歲月無情，時光不再；有些人嘆惜光陰珍貴，人生短暫。可是，在哀怨和嘆惜聲中，時間又悄悄地從身邊流逝，還有些人有感於時間的寶貴，不止一次下決心合理安排時間，遺憾的是半途而廢、虎頭蛇尾。於是「靡不有初，鮮克有終。」凡此種種，都是缺乏時間精神的緣故。

人生最寶貴的是生命，而時間是組成生命的材料，所以時間也是寶貴的。時間就是生命。時間是一種既不能停止，也不能逆轉、不能儲存，也不能再生的特殊資源，是一種一次性的消耗品。當我們到達老年，面臨死亡的威脅時，我們才會對失去的生命感到惋惜，為我們對時間的浪費感到悔恨，然而有什麼意義呢？珍惜時間就是珍惜生命，在每一個極短的時間單位裡，讓時間發揮出無窮的威力，把我們的一生締造得更輝煌更有意義。

108 德怨兩忘，恩仇俱泯

■ 原文

怨因德彰，故使人德我，不若德怨之兩忘；仇因恩立，故使人知恩，不若恩仇之俱泯。

■ 譯文

怨恨會因行善而明顯，行善不可能面面俱到，所以行善與其要人讚美，不如把讚美和怨恨都忘掉；仇恨因恩惠而產生，恩惠不可能遍施於人，所以施恩與其希望圖報，不如把恩惠與仇恨都消除。

■ 活學活用：

德怨兩忘，恩仇俱泯

我們身邊有許多人太在乎別人對自己的看法，當知道別人對自己不滿時，就坐立難安；當知道別人讚揚自己時，就歡天喜地。殊不知，任何事情的正反兩個方面，都是以矛盾的對立而出現，有人說你好，就一定有人說你壞，有人感謝你，就一定有人仇恨你，只是觀察的角度不同罷了。

所以生活中無須太計較別人對自己的評價，凡事只要無愧於心，符合大多數人的利益就可以了。對於恩惠與仇恨，要從全局來著眼，而切忌侷限於少數幾個人的道長論短。

109 持盈履滿，君子兢兢

■ 原文

老來疾病，都是壯時招的；衰後罪孽，都是盛時造的。故持盈履滿，君子尤兢兢焉。

■ 譯文

老年時百病纏身，都是年輕時不注意愛護身體所致；衰敗後所遭受的種種苦難，都是興盛時作孽的報應。所以當功成名就、事業達到頂峰之際，君子要特別小心謹慎。

■ 活學活用：

持盈履滿，君子兢兢

人生短暫，歲月永恆。正是由於人生短暫，所以有人一有成就，就抱著今朝有酒今朝醉的生活態度，輕則不思進取、貪圖享受，重則貪汙腐化、損人利己，最終導致失意。所以有人說：「得意無忘失意日，上台勿忘下台時」，一個人在春風得意之時，要多做好事、多積善德，免得以後失勢之時遺害無窮。世事難料，一個人不論出身多高，有多大成就，尤其是身在高位，都應多行善事為日後著想，就像是人的體格，年輕時不注意保養，老來百病纏身又能怪誰呢？

人生短暫，有成就不易，而保住成就守住一生操守更是不易，只有在順境、得意之時，居安思危，多做好事，無論世事如何變化，才能安享幸福，不枉過一生。

110 卻私扶公，修身種德

■ 原文

市私恩，不如扶公議；結新知，不如敦舊好；立榮名，不如種隱德；尚奇節，不如謹庸行。

■ 譯文

一個人與其用小恩小惠收買人心，還不如以光明磊落的態度去爭取社會大眾的輿論；一個人與其結交很多不能從善改過的新朋友，還不如進一步增進與老朋友的友情；一個人與其沽名釣譽想辦法提高自己的知名度，還不如在暗處多積一些陰德；一個人與其標新立異去顯示名節，還不如平日謹言慎行多做一些好事。

■ 活學活用：

卻私扶公，修身種德

一個想從政濟世的人以什麼樣的態度立身處世，決定了他是否能取得成就。是懷著天下為公的志向還是只求一己之功名，是實事求是還是標新立異只求一己之私譽，這與個人的品質修養緊密相聯。沒有一個好的品質而從政，沒有懸壺濟世的本領卻硬要逞能，結果就變成了名副其實的「欺世盜名」。這種人一旦手中有權，便會肆意胡為，損人利己，損公肥私。所以一個國家是否政治清廉，取決於選擇的人才是否德才兼備，而從政者自身的品質修養，也決定了其成就的大小。

111 公論勿犯，私竇勿著

■ 原文

公平正論，不可犯手。一犯，則貽羞萬世；權門私竇，不可著腳，一著，則玷汙終身。

■ 譯文

凡是大眾公認的規範，不可以觸犯，一旦觸犯，就會落個千古罵名；凡是權貴營私舞弊的地方，不可以涉足，一旦涉足就會終身洗刷不清。

■ 活學活用：

公論勿犯，私竇勿著

做人應該有所為，有所不為。

要想做一個自由的人，就要在道德規範和法律法規的約束下為人做事，如果你違背了道德規範和法律法規，就會受到輿論的譴責和法律的嚴懲，輕則被人看不起，重則失去自由。

同樣，要想做一個清白的人，就要恪守做人的操守，如果喜歡攀附權貴、溜鬚拍馬，甚至是和不法之徒同流合汙、營私舞弊，則必將有損於自己清白的人格，難逃法律的制裁。

「公論勿犯，私竇勿著」，這是我們一輩子都需要警醒自己的至理名言。

112 直躬人忌，無惡人毀

■ 原文

曲意而使人喜，不若直躬而使人忌；無善而致人譽，不若無惡而致人毀。

■ 譯文

與其靠阿諛逢迎求取別人歡心，還不如剛正不阿而遭小人忌恨；與其享受那些名不副實的榮譽，還不如一生沒有任何惡行而遭小人毀謗。

■ 活學活用：

直躬人忌，無惡人毀

做人要做嚴格要求自己的正人君子。

正人君子能嚴格要求自己，即使面對小人的忌恨，他也會選擇剛正不阿而不願去阿諛逢迎。人人都愛聽好聽的話，對逆耳忠言、剛正之語不易接納，但正人君子出於本性，看不慣阿諛之像，自己自然與小人背道而馳，雖遭小人忌恨，但社會自有公論，正人君子終會為人讚許和景仰。

對於嚴格要求自己的正人君子而言，即使他面前有兩種抉擇，一是自己未曾行善，但卻得到了別有用心者的稱譽；二是自己未曾作惡，但卻受到了居心不良者的毀謗。他會選擇後者，原因不挑自明。前者所帶來的虛榮，是人生的迷魂湯；後者所帶來的苦難，則是人生的磨礪石。

俗話說：「身正不怕影歪，真金不怕火煉。」正人君了行得正，站得正，自然多有福祿而少有災難。

113 從容處變，剴切規失

■ 原文

處父兄骨肉之變，宜從容，不宜激烈；遇朋友交遊之失，宜剴切，不宜優遊。

■ 譯文

遇到父兄骨肉之間發生糾紛，應當心平氣和，不能言辭激烈；遇到朋友結交上壞人，要懇切地規勸指出利害，不能逍遙旁觀。

■ 活學活用：

從容處變，剴切規失

父母兄弟雖是自己的骨肉至親，但對家人的糾紛不能感情用事；朋友雖是自己的知己，但對朋友的事情不能放任自流，尤其是在朋友做錯事情的時候。有道德有修養的人，做事的時候都遵循一定的原則。例如對家人，家人犯了錯誤引發了糾紛，要透過耐心地開導使他醒悟，而不是以激烈的言辭來化解矛盾；如對朋友，對朋友的過失，要誠懇地加以指出，不要置身事外，抱著與已無關的態度。

處世講究原則，這原則不是自己一己之見，而是出於一個人真正的修養和品德，只有品質高了，處世才能遊刃有餘、恰到好處。

114 大處著眼，小處著手

■ 原文

小處不滲漏，暗處不欺隱，末路不怠荒，才是個真正英雄。

■ 譯文

做人做事必須處處小心謹慎，就是細微的地方也不可粗心大意；即使在沒人聽見、看見的地方，也絕對不可以做見不得人的壞事；尤其是處於窮困潦倒不得意的時候，仍舊不要忘掉奮發向上的雄心壯志。這樣的人才算是真正有所作為的英雄。

■ 活學活用：

大處著眼，小處著手

一個人的成就、良好的品質，是平時點滴累積所致。如一個窮困潦倒的人，他平時仍不忘奮發向上的雄心壯志，並為之一步步地奮鬥，他終會有成功的那一天。而對一個人的品質修養，更得注意從平時累積。美國著名作家哈伯德曾寫道：「有一天，一個腿部有點殘疾的老人在匹茲堡的大街上行走，當時的人行道很滑，他一不小心滑倒了，帽子被風颳到了人行道前面一個男孩子的腳下。這個男孩子用力踢了帽子一下，把它踢到大街的中央去了。這時，另一個男孩子走過來，幫這位老人把帽子揀了起來，並且扶他回到旅館。老人記下了這個好心孩子的姓名，並且對他的善意之舉表達了感激之情。十年以後，好心的男孩成了為人敬重的紳士，而踢帽子的男孩卻依然一事無成……」

身教勝於言傳，小事中見偉大，欲有所作為者必須大處著眼，小處著手。「合抱之木，生於毫末；九層之台，起於累土。」

115 蓋愛反仇，薄極反喜

■ 原文

千金難結一時之歡，一飯竟致終身之感。蓋愛重反為仇，薄極反成喜也。

■ 譯文

人與人之間相處，有時用千兩黃金相贈，都難以維持短暫的親密；而有時給人吃一頓飽飯，竟能讓人終身難忘。可見過度愛重反而導致仇怨，人在窮困潦倒時對他人的些許好處都會銘心刻骨。

■ 活學活用：

蓋愛反仇，薄極反喜

幫助別人不在於錢財的多少、物品的貴賤，而在於雪中送炭般的恩情，在於幫助別人的時機恰到好處。尤其在一個人窮困潦倒時，你能給予關懷；在一個人不得意時，給予安慰，這樣會讓人感到真正的溫暖和友情的可貴。幫助別人除了時機問題，更須注意方式方法，對於一個十分敏感的人，你過於直白的幫助會使他難堪，這時你就暗地裡幫助他，以此來照顧他的自尊心。而對於一個豁達的人，你的幫助就不應藏頭藏尾，這樣他會懷疑你是否出於真心，你應直接地幫助他、激勵他。

「蓋愛反仇，薄極反喜」，雖不是一成不變的真理，但在一定條件下卻是至理名言，我們不可不記。

116 泄世一壺，藏身三窟

■ 原文

藏巧於拙，用晦而明，寓清於濁，以屈為伸，真涉世之一壺，藏身之三窟也。

■ 譯文

做人寧可裝得笨拙一點，不可顯得太聰明；寧可收斂一點，不可太鋒芒畢露；寧可隨和一點，不可太自命清高；寧可退縮一點，不可太積極前進。在現實中，這些都是濟危救難的法寶，是明哲保身最有用的狡兔三窟。

■ 活學活用：

泄世一壺，藏身三窟

古人云：「直木先伐，甘井先竭。」修理房屋，一般所用的木材，均選擇挺直的樹木來砍伐；水井也是湧出甘甜井水者先乾涸。那一些才華橫溢、鋒芒太露的人，雖然容易受到重用提拔，可也容易遭人嫉妒，被小人暗算。所以聰明人知道，為人處世還是隱藏一點的好。

傳說上古有一種很會鼓動翅膀的鳥，與別的鳥毫無出眾之處。別的鳥飛，牠也跟著飛；傍晚歸巢，牠也跟著歸巢。隊伍前進時牠不爭先，後退時也從不落後。吃東西時不搶食、不脫隊，因此很少受到威脅。從表面上看來，這種生存方式顯得有些保守，但仔細想想，這樣做也許是最可取的。凡事預留退路，不過度炫耀自己，這種人才不會犯大錯。

117 居安宜慮，處變當忍

■ 原文

衰颯的景象就在盛滿中，發生的機緘即在零落內。故君子居安宜操一心以慮患；處變當堅百忍以圖成。

■ 譯文

大凡一種衰敗的現象往往早在得意的時候就種下了禍根，大凡一種機運的轉變多半是在失意的時候就種下了善果。所以君子處在安逸的環境中，要保持清醒，以便防備可能發生的危難；在風雲變幻的環境下，要拿出毅力咬緊牙關繼續奮鬥，以便取得事業最後的成功。

■ 活學活用：

居安宜慮，處變當忍

花開花謝，月圓月缺，人生也有興衰成敗的變化，萬事萬物都會經過盛衰的循環過程。因此人生中，在春風得意、一帆風順的時候，要保持自己的清醒理智，防患於未然；在窮困潦倒、艱難困苦的時候，要保持樂觀向上的心態，對未來充滿必勝的信心。

「野火燒不盡，春風吹又生。」人也要有這種精神，而不能遇到一點挫折就一蹶不振，一定要有擺脫困境的勇氣和毅力。而在平時應小心謹慎，不能因為得意而忘形，俗話說：「人無百日好，花無百日紅。」得意時應提醒自己前方充滿失意，這樣失意時才不會無法接受、心灰意冷。

118 奇異乏識，獨行無恆

■ 原文

驚奇喜異者，無遠大之識；苦節獨行者，非恆久之操。

■ 譯文

熱衷於好奇、喜歡標新立異的人，不會有遠大的見識；刻苦修行、自命清高的人，常常有始無終，難以持久。

■ 活學活用：

奇異乏識，獨行無恆

偉大寓於平凡之中，萬丈高樓從平地起。做人做事也要腳踏實地，從一點一滴開始，要想透過投機取巧來謀取成功，只能是空中樓閣，水中映月。例如一個人想要表現自己有遠大的見識，常常說一些、做一些新奇、標新立異的事情，以此來顯示自己的與眾不同和見多識廣，這樣的把戲一次兩次或許能矇騙別人，但做多了只會使人生厭，也顯示了自己的不成熟和無知。同樣，一個人刻苦修行，應在生活中腳踏實地從小事做起，不應只是恪守一些教條，把自己鎖進道德的圈子裡就算是有修養，這樣的人必然不會有刻苦的恆心。

所以要做一個有作為的人，平時的一言一行都要符合生活的常規，平時的一舉一動都要符合道德的準則。

119 怒火欲水，明知勿犯

■ 原文

當怒火欲水正騰沸處，明明知得，又明明犯著，知的是誰，犯的又是誰？此處能猛然轉念，邪魔便為真君矣。

■ 譯文

當怒火中燒、欲念膨脹的時候，明明知道不對，卻還是做了蠢事。既然理智已做出了判斷，為什麼還明知故犯呢？原來是邪念占了上風！這時如果能猛然改變念頭，那麼就能戰勝邪魔，成為一個高尚的人。

■ 活學活用：

怒火欲水，明知勿犯

生活中，有許多人以一個「忍」字為自己的座右銘，這說明人們已經意識到了「怒火欲水」的危害，但到了該抉擇的那一刻，人們往往很難控制住自己，此時「忍」已不復存在了。其實，對於「怒火欲水」並不是一個「忍」字那樣簡單，要想做到控制自如，需要一個長期修省的過程，要逐步以自己的修養、自己的毅力把怒氣和慾望控制住，才能使一切邪魔都成為自己的精神俘虜。

「怒火欲水」本是一念之間的事，修養好了，一念之間可以變得高雅，成為聖人；反之，雜念多了，便逐漸庸俗，以至養成許多惡習，煩惱就越發多了。

120 毋偏人言，不持己長

■ 原文

毋偏信而為奸所欺，毋自任而為氣所使；毋以己之長而形人之短，毋因己之拙而忌人之能。

■ 譯文

不要誤信他人的片面之詞，以免被奸詐之徒所欺騙，不要過度信任自己的才能，以免受到意氣的驅使；不要用自己的長處來對照別人的短處，更不要由於自己的笨拙而嫉妒他人的聰明。

■ 活學活用：

毋偏人言，不持己長

生活中常有些人，有點本領就傲氣十足，有點能力就極度自信，往往瞧不起別人，目空一切。不但如此，他們還喜歡掩飾自己的不足，以防被別人知道缺點，讓自己沒了面子、瞧不起自己。

人過於傲氣會使人遠離，過於自信就容易偏執，意氣用事的人，一旦被小人利用，就會引發矛盾，妒人之能，但自己卻不自知。一個有修養的人具有公正、無私、誠懇、謙虛的品行，而偏袒、自私、欺騙、嫉妒則往往從修養差的人身上表現。一個人純真的本性一旦被蒙蔽，劣性便占了上風。由此可見，一個人究竟是君子還是小人，關鍵在於自己的修養品行。人如果有本領、有能力是好事，但因此而形成惡習，好事也變成了壞事。

121 毋攻人短，毋忿人固

■ 原文

人之短處，要曲為彌縫，如暴而揚之，是以短攻短；人有頑固，要善為化誨，如忿而疾之，是以頑濟頑。

■ 譯文

對於別人的缺點，要婉轉地加以掩飾與規勸，如果當眾揭露並加以張揚，是在證明自己的無知和欠缺，是用自己的短處來攻擊別人的短處；對於冥頑不化的人，要耐心地加以誘導和啟發，如果憤怒地對其進行指責，不僅無法改變他的固執，也證明自己的愚蠢和固執，就像是用愚蠢救助愚蠢一樣。

■ 活學活用：

毋攻人短，毋忿人固

常言道：「來說是非者，便是是非人。」看到長舌婦搬弄是非、挑撥離間真的很讓人討厭。何況別人身上的缺點，自己身上可能也有。與其到處張揚別人的不足，還不如意識到自己身上的不足加以改正。如果你去揭發別人的短處，別人也來揭發你的缺點，這樣一個錯誤就導致了兩個錯誤。所以發現別人的不足，我們應本著「隱惡揚善」的態度相告，但也切忌「以五十步笑百步」，一定要善意地去幫助、去開導。人都有同理心，你善待別人，別人也會善待於你，當自己有缺點時別人也會提醒你，這樣雙方都會得益。

122 陰者勿交，傲者少言

■ 原文

遇沉沉不語之士，且莫輸心；見悻悻自好之人，應須防口。

■ 譯文

遇到一個表情陰沉不喜歡說話的人，千萬不要一下就推心置腹地跟他交談；遇到一個滿臉怒氣自以為了不起的人，就要盡量小心謹慎不與他說話。

■ 活學活用：

陰者勿交，傲者少言

俗話說：「逢人只說三分話，莫要全拋一片心。」不經過一段時間的觀察，是看不出一個人品行好壞的，也很難決定交往的程度、說話的深淺。人的表情往往是內心世界的反映，每個人的個性透過表情表現出來也各不相同。一個人生活在社會上，當然無須處處提防，不必使自己變得圓滑世故、阿諛奉承，但把各種表情分分類，牢記於心，就可以使自己在待人接物時心中多一把尺子。否則，一不小心遇到心地險惡的小人，就會深受其害。正如一位學者所言：「人的表情常常是一個人內心的晴雨表，人際複雜，人生處世，學學觀人本領有益而無害。」

123 昏散知醒，念頭知放

■ 原文

念頭昏散處，要知提醒；念頭吃緊時，要知放下。不然恐去昏昏之病，又來憧憧之擾矣。

■ 譯文

當頭腦昏沉紛亂時，應該平靜下來讓頭腦清醒；當工作繁瑣緊張時，要懂得暫停一下，以使情緒恢復鎮定輕鬆。否則恐怕剛剛治好昏沉紛亂之病，卻又出現左右為難的困擾。

■ 活學活用：

昏散知醒，念頭知放

周芬伶曾說：「我們都應該有一間屋子，盛載一切可欲；也應該有一座後園，在疲累與悲傷中，推開後門，去看看清風明月，行雲流水。這園子栽的是智慧樹，流的是忘憂泉，開的是自由花，搭的是逍遙橋。」生活中百事纏身，忙忙碌碌常使人昏亂、緊張，因此必須學會自我調節，做到有勞有逸。頭腦昏亂時，不要勉強自己做事，要鎮定下來保持清醒的頭腦；工作繁忙時不要勉強自己硬撐，要放鬆自己休息一會；心情要經常加以調劑，保持愉悅的精神；身體要時時注意保養，保持充沛的體力。有勞有逸，這樣我們才能充分享受生活，也不白白浪費光陰，而且做事會更有效率。

124 人之心體，符合常情

■ 原文

霽日青天，倏變為迅雷震電；疾風怒雨，倏轉為朗月晴空。氣機何嘗一毫凝滯？大虛何嘗一毫障塞？人之心體，亦當如是。

■ 譯文

晴空萬里，轉眼間又會雷鳴電閃；狂風暴雨，一轉眼又會晴朗無雲、皓月當空。大自然的風雲變幻，何曾有一時一刻的停頓？博大深遠的天穹，何曾有一點障礙阻塞？所以我們人類的心理也應像大自然一樣，喜怒哀樂合乎理智。

■ 活學活用：

人之心體，符合常情

這段話給人的啟發很多。古人講天人合一，道家主張「人法地，地法天，天法道，道法自然。」儒家思想也很注重天道，《易經》中就有「地勢坤，君子以厚德載物；天行健，君子以自強不息。」大自然有其自身的法則，日月星辰的運行、春夏秋冬的交替，都遵循著自然的規律。否則，就會造成混亂，給我們人類帶來災難。如一九九四年七月，木星與彗星相撞就從反面證明了自然規律的不可違背。而人心又何嘗不是如此，做人做事也必須符合人之常情，才不至於做出越軌的事情。

125 有識有力，勝私制欲

■ 原文

勝私制欲之功，有曰：識不早、力不易者，有曰：識得破、忍不過者。蓋識是一顆照魔的明珠，力是一把斬魔的慧劍，兩不可少也。

■ 譯文

戰勝私情、克制物慾的功夫，有的人是由於沒發現情慾的害處又沒有克制情慾的意志，有的人雖然看清了情慾的害處卻又忍受不了克制情慾的困難。因此，一個人的智慧是揭發魔鬼的法寶，一個人的意志是消滅魔鬼的利劍，在戰勝情慾方面二者缺一不可。

■ 活學活用：

有識有力，勝私制欲

羅曼．羅蘭說：「自私的人常不快樂，因為他們即使保護了自己的利益和安全，卻保護不了自己的品格和自信。」有私心私慾的人必然瞻前顧後，畏首畏尾，遇事算計利害，不敢說一句大膽剛直的話。這還是好的，再進一步，柔弱委曲，屈身逢迎，奴顏婢膝，不僅無剛正之氣，而且連一塊結實點的骨頭都找不到，這更可悲可惡。私心私慾害人不淺，這個道理許多人都懂，可自私自利的人，卻千方百計給自己尋找藉口，甚至還有一句「人不為己天誅地滅」的諺語為自私自利的人作辯護。如果人人都只為自己著想，社會就無法進步，人類就無法和睦相處，這就是我們要摒棄自私自利最大的理由。克制自私自利是一種自覺的行為，而認識和意志是克服自私最有力的武器。

126 博大胸襟，無窮受用

■ 原文

覺人之詐，不形於言，受人之侮，不動於色，此中有無窮意味，亦有無窮受用。

■ 譯文

發現別人有欺騙的行為，不要流露在言語中；受到別人侮辱，不要怒容滿面。一個人有吃虧忍辱的胸襟，在人生旅途上自然有無窮妙用，對前途事業也一生受用不盡。

■ 活學活用：

博大胸襟，無窮受用

有一個人，常常因自己吃虧、受到侮辱而記恨別人，他覺得生活很沉重，便去見智者，尋求解脫之法。智者給了他一個簍了背在肩上，指著一條沙礫路說：「你每走一步就撿一塊石頭放進去，看看是否能有所領悟。」那人照哲人說的做了，他越走越遠，步伐越來越沉重，不知何時，他卸下了簍子，滿臉堆笑，似大徹大悟。

現實生活中，有許多人像故事中的那位一樣，動不動就因吃虧、受辱記恨別人，殊不知，當我們來到這個世界上的時候，每人都背著一個空簍，有人每走一步都要從這世上撿一樣東西放進去，所以越來越累。如果想過得輕鬆一些，就要捨棄那些不必要的負擔。正如哲人的話：「要想快樂，你必須學會忘記仇恨。」

忘記怨恨是一種博大的胸懷，它能包容人世間的喜怒哀樂；忘記怨恨是一種境界，它能使人生躍上新的台階。

127 橫逆困窮，豪傑爐錘

■ 原文

橫逆困窮，是鍛鍊豪傑的一副爐錘，能受其鍛鍊，則身心交益，不受其鍛鍊，則身心交損。

■ 譯文

逆境和艱難困苦，是鍛鍊英雄豪傑的熔爐和鐵錘。經得起這種鍛鍊，就能從精神到肉體都有所收益；經不起這種考驗，則心靈和肉體都會受到損害。

■ 活學活用：

橫逆困窮，豪傑爐錘

「不經歷風雨，怎麼見彩虹，沒有人能隨隨便便成功」，這是一首歌中唱到的。的確如此，漫漫的人生旅途中，不經過風雨的洗禮是無法成大器的。這句話儘管說得有點絕對，但它也同時表明，一個人是可以透過逆境來磨練自己的。

在逆境中，為什麼有人可得正面效果，有人卻收負面效果呢？其實並不是逆境造成負面效果，關鍵在於接受逆境的人。這就是說，遇到逆境時「見鬼去吧！這樣的困難才不會讓我認輸」的想法，代表此人在面對困難時，能以不服氣的精神去挑戰，如此才能克服逆境。

失敗者常常感嘆命運的不濟，現實也確實如此。競爭機制的引入，優勝劣敗，必然要求更好的心理素質。現實中常有人雖頗具實力，卻仍然一敗塗地。究其原因，就是因為心理承受能力差。進一步而言，害怕失敗，缺乏信心。事實證明：在人生的棋局上能立於不敗之地的人，正是敢於正視現實、不怕失敗、銳意進取的人。

128 天地縮圖，人之父母

■ 原文

吾身一小天地也，便喜怒不愆，好惡有則，便是燮理的功夫；天地一大父母也，使民無怨咨，物無氛疹，亦是敦睦的氣象。

■ 譯文

我們自己身體就等於是一個小世界，不論高興與憤怒都不可以出錯，尤其對於喜好和厭惡一定要有標準，這就是做人和諧調理的功夫；大自然就如同全人類的父母，負責養育人民讓每個人都沒有牢騷怨恨，使事物都能沒有災害而順利成長，這也是造物者的一番親善友好的恩德。

■ 活學活用：

天地縮圖，人之父母

古人講究天人感應，我們可以理解為一種類比，即天地有春夏秋冬四季的運行，以及風雨陰陽的調和而使萬物生長運作。人體也有喜怒哀樂的情緒，由於好壞善惡的運用構成人格氣質。假如天地時常狂風暴雨或暴日久旱，就不會孕育出好的生命，甚至給萬物帶來災難。同理，一個人如果整天狂喜暴怒，就不可能培養出完美的人格和良好的氣質，甚至會傷害自己的身體。

由大自然的變化完全可以反思人自身。但須注意的是，天地變化有時還處在不可知的狀態，而人的氣質性格卻取決於一個人的個人修養。因此，我們必須努力修養自己的品質，這樣我們才不至於喜怒無常、好惡無度。

129 戒疏於慮，警惕於察

■ 原文

害人之心不可有，防人之心不可無，此戒疏於慮也；寧受人之欺，毋逆人之詐，此警惕於察也。二語並存，精明而渾厚矣。

■ 譯文

害人的心思不能有，防備人的心思不能沒有，這是勸誡人們在思想上不能疏忽大意；寧可忍受別人的欺騙，也不要事先就猜疑別人心存欺詐，這是告誡人們考察別人要得法。能按這兩條去做，那麼就會成為精明而又忠厚的人。

■ 活學活用：

戒疏於慮，警惕於察

社會複雜而多變，什麼事都可能隨時發生，所以，生活在這個複雜社會中的善良人們，對此就不能不提高警覺。有一醒世之語：「害人之心不可有，防人之心不可無。」一個人不要害人，因為害人必定害己，其中道理不言而喻；而一個人也不能不防人，因為不防人也會害己，這往往是善良人最容易忽略的。防人之心是一種自我保護，其中包含了應有的敏銳警覺，冷靜思考。

對於人世間的那些因看人看問題看得太細緻、太本質，從而受到傷害的精明者，另一項警醒：寧可被別人矇蔽，也不要事先毫無根據地去揣度懷疑別人，以免自欺自誤。這也就是《論語・憲問》所論及的君子處世之道之一：「不逆詐」。做到了這點，就能減少人與人之間的摩擦，減少自我的煩惱，世間的是非就會減少了許多。

130 辨別是非，認識大體

■ 原文

毋因群疑而阻獨見，毋任己意而廢人言，毋私小惠而傷大體，毋借公論以快私情。

■ 譯文

不要因為大多數人都有疑慮而放棄自己的獨特見解，也不要一意孤行而忽略了別人的忠實良言。不可因個人私利搞小恩小惠而傷害整體的利益，更不可借助公眾輿論來達到個人目的。

■ 活學活用：

辨別是非，認識大體

「兼聽則明，偏聽則暗。」自己的見解有時未必高明，那時就要本著謙遜的態度多聽聽別人的意見，「擇其善而從之」。但也絕不能人云亦云，變成了毫無主見的牆頭草，正所謂「千人盲目一人明，眾人皆醉我獨醒。」有時真理掌握在少數人手中，該堅持的原則絕不能放棄。

一個人的能力表現在能明辨是非，認識大體，在眾多議論中保持清醒，而個人的真知灼見又是建立在集體智慧上的，因此可見集體的重要性。我們為人處世就須注意，不可因個人私利而損害集體利益，更不可借助集體來達到個人目的，這樣的人終被集體拋棄。反之，則能融於集體之中，與人和睦相處，獲得集體的智慧，才能大有作為。

131 交遊做事，除惡親善

■ 原文

善人未能急親，不宜預揚，恐來讒譖之奸；惡人未能輕去，不宜先發，恐遭媒孽之禍。

■ 譯文

要想結交一個有修養的人不必急著跟他親近，也不必事先來宣揚他，避免引起壞人的嫉妒而在背後誣衊誹謗；假如一個心地險惡的人不易擺脫，絕對不可以草率行事隨便把他打發走，尤其不可以打草驚蛇，以免遭受報復陷害招來災禍。

■ 活學活用：

交遊做事，除惡親善

君子之交是道義之交，君子之交淡如水，靠愛好、情趣、學識為紐帶來建立感情這個過程，是個漸進的相互觀察了解的過程。和善人交，與君子游是人所願也。但道不同不相為謀，小人與善人，奸滑之輩與君子從各個方面都格格不入。顯出想與君子、善人急於交往而過度親密，小人很可能因為被冷落而嫉恨生出破壞的念頭。

做君子難，遠小人不易。人們討厭小人，但小人由於擅長逢迎，往往可以得到有權勢者的賞識而很有市場；如果當權者是奸邪小輩，得罪了就更加困難，想送瘟神非得等待時機。如果你是個企業家，手下有小人之輩要解僱，同樣要周詳考慮其生存的市場，要一舉中的才不會有後遺症。不論是親賢親善，遠小遠奸，首先是自己須光明磊落大公無私，這樣才不懼奸詐小人的惡意報復，才是交遊做事的基礎。

132 暗室磨練，臨深履薄

■ 原文

　　青天白日的節義，自暗室漏屋中培來；旋乾轉坤的經綸，自臨深履薄處出。

■ 譯文

　　如紅日普照大地般高尚的品行，是在陰暗的環境中努力培養出來的；足以扭轉乾坤的宏偉計畫，是在如臨深淵、如履薄冰的惡劣環境中形成的。

■ 活學活用：

暗室磨練，臨深履薄

　　俗話說：「滴水穿石。」一個人的成就並不是一蹴而就的，不經一夜寒徹骨，哪有臘梅撲鼻香，在艱苦的環境中，往往能夠磨練一個人的毅力，培養一個人的高尚情操。而一個人要成就大的事業，僅僅能接受艱苦的磨練還不夠，必須具有「如臨深淵，如履薄冰」那樣戰戰兢兢的謹慎態度，這往往能夠訓練一個人周密的思維，培養一個人處變不驚的能力。這兩者都是成就事業的必備條件。

　　因此，博大的胸懷，長遠的目光，艱苦的磨練，頑強的意志，完善的人格，會為一個人事業的成功奠定堅實的根基。

133 任德路人，懷恩是道

■ 原文

父慈子孝，兄友弟恭，縱做到極處，俱是合當如此，著不得一絲感激的念頭。如施者任德，受者懷恩，便是路人，便成市道矣。

■ 譯文

父慈子孝，兄友弟恭，這樣的人倫規範，就是達到了完美無缺的境地，也是應當如此，而不應心存一絲感激的念頭。如果不是這樣，施者自以為有德於人，受者自以為受患於人，那就不是家人了，而是路上的陌生人，其間親情關係，也就變成了買賣關係了。

■ 活學活用：

任德路人，懷恩是道

父母對子女的慈愛，子女對父母的孝順，兄弟姐妹之間的互相關愛、互相尊敬等等，都是天經地義的人之常情。可我們身邊，有人為了錢財，弄得父子不和、夫妻反目；有人為了離婚或再婚，逃避對父母、子女的責任和義務，這些都是人格的退化，是一種道德的墮落。如果親情關係變成了金錢關係，彼此以市井交易的方式對待親人，那麼親人就無所謂親人，就變成了形同陌路的陌生人，那整個社會也就喪失了親情、喪失了溫暖，多的只是自私自利的冷漠。人生短短不到百年，有今生無來世，那寶貴的親情又怎能捨棄，否則今生活著又有何意義？

134 謙虛謹慎，安身立命

■ 原文

有妍必有醜為之對，我不誇妍，誰能醜我？有潔必有汙為之仇，我不好潔，誰能汙我？

■ 譯文

世上事物，有美就必然有醜與之相對，我不誇耀美麗，誰又能說我醜陋呢？有潔就必有汙與之相比較，我不標謗自己高潔，誰又能指責我卑汙呢？

■ 活學活用：

謙虛謹慎，安身立命

事物的矛盾是對立統一的，美與醜、善與惡、好與壞、智與愚、得與失……無一不包含在辯證法中。對事物而言，美醜善惡是在比較襯托下才看得出來，假如沒有醜和惡，也就沒有了美和善，明白了這一現象的內在變化條件，才能對一個事物有一種全面地認識，而不會拘泥於某一極端。

正所謂「人外有人，山外有山」，自己認為是優點，在別人看來也許正是缺陷；自己認為是美麗，在別人看來也許就是醜陋；自己認為是高潔，在別人看來也許就是卑汙。智者說：「天不言自高，地不言自厚。」自己有修養、有本領，修養有多高、本領有多大，別人都看得見，心裡都有數，如此說來，無論如何還是應該謙虛多一點、謹慎多一點，謙虛謹慎是安身立命的根本所在。

135 富多炎涼，親多妒忌

■ 原文

炎涼之態，富貴更甚於貧賤；妒忌之心，骨肉尤狠於外人。此處若不當以冷腸，御以平氣，鮮不日坐煩惱障中矣。

■ 譯文

人情的冷暖變化，富貴人家遠遠超過貧窮人家；人們之間相互妒忌的心理，一家親骨肉之間往往比對外人還厲害。假如一個人對這些情況不能看得冷淡一些，或者不能平心靜氣地妥善對待，那麼他就會整天被煩惱所包圍。

■ 活學活用：

富多炎涼，親多妒忌

俗話說：「共患難易，共富貴難。」貧苦之時人往往能團結一致、共同奮鬥，可一旦富貴起來，就易出現種種的利益之爭。歷史上的許多宮廷政變無不都是爭權奪利的結果，漢武帝、武則天、唐太宗等都是為了權力而曾骨肉相殘，再如殘暴的隋煬帝，已被立為太子，可是為了早日登基，竟謀害了其父隋文帝。二十四史中，父子互相殘殺、兄弟兵戎相見，一幕幕滅絕人性醜劇的故事，都是由於權力成了一切的主宰。更深一層看，這是人類自私、貪婪的心在作怪。有了錢還要更多些，有了權還要更大些，個人私慾無休止地膨脹起來。如此現實，的確需要人們提高自身的修養水平，用理智來戰勝私慾物慾。如此，才能富貴永存，親情永在。

136 功過分明，恩仇勿顯

■ 原文

功過不容少混，混則人懷惰墮之心；恩仇不可太明，明則人起攜貳之志。

■ 譯文

主管對部屬的功勞和過失來不得半點含混，如果功過不明就會使部屬產生偷懶消沉的思想；對於恩惠和仇恨不可分得太清，如果恩仇分明就會使部屬產生疑心而發生背離。

■ 活學活用：

功過分明，恩仇勿顯

作為一位主管，在領導方法上應注意兩大原則：對人要功過分清，賞罰分明；對己則恩仇勿顯，免人猜疑。

對於下屬的功績、過失，一定不能含混不清。置若罔聞，有功不賞，有過不罰，勢必會使有功者失望，從而不再奮發向上，使有過者，不知警惕，仍會重蹈覆轍。也不能功過大小不分，有功無功不分，吃「大鍋飯」，久而久之，有能力者消極起來，沒能力者仍然故我。因此，對於下屬的功過要分清、賞罰要分明，以此來調動下屬的積極性。

除此之外，主管還須懂得克制自己，講究領導的方式方法。恩怨分明是做人的原則，但身為主管需要忍耐，其目的就是分清功過而勿顯己之恩仇。對待自己的部屬，還是妥善安置為好，寬大為懷為妙，以便使大家能團結一致，共同奮鬥。

137 位盛危至，德高謗興

■ 原文

爵位不宜太盛，太盛則危；能事不宜盡畢，盡畢則衰；行誼不宜過高，過高則謗興而毀來。

■ 譯文

一個人的官位爵祿不可以太高，如果太高就會使自己陷於危險狀態；一個人的才能不要展露無疑，如果展露過度就會因江郎才盡陷於沒落狀態；一個人的品德行為不可標榜太高，如果太高就會遭到無緣的中傷與誹謗。

■ 活學活用：

位盛危至，德高謗興

俗話說：「樹大招風。」古人云：「否極泰來」「物極必反」，都說明了任何事都得把握一個度。一個人官位爵祿到了一定的程度，就應急流勇退，古代開國功臣大多被殺，一個很重要的原因就是不能急流勇退。做官如此，其他事情同樣應知進退深淺。對於才能、品行等等都應把握尺度，一個人太能幹、修養太高，則更襯托了另一個人的無能、無德，由此易招致別人的嫉恨。二十一世紀的今天，和平成了時代的主題，法制建設也日益完善，在這樣的環境下，則給了人更大的生存空間。官做大了，仍可以繼續做下去；錢賺多了，仍可以繼續賺；品行高了，仍可以繼續提高。雖仍會遭人忌妒，但只要切記，多做善事，勿謀私利，就能多有福分而少有阻礙。

138 默默行善，功德圓滿

■ 原文

惡忌陰，善忌陽。故惡之顯者禍淺，而隱者禍深；善之顯者功小，而隱者功大。

■ 譯文

一個人做了壞事最擔心的是不容易被人發覺，做了好事最不宜的是自己宣揚出去。所以壞事如果能及早被發現，那災禍就會相對小些，如果不容易被人發現，那災禍就會更大；如果一個人做了好事而自己宣揚出去那功勞就會變小，只有在暗中默默行善才會功德圓滿。

■ 活學活用：

默默行善，功德圓滿

人不能做壞事，做壞事而損人利己，會讓人憎惡，有些壞事不論對他人或自己都會造成極大損害。一般來講，做在明處的壞事人們看得見或許還可以預防彌補，做在暗處的壞事更可惡，讓人防不勝防，這種危害更大。

一個人從哪個方面講都不應該做壞事，而是應該抱著為善不求名的態度。做好事不是為了宣揚吹捧，至於別人宣揚是為了推廣這種精神，自己宣揚則失去了做好事的目的。這種好事在客觀上是有益的，在主觀上過度宣揚則表明是動機不純；從做人角度看，表現出一種沽名釣譽的卑鄙心理。幫助別人應是全身心地投入，默默地奉獻。

139 德者才主，才者德奴

■ 原文

德者才之主，才者德之奴。有才無德，如家無主而奴用事矣，幾何不魍魎猖狂？

■ 譯文

一個人的品行是才學的主人，而才學不過是品德的奴隸。所以，一個人如果只有才學而沒有品德，就好比一個家庭沒有主人而由奴隸當家，這樣一來，豈不使鬼怪肆虐？

■ 活學活用：

德者才主，才者德奴

品行是才學的主人，而才學不過是品德的奴隸。生活中，一個欲成大事的人，除了具備才學，更應具備良好的品德，德才兼備是成大事的基礎。有才無德的人，就好比家奴作主具有很大的危險性，因為他們會利用自己的才能去營私舞弊、貪贓枉法、損人肥己，還可能恃權恃勢來壓制人才，對自己的錯誤作出萬般詭辯……從而導致事業的失敗、江山的喪失乃至個人的身敗名裂。可見，才並不能主宰德，更不能取代德。而且比較起來，無德有才者較之無德無才者，對社會造成的危害會更深。

有德無才的人難以成就大事，有才無德的人易行不義之事，只有德才兼備的人才能成就大的事業。

140 鋤奸杜倖，要放生路

■ 原文

鋤奸杜倖，要放他一條去路，若使這一無所容，譬如塞鼠穴者，一切去路都塞盡，則一切好物俱咬破矣。

■ 譯文

剷除妖邪佞倖之人，要給他們留一條改過自新的出路。如果使其陷於絕望，就好比為了消滅老鼠而堵塞鼠穴的人，固然把老鼠所有逃跑的道路都堵死了，可是屋子裡一切貴重的東西都可能被老鼠咬壞了。

■ 活學活用：

鋤奸杜倖，要放生路

得饒人處且饒人，是為了防止困獸之鬥，因為困獸會為了爭取每一分生存的希望拚命掙扎，從而給自己造成災害，或者是為了投鼠忌器，擔心適得其反吧。

剷除奸邪之人，固然是出於正義，但如果逼得太急就易使其狗急跳牆，也許會傷害到自己，況且所謂奸邪又是相對而言，事物的對立面都是辯證統一的，只要奸邪之人改過自新，他們仍會成為善良之人。給人一次機會，又防止傷害到自己，何樂而不為？

同樣道理，生活中，做人做事也不能走向極端，對待犯錯誤的人尤其如此，要視情節後果輕重，採取不同處理方式，應盡量避免一棍子打死，給人一次改過的機會，給人一條自新的道路，也是行善的一種方式，寬大為懷，與人為善，也是為了達到治病救人的目的。

141 過歸己任，功讓他人

■ 原文

當與人同過，不當與人同功，同功則相忌；可與人共患難，不可與人共安樂，安樂則相仇。

■ 譯文

有了過失，應當與他人共同承擔責任，有了功勞，不要與他人相爭，爭功邀寵最易引起嫉恨；危難時要與他人共患難，功成名就後不可與他人共享安樂，享樂時最易結下仇怨。

■ 活學活用：

過歸己任，功讓他人

俗話說：「同船過渡百年修。」人生在世不過是短短的幾十載時光，互相幫助、互相鼓勵、共享生活才是最有意義的。然而做到這一點並不容易，古語云：「飛鳥盡，良弓藏；狡兔死，走狗烹。」中國歷史上漢高祖劉邦、明太祖朱元璋大殺功臣的做法，引起了後人的深思。在現實生活中，也有許多能共同歡樂，但不能共同患難的現象，存在著很多有功就搶、有過就推、有樂就享、有難就躲的人。同甘共苦、同舟共濟是人類美好的品德，也是一種理想的境界。「過歸己任，功讓他人」這是每一個有修養的人應保持的優良品質。

142 警世救人，功德無量

■ 原文

士君子貧不能濟物者，遇人痴迷處，出一言提醒之；遇人急難處，出一言解救之，亦是無量功德。

■ 譯文

品行高尚的人因生活貧困不能以物質救助別人，可當別人遇到困難之時迷惑不解時，他會從旁指點使其有所領悟；遇到別人發生危急之事時，他能從容說句公道話使其擺脫困境，這都是功德無量的好事。

■ 活學活用：

警世救人，功德無量

幫助他人，行善積德，除了以物質相助外，還有很多種方式：一個人在遇到困難之事迷惑不解的時候，最需要別人的指點迷津；一個人在病苦傷心的時候，最需要別人給予安慰；一個人在被人誤解無法申辯的時候，最需要別人的公道話；一個人在心灰意冷的時候，最需要鼓勵和理解。所以，哪怕物質上不富有，只要精神是富有的，仍可以幫助別人、廣施愛心。

143 趨炎附勢，人情之常

■ 原文

饑則附，飽則，則趨，寒則棄，人情通患也。

■ 譯文

窮困饑餓時就去投靠別人，吃飽後便遠走高飛；遇到有權勢的人就去巴結，見到貧寒無助的人就棄之不理，這是人性的通病。

■ 活學活用：

趨炎附勢，人情之常

從古至今，趨炎附勢是世之通病，《史記》有「一貧一富乃知交態，一貴一賤交情乃見」的感慨。生活是艱難的，生活為強者所壟斷，在這種環境中，人很難有選擇的餘地。為了生存，他們總是向權勢者靠攏，因此，從第三者的眼光看來，就會有人情冷暖、世態炎涼的感覺。感覺歸感覺，嘆息歸嘆息，無力的詛咒似乎沒有改變這種世風日下的人間晚景。趨炎附勢之風如水流長，總是有那麼一些人要去那樣做。趨炎附勢是一種卑下的人格，是為貪圖一點小利或晉升一點小官的人的作為。這些人是缺乏智慧和志氣的，他們不會有俗世中的圓滿和成功。但是勿庸諱言，趨奉權勢，並非一種人見人愛的美德，它往往使人為了一點蠅頭小利和名譽而不惜傷筋動骨。那麼，在合理地運用世間權勢和不至於太過屈從權勢之間，有沒有一個可以掌握的那麼一種合適的尺度呢？這就要各人自得了。

144 淨拭冷眼，輕動剛腸

■ 原文

君子宜淨拭冷眼，慎勿輕動剛腸。

■ 譯文

君子遇事應該冷靜地觀察一番，千萬不要輕率行事，表現自己的剛直性格。

■ 活學活用：

淨拭冷眼，輕動剛腸

生活中常常發生這樣可笑的事情：出門時，手中拿著鑰匙，卻急著找鑰匙；急著給人寫紙條時，筆就拿在手上，卻睜大眼睛到處找筆；有時要急著去赴約，卻到處找不到心愛的領帶。也有的時候，要找的東西翻箱倒櫃找遍了都沒找到，過了幾天卻在最顯現的地方發現了。這都是由急切慌亂而造成的。人如果一著急，就會手忙腳亂，眼花繚亂，明明在眼皮底下的東西都會看不見。

由此可以看出：無論做什麼事，要保持冷靜，從容鎮定，不要急急忙忙，心慌意亂。要知道「性急吃不了熱豆腐」，急切慌亂不但解決不了問題，還會更加拖延時間。雖然這些事在一定的方面上決定於一個人的性格，但也反映了一個人的涵養功夫，因此，在這方面要多多鍛鍊。

145 德隨量進，量由識長

■ 原文

德隨量進，量由識長，故欲厚其德，不可不弘其量，欲弘其量，不可不大其識。

■ 譯文

人的品德會隨著氣量的寬宏而增進，而氣量會隨著見識的增長而寬宏，所以要增進自己的品德，就不能不使自己的氣量寬宏；要想氣量寬宏，就不能不努力增進自己的見識。

■ 活學活用：

德隨量進，量由識長

見識、氣量、品德是一個循序漸進的完善過程。一個人生活閱歷豐富了，他就明白許多人生道理；一個人的氣量越大，對於別人就越加寬容；一個人的品德越深厚，思想境界就越高。見識、氣量、品德，三者互為前提，互為因果。一個人不斷增長自己的見識，他因學識的增長而不與短視的人計較；不計較，其氣量自然寬宏；氣量寬宏，他會處處以人為先，以己為後，他的品德就會高尚。所以說增加了見識，其氣量也隨之增加，氣量增加，其品德也會增進，如此我們為人處世就能圓通渾厚，就能準確地判斷是非，分辨善惡，也就可以無往而不勝了。

146 一念回光，烔然返照

■ 原文

一燈螢然，萬籟無聲，此吾人初入宴寂時也；曉夢初醒，群動未起，此吾人初出混沌處也。乘此而一念回光，烔然返照，始知耳目口鼻皆桎梏，而情慾嗜好悉機械矣。

■ 譯文

燈光微弱閃爍，大地一片寧靜，這正是人的身心剛剛進入休息之時；清晨夜夢過去，萬物還未活動，這正是人剛從夢境走出來之時。在這剛剛安息和剛剛睡醒的剎那間，好像有一線靈光掠過腦海，這時會突然使內心有所醒悟，才知耳目口鼻都是束縛心智的枷鎖，而情慾嗜好也是使心靈墮落的工具。

■ 活學活用：

一念回光，烔然返照

人們常常為了追求感觀的快樂而走上邪路，喜歡聽好聽的話，喜歡看好看的顏色，喜歡吃好吃的東西，喜歡聞好聞的氣味，所以才有人縱情於聲色之中，不能自拔。生活情趣固然需要，但不能為了一時感觀的快樂而做為非作歹，那我們又該如何去做呢？夜間休息時，人的精神與肉體相對進入安寧狀態，像開闢天地之初的混沌時期；只有從夢中醒來，身心回到現實，又有了實際行動，才有了感觀的嗜欲。所以在萬籟俱寂的夜晚，我們要經常反省自己，反省由於耳目口鼻所產生的情慾，在是非標準中是否有違道義，自己是否由於追求感觀的快樂而失去了心靈的靜寂。在黑夜中反省，這實在是修身養性的妙法之一。

147 反己眾善，動念浚惡

■ 原文

反己者，觸事皆成藥石；尤人者，動念即是戈矛。一以辟眾善之路，一以浚諸惡之源，相去霄壤矣。

■ 譯文

經常作自我反省的人，日常接觸的事物，都成了修身戒惡的良藥；經常怨天尤人的人，只要思想觀念一動就像是戈矛一樣總指向別人。可見自我反省是通往行善的途徑，怨天尤人是走向奸邪罪惡的源泉，兩者之間真是天壤之別。

■ 活學活用：

反己眾善，動念浚惡

每個人看問題的方法不一樣，站的角度不一樣，得到的結論自不相同；刺激相同，反應各不相同。所以一個人肯多作自我檢討，萬事都可變成自己的借鑑，孔子說：「見賢思賢，見不賢而內自省。」「內省」就是一種「反己」功夫。但是生活中的很多現象往往是相反的，遇到了種種矛盾往往埋怨對方，有了衝突，總是指責對方，什麼事總是自己對，總是從自己的角度出發。這種人很自私，在人際關係上同樣自私。因為不能自省，所以總覺得不平衡，總難進步。又如報紙報導犯罪事件，有的人反對繪聲繪色報導得太詳細，認為如此易於使有犯罪傾向的人去模仿作案。其實，這樣的報導奉公守法的君子看到，只能引為一大借鏡。可見，同樣的事，在不同人的身上，卻會有不同的反應。

148 功名一時，氣節千載

■ 原文

事業文章隨身銷毀，而精神萬古如新；功名富貴逐世轉移，而氣節千載一日。君子信不當以彼易此也。

■ 譯文

事業和文章，隨著人的死亡也就了結，但人的精神卻萬古長新；功名利祿和榮華富貴，隨著時間的變遷而轉移，唯獨忠義氣節會永遠留存。所以，君子確實不應拋棄垂名青史的道義與氣節，換取隨身滅亡的事業和文章。

■ 活學活用：

功名一時，氣節千載

大丈夫為人處世，最少不了氣節。何謂氣節？氣節是為人所必須的志氣和節操。在中國歷史上，具有高尚氣節者，不可盡數，岳飛、文天祥、林則徐……看到了他們在氣節中所體現出來的民族尊嚴和人格力量，看到了氣節化為生命的信念、生存的支柱。

總而言之，氣節精神所體現出的尊嚴與崇高情操，不像個人的事業文章那樣，往往隨著個人生命的自然終結而終結；也不像個人的功名富貴那樣，往往隨著時勢的不同而有所轉移。氣節精神能超越時空，光耀千秋，萬古常新。有氣節者的精神境界是崇高的，氣節，毋須自我標榜，卻總會在他們的言行中表現出來。人活著，必須有一種精神支撐著，氣節，正是這種精神之根源。氣節使人時刻不忘根本，使人不忘之所以為人的原則，使人不忘國家與民族的利益，使人保持人格的尊嚴……功名富貴僅為一時，而氣節者卻名垂青史。

149 自然造化，智巧不及

■ 原文

魚網之設，鴻則罹其中；螳螂之食，雀又乘其後。機裡藏機，變外生變，智巧何足恃哉！

■ 譯文

本來設網捕魚，不料鴻雁竟落網中；貪婪的螳螂一心想捕食眼前的蟬，不料後面卻有一隻黃雀。可見天地間的事實在奧妙，玄機中還藏有玄機，變幻中又生變幻，人的智慧、計謀又有什麼可仗恃的呢？

■ 活學活用：

自然造化，智巧不及

孔子主張「盡人事以聽天命。」對於人來說，不可知的事太多了，許多事往往智慧計謀用盡仍一無所得。在生活中，所謂「螳螂捕蟬，黃雀在後」的事數不勝數，「人為財死，鳥為食亡」的事也俯拾皆是。其實，任何事都不是孤立存在的，往往一環套著一環，牽一髮而動全身。對於物慾的貪求，有時「機關算盡」，最終一無所得，有時偏偏「無心插柳柳成陰」。世事難料，「智巧何足恃？」如此說，並不是人在大自然面前就無能為力，一定要探索自然、把握自然事物變化週期和發展規律，才不至於歷盡人事，到頭來卻「竹籃打水一場空」。

150 真誠為人，圓轉涉世

■ 原文

做人無點真懇念頭，便成個花子，事事皆虛；涉世無段圓活機趣，便是個木人，處處有礙。

■ 譯文

做人如果沒有一點真誠之心，那就會成為一個華而不實的人，做什麼事都不踏實；處世如果沒有一點變通的手段，那就成為一個呆板的人，做什麼事都會遇到阻礙。

■ 活學活用：

真誠為人，圓轉涉世

做人要真誠，處世須機變。

真誠是與人合作的基礎，一個真誠的人，做事腳踏實地，為人坦誠，這樣的人別人很願意與他交往，並真心以待。反之，如果一個人虛偽、喜歡誇誇其談，他只會引起別人的反感，別人會因他的華而不實而疏遠他、鄙視他。做事講究一是一、二是二。但處世要「方圓有致」，只知「方」，少權變常碰壁，一事難成；只知「圓」，多機巧卻是沒有主見的牆頭草。處世應在不失原則的前提下，根據實際情況加以靈活變通，「方圓有致」，這才是智慧通達的處世之道。

151 雲去月現，塵拂鏡明

■ 原文

水不波則自定，鑒不翳則自明。故心無可清，去其混之者，而清自現；樂不必尋，去其苦之者，而樂自存。

■ 譯文

如果沒有波浪，水面就自然是平靜的。如果沒有被遮蓋的鏡子自然也是明亮的。因此，心靈的清爽，本不必刻意追求，只要除掉心中混沌的雜念就可以了，心靈的歡樂也不必到處尋求，只要除去心中折磨自己的煩惱和痛苦也就自然得到了。

■ 活學活用：

雲去月現，塵拂鏡明

古語云：「世上本無事，庸人自擾之。」生活中有許多的痛苦和煩惱，不是由於外界的原因引起的，自己才是這些麻煩的製造者。

自尋煩惱的人實際上是自己在跟自己過不去。如小心眼便是其中一種，小心眼的人，總覺得別人在自己背後嘲笑自己，評論自己的短處，做一些對不起自己的事情，但又非自己親眼所見親耳所聽，於是煩惱得很、痛苦得很，自己跟自己較勁。如果明白這些想法只不過是「空穴來風」，心中自然放鬆，即使有人在背後毀譽，也不會去較真，於自己無礙。這其實是一種做人的胸襟，胸襟廣博的人是不會自擾的。

152 謹言慎行，遠離災禍

■ 原文

有一念犯鬼神之禁，一言而傷天地之和，一事而釀子孫之禍者，最宜切戒。

■ 譯文

有的人一念之差，便觸犯了鬼神的禁忌；有的人一句話不當，便破壞了人世間的祥和之氣；有的人一件事做錯，便導致子孫後代遭殃。這些都是必須特別加以警惕和杜絕的。

■ 活學活用：

謹言慎行，遠離災禍

人生在世，一言一行，一舉一動都要謹慎考慮，凡事為自己著想，更要為他人著想；注重眼前利益，更要為子孫後代考慮。否則，為達目的不擇手段，為圖私慾傷天害理，那就等於為自己的前程伏下敗筆，甚至給子孫後代釀下禍根。

兵法有言：「一言不慎身敗名裂，一語不慎全軍覆沒。」做人也是如此，切不可為非作歹招災引禍，宜謹言慎行明辨善惡。只有在生活之中處處行善積德，與人友好相處，才不會陷於眾怒，甚至受到法律的制裁，才能永遠幸福地生活。

153 情急招損，嚴厲生恨

■ 原文

事有急之不白者，寬之或自明，毋躁急以速其忿；人有操之不從者，縱之或自化，毋操切以益其頑。

■ 譯文

世上有很多事，越是急切想弄明白越是糊塗，所以不如先緩一下，或許頭腦冷靜之後就會水落石出，千萬不能太急躁，以免增加情緒上的緊張；世上有很多人，指揮他根本不願意服從，這時不如由著他，或許他會慢慢覺悟過來，千萬不能操之過急，以免使他更加頑抗。

■ 活學活用：

情急招損，嚴厲生恨

形式上追求辦事效率的人，總愛強調「立竿見影」；而真正追求實效的人，會警惕欲速則不達。

生活中有很多事情，你越是急切地去追求，你越是辦不到，倒不如用時間作催化劑去促成事情的完善。諸如你被人誤解，一時間無法澄清，可以先放下不去管他，時間一長，事情的原委往往自然會水落石出。

時間是消除偏見、誤解、緩解緊張情緒最好的媒介。一個人不論做什麼事情，都不能操之過急，否則會產生相反的效果。做事要有誠心，還要有耐性；要有方法，還要看時機。

154 節義文章，以德陶鎔

■ 原文

節義傲青雲，文章高白雪，若不以德性陶鎔之，終為血氣之私、技能之末。

■ 譯文

高尚的節操足可以鄙視高官顯爵，生動的文章足可以勝過陽春白雪，但如果不用高尚的道德來陶冶錘鍊，使其昇華，那麼終究只能是一時衝動下的幼稚舉動、不值得一提的雕蟲小技罷了。

■ 活學活用：

節義文章，以德陶鎔

中國社會歷來是一個強調與看重道德倫理的社會，時至今日，如果一個人——不論其地位有多高，權勢有多大，在社會交往中被人稱為「缺德」，或是變相地被稱為「瞧他那德性」，那就近乎是一項最嚴厲的指責了。正由於此，前面提出了「德者，才之主」，此處更進一步強調人應以德性來陶冶人生——也就是用高尚的品德造就高尚人生，讓人生自然化育在德性中。一個人的那些傲居在高官品爵之上的名節，妙手文章的才能，更應用德性來陶冶造就，否則，這些氣節與才能，就會成為感情衝動的產物，成為賣弄技巧的表現。總之，品德是支撐人生的核心力量，是成就一切事業必不可少的基石。

155 急流勇退，避禍有方

■ 原文

謝世，當謝於正盛之時；居身，宜居於獨後之地。

■ 譯文

退隱家園，不問世事應當是在事業巔峰時做出決斷，急流勇退；而平時居家，養生度日最好選擇一個與世無爭的安寧之地居住，以便修身養性。

■ 活學活用：

急流勇退，避禍有方

一個人的事業、功績，發展到了非常時期，尤其要知道怎樣去妥善對待、處理。即使不急流勇退，也得避禍有方。

古人說：「功高震主者身危，名滿天下者不賞。」所以，韓信被捕時，自我感嘆地說：「果然像他們所說的那樣！飛鳥盡，良弓藏；狡兔死，走狗烹；敵國破，謀臣亡；天下已經安定了，我固然應當死啊！」這就是韓信不能急流勇退，又沒有避禍的結局。

俗話說：「創業難，守業更難。」歷代之中，有多少英雄豪傑，功敗垂成。稍有成功，事業稍大，便自滿得意，驕矜無忌，貪得無厭，樹敵無數，惰怠荒廢，隨心所欲，不知謹守不失的道理。要謹守不失，全在於知止知足。知止知足，就知道創業的艱難，就能戰戰兢兢，誠惶誠恐，如臨深淵，如履薄冰，無敢無試。

156 謹德至微，施恩不報

■ 原文

謹德，須謹於至微之事；施恩，務施於不報之人。

■ 譯文

要想敦品勵行，必須謹慎地從小事做起；要想幫助別人，應該幫助那些無法報答的人。

■ 活學活用：

謹德至微，施恩不報

古人云：「勿以善小而不為，勿以惡小而為之。」是告誡我們，個人的品德修養不在於做表面文章，而在於從身邊每一件小事做起。好高騖遠、急於求成，都是急功近利的思想在作怪，是與品德修養背道而馳的。

幫助別人也同樣如此，要幫助那些真正需要幫助的人，當中送炭才最有意義。如果只想著借行善成就美名，而不考慮幫助的對象，那是一種偽善，是一種不負責任的行為。

因此敦品勵行應從小處嚴格要求自己，積德行善一定要落到實處，如此才最有價值，才有意義。

157 回歸自然，述古暢懷

■ 原文

交市人，不如友山翁；謁朱門，不如親白屋；聽街談巷語，不如聞樵歌牧詠；談今人失德過舉，不如述古人嘉言懿行。

■ 譯文

與其結交市井小人，不如結交山野村夫；與其巴結富貴豪門，不如親近平民之家；與其談論街頭巷尾的是非，不如去聽牧童的歌謠；與其批評別人的品德和行為，不如傳述聖賢高尚美好的言行。

■ 活學活用：

回歸自然，述古暢懷

人不能逃避世事，不承擔社會責任，但要想成就大事，必須要有超然脫俗的心境，這樣才能修身養性、一展鴻鵠之志。

所謂修身養性，如果結交市井小人，聽到的都是追逐利益的俗事；如果整天奔走於富貴豪門，聽到的都是功名利祿的權勢之爭；如果經常談論別人的是非、批評別人的過失，那麼心難靜、氣不順、神不寧，心難自安。如此倒不如去結交山野村夫，去親近平民之家，去聽牧童的歌謠，去傳述聖賢的言行，遠離世俗的功名利祿，遠離人世是非對錯，保持脫俗的心境。

「回歸自然，述古暢懷」是人生的一大樂趣，是一種淡泊名利的追求。

158 修身種德，事業之基

■ 原文

德者事業之基，未有基不固而棟宇堅久者。

■ 譯文

高尚的品德是一個人事業的基礎，這就如同蓋房子一樣，地基不穩，那房屋就不可能堅固。

■ 活學活用：

修身種德，事業之基

以德立身貫穿於每個人的人生全部過程，在人生的不同階段，道德對於人的要求會有著不同的變化，每個人體驗和經歷的內容也不一樣，但是，「以德立身」的人生支柱是不變的，它對每個人人生大廈起著支撐作用的定律是不變的。「德」是指一個人的品性和德行。我們難以想像，一個品行不端、德行糟糕的人能結識真正的朋友，能獲得長久的事業成功。這樣的人很難有人能與之長期合作，因為這種人不是只做一次生意，就是過河拆橋；這種人在家庭中，也會做出不道德的事情，極有可能造成家人、親朋的痛苦和不幸；他們還甚至可能因為某種利益的驅動，鋌而走險而落入法網……

要走向成功，需要以德立身，這是一個成功者必須確立的標準，沒有這個標準，人生之路就會失去支撐，最終導致失敗是必然的。

159 心植善根，根固葉榮

■ 原文

心者後裔之根，未有根不植而枝葉榮茂者。

■ 譯文

一個人能有一顆善良的心，就等於為後代子孫種下了幸福的根苗，這就好比栽花植樹，從來沒有根系不穩而枝葉繁茂開花結果的。

■ 活學活用：

心植善根，根固葉榮

俗話說：「將門出虎子。」這不是講迷信，不是從血緣上來論事，而是告訴我們一個訊息——良好的家庭環境可以培養出優秀的子孫。

的確，家庭環境的好壞對於一個人的一生有著至關重要的影響，生活在心地善良、講究禮儀、重視學習的家庭，在日常必然以善作為自己的言行規範，都能以求學上進作為生活的主要內容。長時間耳濡目染，家庭上下一體，蔚然成風，兒孫輩也從長輩的一言一行受到影響，從而為將來的事業打下根基。

因此作為長輩的你不能不謹言慎行、以身作則，以自己最好的一面去影響自己的兒孫，為他們創造一個良好的成長環境。

160 勿昧所有，勿自誇耀

■ 原文

前人云：「拋卻自家無盡藏，冶門持缽效貧兒。」又云：「暴富貧兒休說夢，誰家灶裡火無煙？」一箴自昧所有，一箴自誇所有，可為學問切戒。

■ 譯文

古人說：「何苦放著自家無窮無盡的財富，卻要沿街乞討學窮人的樣。」又說：「僥倖發財的貧家子弟，切莫忘乎所以到處誇耀，誰家的爐灶不冒煙呢？」這兩句諺語，一句是勸誡那些不知道自己擁有什麼的人，一句是勸誡那些不知天高地厚、夜郎自大的人。這些都是做學問的人要引以為戒的。

■ 活學活用：

勿昧所有，勿自誇耀

生活中，有人只羨慕別人而不珍惜自己所有，這山望著那山高，朝秦暮楚，其結果往往是東施效顰、貽笑大方；有人自我感覺太好，喜歡自吹自擂、目中無人、一味自誇，只能說是目光短淺、愚昧無知。這兩種人都沒有把自己放在正確的位置上，所以才不能正確地把握自己。這兩種現象應為我們所警醒，對於做學問的人來說更須注意，千萬不要無視自身所學，而一山望著一山高，結果一無所得；千萬不要以為自己滿腹經綸，而妄自尊大，這只能表現自己的淺薄。

161 道德學問，隨事警惕

■ 原文

道是一重公眾物事，當隨人而接引；學是一個尋常家飯，當隨事而警惕。

■ 譯文

人生的道理是社會公眾的事情，所以應該順著人性引導；做學問就像家常便飯那樣普通，因而應該隨著事物的變化留心觀察和提高警覺。

■ 活學活用：

道德學問，隨事警惕

一種高尚的品德，一種美好的思想，絕不是哪個人的專利，必須成為人人皆可得的公共之物，絕沒有彼此高下之分，每個人都可以修煉。同樣，做學問也是如此，學問並不是專家學者的專屬。學問可以從書本上獲得，也可以從事理中獲得，正所謂「世事洞明皆學問，人情練達皆文章。」說的正是這個道理。

良好的品德、學問主要是依靠自身努力而得，而不像機遇等等更多取決於外部條件。就像當今社會，高尚的品德、淵博的學問是令人追求的對象，而有人卻偏偏喜歡陰暗邪惡、不學無術。可見，凡事要靠自己主動才行。

162 信人示誠，疑人顯詐

■ 原文

信人者，人未必盡誠，己則獨誠矣；疑人者，人未必皆詐，己則先詐矣。

■ 譯文

一個信任別人的人，別人雖然未必都誠實，但他自己卻誠心待人先做到了誠實；一個猜疑別人的人，別人雖然未必全都奸詐，但他自己卻先成為虛情假意的人。

■ 活學活用：

信人示誠，疑人顯詐

以誠待人是為人處世的原則。一個真誠的人是一個值得信賴的人，他不會當面說你的好話，背後卻捅刀子；他不會違心地騙取你的好感，換取你的信任，而謀取他自己的利益。真誠的人光明磊落，他的心靈毫不掩飾地向你開放，他忠於自己，也忠於別人。

然而「畫龍畫虎難畫骨，知人知面不知心」，生活中有一些人十分虛偽，心中有一分，外面做得恰似十分；嘴上說真誠，心中卻充滿猜疑。結果弄得人心惶惶，必然會失去朋友，沒人願意與他共事。

真誠與猜疑，如同水與火，兩者互不相容。一個真誠的人，一個渴望真誠的人，必須拋棄猜疑。猜疑是害人的，它貶低了自己，也貶低了別人。

163 豁達大度，寬以待人

■ 原文

念頭寬厚的，如春風煦育，萬物遭之而生；念頭忌刻的，如朔雪陰凝，萬物遭之而死。

■ 譯文

一個胸襟寬廣忠厚的人，就像和煦的春風，吹拂萬物，能給萬物帶來生機勃勃；一個胸襟狹隘刻薄的人，就像嚴冬的冰雪寒凝大地，能給萬物帶來殺氣。

■ 活學活用：

豁達大度，寬以待人

人們往往把寬廣的胸懷比作大海，能廣納百川之細流，也不拒暴雨和冰雹；也有人把忍耐比作彈簧，具有能屈能伸的韌性。誰若想在困厄時得到援助，就應在平時寬以待人。否則，相容度低，則會使人疏遠，減少合作力量，人為地增加阻力。

人往往能夠將別人的缺點看得一清二楚，但這並不意味著可以因此嚴厲地指責別人。在與人相處時，要懂得隨時體諒他人，在溫和且不傷害人的前提下，適宜地幫助別人。以嚴厲的態度對待別人，容易招致他人的怨恨，反而無法達到目的。若要避免遭受這樣的困擾，關鍵在於寬容他人。

做人不應用苛刻的標準去要求別人，要尊重別人的自由，只有做一個能理解、容納他人的優點和缺點的人，才會受到他人的歡迎。而對人吹毛求疵，又批評又說教沒完沒了的人，不會有親密的朋友，別人對他只有敬而遠之。

164 天網恢恢，疏而不漏

■ 原文

為善不見其益，如草裡冬瓜，自應暗長；為惡不見其損，如庭前春雪，當必潛消。

■ 譯文

行善事表面上可能看不到什麼好處，但就像一個長在草叢中的冬瓜，自然會在暗中一天天結果長大；做壞事的人，雖說表面上看不出有什麼壞處，但就像春天院子裡的積雪，只要陽光一照射自然就會融化消失。

■ 活學活用：

天網恢恢，疏而不漏

佛家說：「善有善報，惡有惡報，不是不報，時候未到。」所表明的也是這個道理，善與惡有時不是馬上可以見到結果的，但多行不義必自斃。做一件善事算不得善人，行一件壞事也不是壞人，但數量的累積到了一定的程度就會發生變化。可見一個人絕對不能心存僥倖做壞事，早晚有一天可能東窗事發鋃鐺入獄。也不要認為自己平日人緣好，在自己的圈子裡吃得開，就膽大妄為貪贓枉法。其實這種想法大錯特錯，早晚劣跡會全部暴露出來。天網恢恢，作惡事的人不望人知，但法律無情，疏而不漏。行善的人不望人報也就不望人知，但人們心裡總會明白，每件善事猶如種子在人的心裡，伺機便會發芽。

165 厚待故交，禮遇年老

■ 原文

遇故舊之交，意氣要越新；處隱微之事，心跡宜越顯；待衰朽之人，恩禮當越隆。

■ 譯文

遇到多年不見的老朋友，情意要特別真誠，氣氛要特別熱烈；處理某種祕密的事情，居心要特別坦誠，態度要特別開朗；對待年老力衰的人，舉止要特別殷勤，禮節要特別周到。

■ 活學活用：

厚待故交，禮遇年老

一個人在社會上不知道怎麼待友，不懂得如何尊敬老人，是沒有教養、沒有知識的表現。人不能太勢利，所謂「人走茶涼」，尤其對失了勢往日威風不在的朋友更應注意，要特別真誠、特別熱烈才對，做人就應光明磊落一些。生活中，有人對待權勢之人畢恭畢敬，而對待年邁無用的老人卻嗤之以鼻，這同樣是勢利的表現，切不可為。待人如此，對處事而言，不能因處於無人知道的地方，就有營私舞弊的念頭出現，在黑暗處要比在光明處更加磊落，這樣才能顯現出不凡的人格。一個人在待人處事上，能充分地體現出修養的高低，而以上這三種為人的標準，是立身最起碼的知識。

166 君子立德，小人營私

■ 原文

　　勤者敏於德義，而世人借勤以濟其貧；儉者淡於貨利，而世人假儉以飾其吝。君子持身之符，反為小人營私之具矣，惜哉！

■ 譯文

　　勤勉的人本來很看重道德情操，但有人卻把勤快用在貪婪地搜刮財物上；儉樸的人本來對金錢看得很淡，但有人卻藉口節儉而掩飾其吝嗇的本性。勤勉和儉樸本來是君子立身的法寶，反而變成卑鄙小人謀取私利的工具，真是令人感到惋惜。

■ 活學活用：

君子立德，小人營私

　　綜觀世事，君子守身的法則，往往成為小人營私的工具。世事大抵如此，「干將」、「莫邪」雌雄寶劍，在名將手中就會變成保國為民的利器，反之如果落在壞人手中就會變成殺人的凶器；如顯赫官位，君子處之，是為了施展抱負，做一些有益人民的事情；而小人處之，則是為了利用權力，為自己謀取私利。可見不管什麼東西產生的客觀效果首先要由運用者來決定，運用者的內在素質低、思想境界差，再好的東西都會成為營私逐利的工具，都能找到堂而皇之的理由來偽裝。而檢驗一個人是君子還是小人，也只需從他的行為就可以看得一清二楚。

167 意興作者，隨作隨止

■ 原文

憑意興作為者，隨作則隨止，豈是不退之輪；從情識解悟者，有悟則有迷，終非常明之燈。

■ 譯文

憑一時感情衝動和興致做事的人，等到熱度一過事情也就跟著停頓下來，這哪裡是長久奮發向上的做法呢？從情感出發去領悟真理的人，有時領悟也會被感情所迷惑，這也不是永久光亮的靈智之燈。

■ 活學活用：

意興作者，隨作隨止

做事要有始有終，靠的是恆心、毅力，如果只憑一時的衝動和興致做事，那麼熱度一過事情就會半途而廢、不了了之了。

其實，我們大家都有這樣的體會，做一件事，開始時我們往往幹勁十足，而事情也會十分順利，等做到一半時，緊張的情緒有所減退，放鬆和慵懶之心漸起，此時辦事效率降低，如果不及時警醒以毅力克服，往往前功盡棄。所以無論做什麼事，都要持之以恆，克服三分鐘熱度的毛病，鍛鍊自己的意志力。

做事要從理性出發持之以恆，而理解事理也應從理性出發，如果憑自己一時情感去領悟真理，往往會被衝動的感情迷惑，難以領悟人生真諦。

168 嚴於律己，寬以待人

■ 原文

人之過誤宜恕，而在己則不可恕；己之困辱宜忍，而在人則不可忍。

■ 譯文

別人有了過失應當寬恕，而對自己的錯誤卻不能輕易原諒；自己遭到困窘和屈辱，應當默默忍受，而看到別人有了困窘和屈辱時，則應挺身而出。

■ 活學活用：

嚴於律己，寬以待人

社會中，對人嚴、對己寬的問題普遍存在，問題的實質在於對人對己要求的標準不同。對別人馬列主義，對自己自由主義；看別人的缺點多，看自己的優點多；批評別人往往苛刻求全，攻其一點，不及其餘，不看別人的現實表現，糾纏過去的恩怨是非；批評自己的時候則輕描淡寫，強調客觀，蔽短護私。自己不求進步，不思進取，又害怕別人進步，獲得成就和名聲……

應該去掉這種不健康的心理，改變這種不健康的風氣。用高標準要求自己，嚴格檢查自己思想上、工作上的缺點；同時以寬厚態度對待別人，鼓勵、支持別人從善、向上的積極性。這樣，不但自己和別人共同進步，也有利於解決人際關係中的矛盾，形成積極健康的良好風氣。

169 為奇不異，求清不激

■ 原文

能脫俗便是奇，作意尚奇者，不為奇而為異；不合汙便是清，絕俗求清者，不為清而為激。

■ 譯文

能夠脫離庸俗習氣的便是奇人，假如挖空心思刻意追求新奇，那不是奇人而是怪異；不同流合汙便是清高，假如違背人之常情去追求清高，那不是清高而是偏激。

■ 活學活用：

為奇不異，求清不激

一個人能夠超凡脫俗，擺脫名利的束縛，致力於內心的修養，這樣的人是名副其實的奇人。但要達到這種超凡的境界，並非一日之功，需要從生活中的每一天，從生活的點點滴滴做起，而這種境界中的人所擁有的氣質和風貌也是別人不易學到的。倘若有人想透過自己的標新立異來使自己成為奇人，只能是給人留下笑柄。清高是一種高潔的品德，是出汙泥而不染的品行，是在世俗中保留自己心中的一方淨土，如果以為清高就是遠離世俗，斷絕一切慾望，那就大錯特錯了。

170 自薄而厚，先嚴後寬

■ 原文

恩宜自淡而濃，先濃後淡者，人忘其惠；威宜自嚴而寬，先寬後嚴者，人怨其酷。

■ 譯文

對別人施恩應當由淡薄逐漸到濃厚，如果開始濃厚後來變得淡薄，別人就會忘記你的好處；在別人面前樹立威嚴應當先嚴厲一些，然後逐漸寬緩，假如先寬緩後再嚴厲，別人就會抱怨你太冷酷。

■ 活學活用：

自薄而厚，先嚴後寬

無論是施恩於人還是樹立威嚴，採取的方式方法是很重要的一個方面。

施恩於人宜自薄而厚，樹立威嚴宜先嚴後寬。舉例來說，這就好比是我們平時吃飯，假如先吃美味佳餚，後吃粗茶淡飯就難以下嚥；反之，則會吃得津津有味，很是香甜。別人也有同樣的心理，你第一次施恩多了，第二次有所減少，別人就難免失望，產生抱怨；反之，你第一次施恩較少，而第二次卻讓他享受了更大的恩惠，出乎於他的預料，他自會感激不盡。

所以說幫助別人採取遞增的方法效果較好，而樹立威嚴時先嚴後寬才最有智慧。

171 心虛意淨，明心見性

■ 原文

心虛則性現，不息心而求見性，如撥波覓月；意淨則心清，不了意而求明心，如索鏡增塵。

■ 譯文

只有內心沒有雜念，人的真實本性才會顯現，如果不使心神寧靜而想發現本性，那就像水中撈月是不切實際的幻想；只有意念澄淨，心情才會開朗，如果不消除煩惱而想心情開朗，那就等於在布滿灰塵的鏡子前想照出自己的身影。

■ 活學活用：

心虛意淨，明心見性

心虛意淨是為了在大徹大悟中發現本性，還我本來面目。人的本性藏在內心深處，並不是你想看就能看得到，只有在內心沒有雜念的時候才會顯現。如果善惡、是非、愛憎等各種雜念纏繞心頭，卻想發現本性，那就無異於水中撈月、無異於想在布滿灰塵的鏡子前照出自己的身影，一切都是不切實際的幻想。由此可見，要發現本性，需在內心平靜之時，而正如前面所說，天地靜寂的夜間，正是使意念澄淨發現自己本性最好的時刻。

172 貴奉不喜，踐侮不怒

■ 原文

我貴而人奉之，奉此峨冠大帶也；我踐而人侮之，侮此布衣草履也。然則原非奉我，我胡為喜？原非侮我，我胡為怒？

■ 譯文

有權有勢，人們奉承我，這是奉承我的官位和烏紗；貧窮低賤，人們輕蔑我，這是輕蔑我的布衣和草鞋。可見根本不是奉承我，我為什麼要高興呢？同樣，根本不是輕蔑我，我又為什麼要生氣呢？

■ 活學活用：

貴奉不喜，踐侮不怒

古人云：「不以物喜，不以己悲。」如此瀟灑地面對人生，才算是大徹大悟。

有權有勢者身邊常常有眾人奉承，究其原因在於奉承之人或畏懼權勢，或有求於權勢。同樣，貧窮低賤者常常受到蔑視，這因為他們沒有功名富貴，對輕蔑者來說沒有可以利用的價值。而前者一朝失勢，就會樹倒猢猻散，落得孤單一人的下場；而後者一朝得勢，就會賓客滿門，讚揚聲不斷。

可見那些趨炎附勢者的嘴臉，讓人極其噁心，那我們又何必為了他們而高興或生氣呢？記住這樣一句話：「飽諳世味，任翻雲覆雨，懶得開眼；閱盡人情，隨喚牛喚馬，只是點頭。」

173 慈悲之心，生生之機

■ 原文

「為鼠常留飯，憐蛾不點燈。」古人此等念頭，是吾人一點生生之機。無此，便所謂土木形骸而已。

■ 譯文

「為了不讓老鼠餓死，常留一點剩飯；為了不讓飛蛾燒死，夜間不點燈火。」古人這種大慈大悲的心腸，就是人類繁衍不息的生機。如果沒了這點不絕的生機，人就變得與草木無異，只有軀殼而沒了靈魂。

■ 活學活用：

慈悲之心，生生之機

「為鼠常留飯，憐蛾不點燈。」這與我們今人倡導保護野生動物的行動，有點相似，但現代人是基於維護人類良好的生存環境，而古人則是出於一種慈悲的心腸。

其實，作者並不是要求我們非要像古人那樣對待鼠和蛾，作者是主張我們為人處世要有同情弱者的胸懷。

做人應行善積德，待人應慈悲為懷。在生活中，多給人一些關懷和溫情，我們的人際關係將更和諧，人世間充滿真愛。

174 心體之念，天體所現

■ 原文

心體便是天體，一念之喜，景星慶雲；一念之怒，震雷暴雨；一念之慈，和風甘露；一念之嚴，烈日秋霜。何者少得？只要隨起隨滅，廓然無礙，便與太虛同體。

■ 譯文

人的內心世界好比是多姿多彩的大自然。高興之時，就有景星慶雲般的祥瑞；憤怒之時，就有雷電風雨般的暴戾；慈悲之時，就有和風甘露般的溫潤；冷酷之時，就有烈日秋霜般的肅殺。與大自然氣候的變化一樣，人的這些情感又有哪一樣少得了呢？只要人的這些情感隨時幻滅，沒有鬱積，便是與天地一體了。

■ 活學活用：

心體之念，天體所現

古希臘哲學家德謨克利說：「所有人都是自然的學生，智者更不例外。」自然有其自身的規律，如氣候的變化，總是隨時興起隨時幻滅，無私地育養萬物，對廣大宇宙毫無阻礙。人的內心情緒的變化和大自然氣候的變化一樣，是很平常的事情，是一個調和的過程。效法自然，人的心體就要如天體般遼闊，這樣才能胸襟廣博；人的心體還應如天體般慈愛萬物，這樣才能具有博愛的精神。如果一個人的修養達到了這種境界，就能無所不容，造福於人了。

175 無事昏冥，有事奔逸

■ 原文

　　無事時，心易昏冥，宜寂寂，而照以惺惺；有事時，心易奔逸，宜惺惺，而主以寂寂。

■ 譯文

　　清閒無事時，心容易陷入迷亂，就應以平靜的心態來覺悟心中的問題；事務繁忙時，心容易陷入衝動，就應以冷靜的頭腦控制衝動的心。

■ 活學活用：

　　無事昏冥，有事奔逸

　　一個人無所事事的時候，就易於懶散，懶而墮志，也易胡思亂想，各種不良的念頭也容易產生，在這種情況下，一定要保持清醒的頭腦，才不至失去心志，不至於惹事生非。

　　一個人在忙碌的時候，頭腦裡裝滿了事情，人就容易衝動浮躁起來，處理事情難免欠妥，在這種情況下，一定要保持冷靜再冷靜，才不至於忙中出錯。

　　總之，人人都應學會控制自己，學會冷靜地思考問題，這樣才能避免僅憑一時興致去盲目蠻幹，才能不因一時的衝動而功敗垂成。

176 議事宜悉，處事忘慮

■ 原文

議事者，身在事外，宜悉利害之情；任事者，身居事中，當忘利害之慮。

■ 譯文

評論事情的人，置身事外，就應了解事情的始末而公正地評出是非；處理事情的人，置身事中，就應忘記個人利害得失而專心策劃一切。

■ 活學活用：

議事宜悉，處事忘慮

置身事外與置身事中，雖有很大的不同，但仍具有相同之處。

在評論別人的功過是非時，一定要實事求是，不偏袒包庇誰，也不故意陷害誰，只有這樣才能站在客觀、公正的立場上發表自己的意見，而意見才具有可信度，才能讓人接受。

在擔任某項工作時，就不能計較自己的利害得失，不能想著自己的利益而損人利己、損公肥私，只有忘記個人私利，才能專心致志地完成自己承擔的工作。

置身事外與事中，都要求當事人做一個誠實、可信的人，這樣別人才會相信你，而你自己才能有資格勝任自己的工作。

177 操履嚴明，亦毋過激

■ 原文

士君子處權門要路，操履要嚴明，心氣要和易，毋少隨而近腥羶之黨，亦毋過激而犯蜂蠆之毒。

■ 譯文

德才兼備的人身居高位時，操守一定要嚴謹公正，行為光明磊落，心境平和穩健，氣度寬宏大量，不可以接近與附和營私舞弊的奸邪之徒，但也不要表現得過度偏激，而遭到陰險小人的算計。

■ 活學活用：

操履嚴明，亦毋過激

正與不正是對立的，清廉與腐化、真誠與奸邪水火不容。德才兼備的人，以其高雅的風範、嚴正的操守自不屑與小人共舞，但也同樣為小人所不容。仕途是人際排擠最厲害的地方，龍蛇混雜，清濁同在，往往涇渭難以分明。這就需要為官之人，在堅持大的原則之下，學會靈活變通。否則，雖有才學、有造福人民的遠大志向，若一不小心得罪了小人，就易遭算計。正所謂「有圓無方則不立」「有方無圓則滯泥」，只有方，沒有圓，做人只是死守原則，毫無變通，不懂得根據具體情況靈活把握，則流於呆滯、拘泥，走向了一個極端。因此為人、為官，皆應「方圓有致」。

178 渾然和氣，居身珍寶

■ 原文

標節義者，必以節義受謗；榜道學者，常因道學招尤。故君子不近惡事，亦不立善名，只渾然和氣，才是居身之珍。

■ 譯文

標榜自己有節義的人，必將在節義方面受到誹謗。標榜自己堅持道學的人，必將在道學問題上招致怨尤。因此，正直的人既不沾染惡事，也不標榜美名，只是樸樸實實，和和氣氣，這才是立身處世的法寶。

■ 活學活用：

渾然和氣，居身珍寶

我們都討厭喜歡自我標榜吹噓的假道學偽君子，做人要誠實無欺。老子也曾說：「信言不美，美言不信。善者不辯，辯者不善。知者不博，博者不知。」換言之，學問和道德並非吹噓而來，應該是從艱苦的修行中累積而成。

好虛名的人，實質上是為自己披上了道德的外衣，這樣的人具有很大的欺騙性，一朝得勢，會打著道德者的幌子，滿足自己的私慾，這樣的人必沒有好的下場，會為人們所唾棄。

一個人立身處世確立的原則，不是為了顯示自己，而是為了磨練心性、健全心態、完善人格、渾然和氣，才是居身的珍寶。

179 對己對人，以德陶鎔

■ 原文

遇欺詐之人，以誠心感動之；遇暴戾之人，以和氣薰蒸之；遇傾邪私曲之人，以名義氣節激礪之：天下無不入我陶冶中矣。

■ 譯文

遇到狡猾奸詐的人，就以赤誠之心來感動他；遇到狂暴乖戾的人，就以溫和的態度來薰陶他；遇到邪僻自私的人，就以道義氣節激礪他。能做到這一些，天下人都會受我的影響被我感化。

■ 活學活用：

對己對人，以德陶鎔

前面作者已經多次強調「德者，事業之基」、「德者，才之主」，還強調了以德來陶冶人生，有了道德作為基礎，才可能派生出另一面，即用自己的德性來感化與感染別人，作者共舉了三例。總而言之，在人際關係中，要善於以德服人。三國時期，諸葛亮「七擒孟獲」，可謂是這方面的代表。類似孔明之類的智者，尚能在某些敵我雙方兵戎相見的場合中，以德降服對手，那麼，今天在我們所屬的團隊內，在和平的環境裡，就更應以德來陶冶感化部屬或同事、朋友。再就劉備而言，他善於以德來治理百姓，他善於以德招攬人才，「三顧茅廬」的故事成為了千古佳話。於此不難看出，在人際關係中，德性的陶鎔具有一種特殊的人格感召力，為了讓我們的世界變得更美好，讓更多人在人際中感受到春天般的溫暖，我們每一個人都應「對己對人，以德陶鎔」。

180 和氣致祥，潔白留名

■ 原文

一念慈祥，可以醞釀兩間和氣；寸心潔白，可以昭垂百代清芬。

■ 譯文

用仁慈之心待人，就可以形成人與人之間彼此融洽和睦的氣氛；保持心靈的純潔正直，就可以名垂青史、流芳百世。

■ 活學活用：

和氣致祥，潔白留名

元代詩人王冕題《墨梅》的詩句曾寫道：「不要人誇顏色好，只留清氣滿乾坤。」從古至今，這樣詠懷言志的詩文觸目皆是，而懂得愛惜自己名譽的人也數不勝數。如那東漢的楊震，曾有昌邑令，夜間懷巨金賄賂楊震說：「暮夜無知者。」楊震回答說：「天知、地知、我知、子知，何謂無知？」結果斷然拒絕了賄金，維護了自己清白的人格，因此才有「震畏四知」一語。拒賄是為官清廉的一種表現，日常生活中我們同樣要檢點自己的言行，從待人到律己都應注意維護聲譽，保持心靈的善良、純淨。平凡之中蘊孕偉人，寸心潔白可以永垂不朽、萬古常新。

181 庸德庸行，和平之基

■ 原文

陰謀怪習，異行奇能，俱是涉世的禍胎。只有一個庸德庸行，便可以完混沌而招和平。

■ 譯文

搞陰謀喜怪習，以及其他的一些異行奇能，都是生活中的禍根。其實居身行事只要平平常常，保持事物的本來面貌，就可以為自己帶來平和而安靜的生活。

■ 活學活用：

庸德庸行，和平之基

一個人要過平平安安的日子，只要老實本分，一切按常規辦事也就可以了。但看我們周圍，有許多人為了做出一番轟轟烈烈的大事業，為過上舒適的生活，就大耍陰謀詭計，用自己怪異的言行、特殊的才藝為自己謀取私利，終而落得一無所得、淒涼萬古的下場。退一步說，即使得到了想要的東西，也是那曇花一現，而且得不償失，甚至失去了親情、愛情、友情等人世間最寶貴的東西。做人要安守本分才無大礙，只有透過誠實勞動獲得的東西，才有價值。所以，可以說，「庸德庸行」才是「和平之基」。

182 坎坷世道，耐字撐持

■ 原文

語云：「登山耐側路，踏雪耐危橋。」一「耐」字極有意味，如傾險之人情，坎坷之世道，若不得一耐字撐持過去，幾何不墮入榛莽坑塹哉？

■ 譯文

俗話說：「登山要耐得住陡峻的路徑，踏雪要耐得過危險的橋梁。」這裡的「耐」字意味深長，試想大千世界中，人情那麼險惡，人生道路坎坷不平，如果不靠一個「耐」字硬挺過去，有幾個人能保證不栽入荊棘叢生的深谷呢？

■ 活學活用：

坎坷世道，耐字撐持

我們喜歡「歲寒三友」松、竹、梅，因為它耐得住嚴寒、耐得住寂寞、耐得住風吹日晒，我們景仰這種精神，我們也企盼這種精神。只有經得起痛苦煎熬的人才能成就大的事業，姑且不說雄心壯志，就是日常生活中的平凡小事，又有多少順心如意的呢？我們常說：「人生不如意十之八九」，這八九無一個「耐」字怎生了得。

「耐」的範圍極廣、意義極深，耐得住困苦、耐得住空寂、耐得住辛酸、耐得汙辱，還要耐得住躁動的心。人生之路，坎坷崎嶇，咬咬牙便一重重關隘又在回首處，一道道美景盡現視野中。

183 心體瑩然，不失本真

■ 原文

誇逞功業，炫耀文章，皆是靠外物做人。不知心體瑩然，本來不失，即無寸功隻字，亦自有堂堂正正做人處。

■ 譯文

誇能擺功，炫耀文章，都是靠身外之物沽名釣譽可憐巴巴地活著。豈不知只要心地純潔，不喪失自己的本性，哪怕沒有一寸功勞，沒有寫片言隻字，也不失為一個堂堂正正的人，自然有值得稱道的地方。

■ 活學活用：

心體瑩然，不失本真

《左傳》中有：「太上有立德，其次有立功，其次有立言，雖久不廢，此之謂不朽。」可見立德最為重要，立功、立言次之。看歷史上曾經建立了豐功偉績或留下鴻篇巨著的人，他們之所以流芳百世，最根本的一點就在於他們都是品德高尚的人，然後才是他們的功績、著作。對於我們普通人而言，不可能都像名人一樣獲得豐功偉績、著就美妙文章，但至少我們可以堂堂正正地做人，以德立身，使自己的言行符合規範，在道德的基礎上成就事業。退一步說，即使到頭來仍默默無聞，而你也不失為一個正人君子。

184 忙裡偷閒，鬧中取靜

■ 原文

　　忙裡要偷閒，須先向閒時討個把柄；鬧中要取靜，須先從靜處立個主宰。不然，未有不因境而遷、隨時而靡者。

■ 譯文

　　忙碌時，也要設法抽出一點空閒時間，讓身心獲得舒展，把要做的事先做一規劃，掌握要點。喧囂中保持冷靜頭腦，就必須在心情平靜時事先有個主張。不然一旦遇到事情就會手忙腳亂，不知所措，做事盲目而行，往往把事情弄得一團糟。

■ 活學活用：

　　忙裡偷閒，鬧中取靜

　　要做到臨事不慌，就應當事先計畫，靜的時候要有主張，忙的時候要會求靜。

　　待人的道理也是這樣。《中庸》說：「凡為天下國家有九經，所以行之者一也。凡事豫則立，不豫則廢。言前定，則不給。事前定，則不困。行前定，則不疚。道前定，則不窮。」

　　待人做事要講方法，保持心靜，學會求靜，深思熟慮是關鍵。

185 先成己身，後能成物

■ 原文

不昧己心，不盡人情，不竭物力，三者可以為天地立心，為生民立命，為子孫造福。

■ 譯文

不昧著自己的良心做事，不使別人心中陷入絕望，不過度消耗資源。做到這三條，就可以在天地乾坤間樹立公正無私之心，為天下萬民的生計盡心盡力，造福子孫後代。

■ 活學活用：

先成己身，後能成物

古人有「先成己而後才能成物」的人生哲學。只有先成就自身修養，才能成為一個有用的人，才能造福天下萬物。假如一個人連「不昧己心，不盡人情，不竭物力」的起碼修養都沒有，就談不上「為天地立心，為生民立命，為往聖繼絕學，為萬世開太平」的大業了。

一個人要成就大的事業，必須從自我修養做起。而自我修養，則是從生活中的一點一滴做起。經過不斷地修養和磨練，就可成為一個公正而無私的人，就自然會為天下萬民生計盡心盡力，會造福子孫後代，即可以達到「先天下之憂而憂，後天下之樂而樂」崇高的思想境界了。

186 為官公廉，居家當儉

■ 原文

居官有二語，曰「唯公則生明，唯廉則生威」。居家有二語，曰「唯恕則情平，唯儉則用足。」

■ 譯文

做官有兩句名言：「只有公正才能清明，只有廉潔才有威嚴」。治家有兩句必須遵守的箴言：「只有寬厚仁慈才能有平和的氣氛，只有生活儉樸才能不缺日用。」

■ 活學活用：

為官公廉，居家當儉

為官當清廉，所以有「明鏡高懸」「明察秋毫」「光明正大」字樣的匾額，這當中除了包含著百姓的殷切希望之外，另一方面也是提醒當官者不要忘了自己的責任和行事的準則。宋代包公、明代海瑞之所以能深受百姓的愛戴與懷念，正是因為他們的公正無私、正直清廉。

做官必須公正無私，才能產生明確判斷，行為清白，廉潔才能使人敬佩。治家要寬宏大度、心平氣和，這樣才能家庭和睦友好，和氣的同時要量入為出，節儉有度，這樣才不致經濟拮据。宋代朱熹曾經說過：「一粥一飯，當思來之不易；半絲半縷，恆念物力維艱。」其中隱含的道理，值得人們深思。

187 處富思貧，居安思危

■ 原文

處富貴之地，要知貧賤的痛癢，當少壯之時，須念衰老的辛酸。

■ 譯文

富貴之時要懂得貧賤的痛苦，少壯之時要憐惜衰老的辛酸，如此而培養自己悲天憫人的情懷。

■ 活學活用：

處富思貧，居安思危

處富思貧，得安而不忘危，存而不忘亡，治而不忘亂。思危才可以求安，慮退方能得進，懼亂然後可以得治，戒之然後可以求存。

上天變幻莫測，對人命運的支配很難預料。有時先使人陷入窘境然後又讓人春風得意，有時讓人先得意一番之後又讓人遭受挫折，這些都是上天有意捉弄自命為英雄豪傑的人。因此，一個有才德的君子，當不如意時要適應環境，遇到困境磨難應能忍耐，在平安無事時要想到危難的來臨，假如人們的確能做到這種程度，這樣就連上天也無法施展它捉弄人的伎倆了。

188 清濁兼納，善惡兼容

■ 原文

持身不可太皎潔，一切汙辱垢穢，要茹納得；與人不可太分明，一切善惡賢愚，要包容得。

■ 譯文

做人不能太清高，各種汙辱垢穢都要有胸懷來容納；與人相處也不可太分明，善惡賢愚之人都要能包容。

■ 活學活用：

清濁兼納，善惡兼容

做人的道理，當剛柔互用，不可偏廢。太柔就會萎靡，太剛就容易折斷。剛不是說要殘暴嚴厲，只不過強矯而已。趨事赴公、就需強矯；爭名逐利、就需謙退。

為人處世應該有自己的原則，該堅持的不能讓步，該恪守的不要通融，但是在非原則的事情上不能過度刻板教條，要有包容之心，寬容之德。佛教有這樣一則人格化的人生座右銘：「大肚能容，容天下難容之事；張口便笑，笑世間可笑之人。」那些不太高尚的事，自己絕不去做，但別人如果做了就要能容忍，不必去計較，況且很多時候是難於分清對錯的，這更需要有一點寬容大量的精神。

189 勿仇小人，勿諂君子

■ 原文

休與小人仇讎，小人自有對頭；休向君子諂媚，君子原無私惠。

■ 譯文

不要與小人結仇，因為小人自有小人的對頭；不要對正人君子獻殷勤，因為君子是不會為私情而予人恩惠的。

■ 活學活用：

勿仇小人，勿諂君子

為人處世，當不與小人結仇。雖然小人的所作所為常令人切齒痛恨，但是沒有必要與之結怨。怎樣讓自己不與小人計較呢？一是要高姿態，不與小人一般見識；二是要堅信，多行不義必自斃，玩火者必將自焚，相信「惡人自有惡人磨，好人總有好心報。」

對君子，也應該謹慎。與君子交往，一定要掌握分寸。敬重君子是理所當然和無可厚非的，但在交往的過程中不必低聲下氣，逢迎諂媚，如果盡顯奴顏之態，這樣做只會有損自己的人格，可能反而會弄巧成拙。因此，做人應當不卑不亢！

190 疾病可醫，魔障難除

■ 原文

縱慾之病可醫，而執理之病難醫；事物之障可除，而義理之障難除。

■ 譯文

縱慾過度引起的病症很好醫治，但思想上認死理的毛病卻很難治癒；實實在在的事物的障礙可以排除，但心理上的障礙卻難以排除。

■ 活學活用：

疾病可醫，魔障難除

王陽明有句名言：「去山中賊易，去心中賊難。」一個人如果自以為是，以為自己一貫正確，就不會承認自己有錯，不承認自己有錯，當然不會有意識地改正自己的錯誤，這種人必然永遠錯下去也不知悔改。所以俗話才說「知過能改，善莫大焉」，而孔子更勸世人「過則勿憚改」。

人沒有不犯錯誤的，做人關鍵是敢於認錯，善於吸取教訓才會不斷進步。人不會事事成功，只有善於總結經驗的人才可能反敗為勝，所謂「失敗乃成功之母。」人不能把認識水平固定於一時一地，辦事既不能只憑經驗，也不可照搬教條，在自己心理上形成一種障礙。

由做事之理可以對照修身之道，敢於認錯改過，善於博取容納，同樣是個人道德品質中不可缺少的一部分。

191 金須百煉，矢不輕發

■ 原文

磨礪當如百煉之金，急就者，非邃養；施為宜似千鈞之弩，輕發者，無宏功。

■ 譯文

人品德的培養，應該像煉鋼一樣反覆錘鍊，急於成功就不可能有高深修養；做事好比拉千鈞之弓，輕而易舉，草草發射，必然無法取得巨大的成功。

■ 活學活用：

金須百煉，矢不輕發

千錘百鍊才能成為一塊好鋼。同樣的道理，修身養性，成就事業不是朝夕之間可見功效的事情，它需要天長日久的磨練、培育，不能有半點急躁、急功近利的心理。

俗話說：「拳不離手，曲不離口」「只要功夫深，鐵棒磨成針」這些話都是教人要有深厚的功底。收穫和付出是成正比的，沒有不經播種的收穫，也沒有不用耕耘的豐收。寶馬只有英雄才能駕馭，硬弓只有力士才能拉動，輕而易舉的發射往往達不到預想的效果，只有蓄待以久的發射，才能百發百中。

192 寧小人毀，勿君子容

■ 原文

寧為小人所忌毀，毋為小人所媚悅；寧為君子所責備，毋為君子所包容。

■ 譯文

做人寧可被小人猜忌和毀謗，也不要被小人的諂媚所迷惑；寧可受到君子的嚴厲責備，也不要被君子的寬宏大量所包容。

■ 活學活用：

寧小人毀，勿君子容

才能或許有天賦的大小，但節操卻沒有天生的高低，一個人是否具有高尚的氣節，全在於自己的修煉。

一個人氣節是否高尚，從他人對待自己的態度中能看出一二，通常小人所稱道的，絕不是什麼好事，被小人所詆毀的，也不見得就是壞事，因為小人津津樂道的常是醜言惡行。相反，君子對待自己的態度，倒可以作為一面鏡子，君子所讚賞的，可以高興，君子所責備的，更是提高自己的機會。

193 好利害淺，好名害深

■ 原文

好利者，逸出於道義之外，其害顯而淺；好名者，竄入於道義之中，其害隱而深。

■ 譯文

見利忘義的人，本來就已偏離正義走入歧途，因此其對社會公德的危害較明顯而且較小；一個貪名的人，往往道貌岸然，將自己的所作所為與道義摻雜在一起，讓人難以辨識，這樣的人所造成的危害隱蔽而深遠。

■ 活學活用：

好利害淺，好名害深

人生在世，追求名利，是可以理解的，但是如果為追求名利使自己的行為超出了道德正義的範疇，用不正當的手段求取名利，就成了投機鑽營，而這是正人君子所不恥的。

俗話說：「君子喻於義，小人喻於利。」與君子不同的是，智者具有更深遠的見識，認為求利之過，一看則明，並不是什麼大害，影響也不深遠，只是超出了道義的小過錯。

智者認為：鑽營名聲、沽名釣譽的危害才是大而影響深遠的，因為求名者往往借用了仁義道德作幌子，這種危害太隱蔽、太深遠了。所以，我們應當對求利、求名者有一個清晰的認識。

194 忘恩報怨，宜切戒之

■ 原文

　　受人之恩，雖深不報，怨則淺亦報之；聞人之惡，雖隱不疑，善則顯亦疑之。此刻之極，薄之尤也，宜切戒之。

■ 譯文

　　受到別人的恩惠，雖然很深，卻不思報答；受到別人的一點埋怨，雖然微不足道，卻想方設法要報復。聽到別人的壞事雖模糊不清，卻深信不疑；聽到別人有善行，儘管非常清楚，卻疑而不信。這種極端的刻薄，應加以戒絕。

■ 活學活用：

　　忘恩報怨，宜切戒之

　　俗話說：「好事不出門，壞事傳千里。」一般人的心態都是這樣，正確的東西往往很難被很快地接受；相反，壞的東西反而能讓人很容易地相信。有這樣的心態，在接受別人的恩惠時，即使恩情似海，也覺得是應該的。要是別人得罪了自己，即使是睚眦小怨也會記憶深刻，只要有機會，非要報復才會痛快。

　　此外，還有一種刻薄的心態，就是對別人的小過失深信不疑，津津樂道，甚至誇大其詞，但對別人的大善行卻不肯相信，這是典型的小人。古代聖賢提倡「滴水之恩，當湧泉相報」，「投之以桃，報之以李」，佛家主張「隱惡揚善」，這些都是糾正自我的好倡導。為什麼不牢記在心多行善事呢？！

195 讒言自明，甜言侵肌

■ 原文

讒夫毀士，如寸雲蔽日，不久自明；媚子阿人，似隙風侵肌，不覺其損。

■ 譯文

愛惡言毀謗或誣陷他人的小人，就像一小塊浮雲遮住了太陽，不久自然就會真相大白；喜歡甜言蜜語或阿諛他人的小人，就像縫隙中吹來的風侵襲肌膚，讓人不得病也會受到損害。

■ 活學活用：

讒言自明，甜言侵肌

惡語傷人，雖能誣諂人於一時，但不能太久，因為金子總要放出光芒，太陽總有衝破雲層的時候，所以身正不怕影子斜，半夜敲門心不驚。

其實，讒言對真正君子的高風亮節不會有太大傷害，因此，君子對其不必耿耿於懷。倒是那些甜言蜜語、阿諛奉承的話，更應該注意提防，因為糖衣炮彈很容易攻垮人的心底防線。社會上許多人正是在諂媚阿諛之中鬆懈了自己的警惕之心，最終受到了傷害。因此，我們應該豁達於讒言之外，警醒於甜言蜜語之中。

196 當戒高絕，宜忌褊急

■ 原文

山之高峻處無木，而溪谷迴環則草木叢生；水之湍急處無魚，而淵潭停蓄則魚鱉聚集。此高絕之行，褊急之衷，君子重有戒焉。

■ 譯文

高峻的山頂上往往不長草木，而山谷環繞的地方才有花木生長；湍急的水流中往往沒有魚類棲息，而在那些寧靜的潭淵才有魚鱉繁殖。這說明，過度清高，過度偏激，如高山峻嶺和湍急河流一樣，都不是容納生命的地方。君子對此必須有所警惕。

■ 活學活用：

當戒高絕，宜忌褊急

陽春白雪，山高和寡；下里巴人，和之者眾。人同此理，太過偏激，過於清高，身邊友人無幾，所以往往不能成就大業。偉大源自於平凡，成大業者往往從實處著眼，只有在大眾的烘托下，才能有一呼百應的威力。因此，人的心性，不能不追求高潔，但要注意適度；人的品行，不能不心懷壯志，但千萬別目中無人。無論是誰，不管是做人，還是做官，都離不開別人的支持。俗話說：「一個籬笆三個椿，一個好漢三個幫」，說的就是這個道理。

197 虛圓立業，債事失機

■ 原文

建功立業者，多虛圓之士；債事失機者，必執拗之人。

■ 譯文

能夠成就一番事業的，大多是謙虛圓通的人；凡是把事情搞得一團糟，坐失良機的，必定是那些固執己見、不知變通的人。

■ 活學活用：

虛圓立業，債事失機

能夠建立豐功偉業的人，大都是在待人、用人方面非常成功，有自己見解的人，否則個人的力量能有多大呢？沒有人們的支持擁護，大業何來？

做人不宜太圓滑，並不是說做人一定要像刺蝟一樣，圓滑過度則為奸。適度的圓滑則表現為謙讓寬容，有何不可？處處以我之見為見，大小事一概顯能妒能，何以成事呢？至於那些債事生機的人往往剛愎自用，聽不得別人意見，事事以自我為中心，認為自己正確。所謂：「禍福天門唯人自招。」因此，人不要怨天尤人，要從自己的處世方法上找原因。

成事要有機遇，機遇對人是公平的，誰發現得早，誰就會抓得牢。固執己見的人往往被自己的執拗、自己心中固有的定勢所迷惑，而看不到外面的變化來調整自己。

198 處世之道，不即不離

■ 原文

處世不宜與俗同，亦不宜與俗異；作事不宜令人厭，亦不宜令人喜。

■ 譯文

人生在世不必事事都按照傳統習慣去做，也不要處處表現得與眾不同；處理問題不能讓世人感到討厭，但也不能為討觀眾的歡心而迎合眾人。

■ 活學活用：

處世之道，不即不離

為人處事，把握分寸至關重要，把握好適度的原則。一件不好的事可能有很多人在做，那是因為做這件事的結果定能滿足其慾望。但是，自己一定不能去做，不能讓有人做成為自己去做的理由。當然，也不是說讓你專門獨闢蹊徑，去做與眾不同的事情，因為做與眾不同的事情，就會違背常情，惹來不必要的麻煩。

總之，為人處事，既不同流合汙，也不標新立異。正確的做法是：與人交往時，要注意自己的言行舉止，做到彬彬有禮，給人留下良好的印象，也為自己創造下次與其合作的機會。

199 末路晚年，更宜精神

■ 原文

日既暮而猶煙霞絢爛，歲將晚而更橙桔芳馨，故末路晚年，君子更宜精神百倍。

■ 譯文

夕陽西下，天空彩霞絢爛迷人；深秋季節，漫山遍野的柑橘散發著醉人的芳香。所以，儘管到了風燭殘年的時候，君子還是應該振作精神、奮發向上。

■ 活學活用：

末路晚年，更宜精神

肌體的衰老是不可抗拒的自然法則，但只要我們永保一顆年輕的心，同樣還可以做一些力所能及的事，享受生活的各種樂趣。

年長者對生活的理解更透徹，生活的經驗更豐富，相比之下擁有的空閒時間也會更多一些。因此，只要壯志不死，晚年的生活也會五光十色。俗話說：「最美不過夕陽紅，溫馨又從容。」活著的每一秒都去體味生命的真諦，生活就會快樂無比。

200 隱智藏鋒，任重道遠

■ 原文

鷹立如睡，虎行似病，正是他攫人噬人手段處。故君子要聰明不露，才華不逞，才有肩鴻任鉅的力量。

■ 譯文

雄鷹站在那裡好像在打盹，猛虎走路時好像有病，這正是牠們準備捕食採取的手段。一個有才有德的君子，要善於掩藏自己的智慧，不顯露過人的本領，如此才能肩負起重任，實現遠大的志向。

■ 活學活用：

隱智藏鋒，任重道遠

真正有學識有修養的人就像黃鐘大呂，不撞擊是不會作響的。只有學問不深或沒有學問的人才喜歡喧囂吵鬧去表現自己。俗話說：「深水不響，響水不深」說的就是這個道理。話雖簡單，卻蘊含著深刻的人生哲學。

在當今社會，保護自己非常必要，尤其是聲名顯赫之人，最容易受到小人的攻擊和毀謗。那麼怎樣來保護自己呢？大巧若拙、深藏不露、謙虛謹慎。只有這樣才能避免一些不必要的傷害。

為人處世，要像古錢幣一樣，外圓內方，要能隨機應變，但「內心」要守得住，有自己的目的和原則，不可過於顯露自己的與眾不同，不必稜角太露。李白有一句耐人尋味的詩：「大賢虎變愚不測，當年頗似尋常人。」指的是在一些特殊的場合中，人要有虎伏林、蛟龍沉潭那樣的伸屈變化之胸懷，讓人難以預測，而自己則可在此期間從容行事。

201 過儉吝嗇，過讓卑曲

■ 原文

儉，美德也，過則為慳吝，為鄙嗇，反傷雅道；讓，懿行也，過則為足恭，為曲謹，多出機心。

■ 譯文

節儉樸素，本是一種美德，但過度節儉就變為吝嗇，成為被人瞧不起的可憐蟲，這樣反而會傷害到朋友之間的往來，有傷風雅。謙遜禮讓，本是一種美行，可是過度禮讓，就會變得卑躬屈膝、謹小慎微，給人一種好用心機的感覺。

■ 活學活用：

過儉吝嗇，過讓卑曲

物極必反，真理前進一步就會變成謬誤。節儉和謙讓固然都是美德，但過了頭就會變成吝嗇和諂媚。節儉和吝嗇的本意不同，節儉的本意是不浪費，吝嗇的本意是守財奴，兩者的差別微乎其微，說到底節儉過頭就是吝嗇。謙虛本是一種高尚的品德，但謙虛到諂媚的程度，就等於虛偽。俗話說：「過度的謙虛等於驕傲。」這已經背離謙虛的初衷，成了小人之舉。所以，凡事要把握適當的度，說話要注意分寸。儒家主張中庸之道，道理也就在此。

月盈則虧，刀過剛則斷。為人要有品行節操才能立足，如果謙讓至偽，節儉到吝，那麼節儉、謙讓的目的何在？這實際上是一種庸人、俗人、小人的表現。

202 喜憂安危，勿介於心

■ 原文

毋憂拂意，毋喜快心，毋恃久安，毋憚初難。

■ 譯文

不要因為事不如意而煩惱，不要因為事事稱心而興奮，不要因為長治久安便高枕無憂，不要因為創業時的艱難而心生畏懼。

■ 活學活用：

喜憂安危、勿介於心

古人云：「大怒不怒，大喜不喜，可以養心。」不以物喜，不以己悲，這才是有修養之人的行為。

世事無常，變化莫測。稱心如意，生活安定當然值得慶幸，但萬事萬物總處在變化中，順心和失意、幸福和災難是互為條件互為轉化的。失意是得意的基礎，得意是失意的根源。禍兮福倚，福兮禍伏。因此，人要懷著坦然之心來對待生活中的大起大落，以變化的態度來迎接生活中的各種挑戰，才能使自己的事業蒸蒸日上。

西漢的黥布投靠漢王時，看到漢王一邊坐在床上洗腳一邊召見自己，非常生氣，後悔到漢王這裡來，想自殺，出來後到住地住下，吃喝、隨從、居住的地方都和漢王差不多，他又喜出望外，因為這已超過了他所設想的待遇。

世間有些事不是我們都能掌握主動權或只要努力就能做好的，有很多事情我們只能盡到本分，僅此而已。謀事在人，成事在天，明白了這一點，就不會遭遇外界的壓力和痛苦時使自己也變得鬱鬱寡歡或裹足不前。

203 追求快樂，不可過貪

■ 原文

飲宴之樂多，不是個好人家；聲華之習勝，不是個好士子；名位之念重，不是個好臣士。

■ 譯文

經常大排宴席、飲酒作樂的人家，一定不是一個好人家；熱衷於歌舞美色的人，一定不是一個品行端正的君子；沽名釣譽、看重權位的人，不可能做一個忠君報國的臣子。

■ 活學活用：

追求快樂，不可過貪

整日人來客往飲酒作樂的人家，不是好人家。過度看重名聲榮譽的讀書人，不是個好學生。一個只看到自己名利地位的做官人，也不會是個好官。一個正派的人家是不會在平日無事時宴請賓客的；一個正派的讀書人，只有寒窗苦讀，才能有朝一日金榜題名；而一個正派的官員，只有具有先天下之憂而憂，後天下之樂而樂的胸懷，才能做到常在河邊走而不濕鞋。

人生苦短，如果不自警覺，一味縱情取樂，就會一事無成。慾望不能放縱，放縱就會造成災禍。生命在於運動。運動、工作，才能不停地奮鬥，永不止息地前進。

晉朝的石崇受到晉武帝器重，擔任荊州刺史的重任，卻不盡職守，反而利用職權積斂財富，揮金如土，沉溺聲色犬馬之中，結果不僅惹禍被斬，而且殃及父母、兄弟、妻兒。

整天沉迷於安穩的生活，陶醉於快樂的享受，怎麼可能做一番驚天動地的偉業呢？

204 樂極生悲，苦盡甘來

■ 原文

世人以心肯處為樂，卻被樂心引在苦處；達士以心拂處為樂，終為苦心換得樂來。

■ 譯文

普通之人，常常把心滿意足當作快樂，然而常常被這種快樂引誘到痛苦的深淵；曠達之人，把與困難和挫折搏鬥當作樂趣，最終用艱苦的奮鬥換來真正的快樂。

■ 活學活用：

樂極生悲，苦盡甘來

俗話說：「樂極生悲，苦盡甘來。」樸素的話語包含著深刻的道理。隨心所欲地處理問題，雖然符合了自己的心意，從中獲得了快樂，但同時也可能為自己惹來禍事。人生有樂就有憂，有甜就有苦，關鍵在於居安思危，處樂思憂。

艱苦的環境能磨練人的意志，培養人不屈不撓的品質，這兩者正是一個人取得成功所必須具備的素質。苦盡甘來，就是要敢於吃苦，不怕苦，透過自身的努力戰勝艱難困苦，取得勝利。

世上沒有什麼是一成不變的。走運和倒楣不可能持續很久。太陽落了還會升起，不幸的日子總有盡頭，在屢遭失敗的時候，有必勝之心的人一定會成功。

205 過滿則溢，過剛則折

■ 原文

居盈滿者，如水之將溢未溢，切忌再加一滴；處危急者，如木之將折未折，切忌再加一搦。

■ 譯文

當一個人的成就達到頂峰的時候，如水滿到將溢未溢的程度，這時千萬不能再加一滴，否則就會立刻流出；當一個人處在十分危險的時候，如樹枝將折未折的程度，千萬不能再用力，否則就會立刻折斷。

■ 活學活用：

過滿則溢，過剛則折

做人，不能太貪婪。如果一味地鑽入錢眼裡，就會一葉障目，看不到別的東西，友誼、親情、愛情，甚至生活都會被忽略，成為金錢的奴隸。錢固然重要，但也不能讓錢成為枷鎖，鎖住了自己，更不能讓錢成為埋葬自己的墳墓。

不滿足是缺點同時也是優點，關鍵是看在什麼樣的情形下。如果是對財富、權勢不滿足的話，就會成為金錢和權勢的奴隸。要是追求真理、追求學問的話，唯有不滿足，才能繼續前進，因為學無止境。

206 冷靜觀人，理智處世

■ 原文

冷眼觀人，冷耳聽語，冷情當感，冷心思理。

■ 譯文

以冷靜的眼光觀察人，以冷靜的耳朵傾聽別人的話語，以冷靜的態度對待外界給予自己的各種感受，以冷靜的頭腦思考各種道理。

■ 活學活用：

冷靜觀人，理智處世

「冷靜觀人，理智處世」，這是一種生存哲學，也是一種處世謀略。以冷靜的眼光看人，就不會被其外表所欺騙。以冷靜的耳朵傾聽別人的話語，就不會偏聽偏信，更不會誤信小人的讒言被小人算計、陷害。用冷靜的態度對待外界給予自己的指責或讚揚，就不會大喜大悲。用冷靜的頭腦思考各種道理，更是一種智慧。

一個人的智慧是神奇的，智慧能變化自己，能改變他人，能變化萬物，能化腐朽為神奇。智慧就如同太陽照耀在天地間，永遠光明，永遠存在。然而，智慧以冷靜為母體，脫離冷靜，智慧也就失去了生命之源。

207 量寬福厚，器小祿薄

■ 原文

仁人心地寬舒，便福厚而慶長，事事成個寬舒氣象；鄙夫念頭迫促，便祿薄而澤短，事事得個迫促規模。

■ 譯文

寬厚仁慈的人，胸懷寬闊舒暢，因而吉星高照，福至心靈，做任何事都顯得寬宏暢達；淺薄的人心胸狹隘，因而總是時運不佳，福澤既薄又短，做任何事都困難重重，處境艱難。

■ 活學活用：

量寬福厚，器小祿薄

人應當有廣闊的胸懷，宏大的氣度。大河裡生活的魚，不會因遇到一點風浪就驚慌失措；而小溪裡的魚就不同了，一感覺到有點異常動靜，立刻四處逃竄。人也是這樣的，胸懷狹窄的人沒有一點氣度，常常爭先恐後地與他人爭奪蠅頭小利，但這點小利到手後，卻又發現丟了大利，如同人們所說的，是「丟了西瓜撿了芝麻」。胸襟坦蕩廣闊的人不是這樣。他們不會為芝麻般的小事而忙得團團轉，他們把目光投向生活的深度和廣度，他們是做事穩重、態度從容不迫的人。

只要有一種看透一切的胸懷，就能做到豁達大度。把一切都看做「沒什麼」才能在慌亂時，從容自如；憂愁時，增添幾許歡樂；艱難時，頑強拚搏；得意時，言行如常；勝利時，不醉不昏，有新的突破。

只有如此放得開的人，才是真正豁達大度的人。

208 兼聽則明，偏信則暗

■ 原文

聞惡不可就惡，恐為讒夫泄怒；聞善不可急親，恐引奸人進身。

■ 譯文

聽到別人有惡行，不要立刻便表現出憎惡的情緒，以防傳話人有誣陷泄憤的意圖；聽說某人做了好事，不要匆忙便對他表示信賴和親近，以免被奸人作為謀官求職的手段。

■ 活學活用：

兼聽則明，偏信則暗

俗話說得好：「兼聽則明，偏聽則暗。」生活中有很多惡人先告狀的例子，他們往往別有用心或是出於追求名利，或是為了一泄私憤，就跑到上司那裡打小報告，或者在同事之間挑撥離間。

王某和陳某是同窗好友，畢業後同在一家國企任職。

王某攻於心機，善於鑽營。陳某老實本分，工作勤懇。

先前的企業主管明察秋毫，提拔陳某當了部門主任，把王某嫉妒得咬牙切齒。

後來人事調動換了一位新主管，王某乘機屢進讒言把陳某貶得一無是處，進而取代了王某。

面對王某這種人的進言，最明智的辦法是先要分析其真實的意圖何在，而不應急於做出決定，表明自己的態度。應牢記：「好譽人者，必好背毀。」

209 戒急戒躁，心平氣和

■ 原文

性躁心粗者一事無成，心和氣平者百福自集。

■ 譯文

性情急躁、粗心大意的人，很難成就一番事業；性情溫和、遇事從容不迫的人，各種福分都會自然到來。

■ 活學活用：

戒急戒躁，心平氣和

性情急躁的人，做事常常急於求成，缺乏耐心，只講數量，不注重質量；粗心大意的人做事，缺乏責任感，凡事喜歡敷衍了事，這兩種致命的弱點決定了他們做任何事情都只能是失敗。

一個人想致富，想成功，必須先要從心理上摒棄那種「一夜致富」的幼稚想法和觀念。然而，今天我們處於事事求快的「速食」文化之中，凡事強調速度與效率，吃飯上速食廳，寄快遞，學習上速成班，人們也變得越來越急功近利，沒有耐性，在謀取財富上更顯得急不可耐，想要立竿見影。殊不知，缺乏耐心與毅力，萬事很難有所成。

一口吃成一個大胖子是絕不可能的。絕大多數的富人，其巨大的財富都是由小錢經過長期的時間逐步累積起來的。慢工才能出細活。

210 用人不苛，交友不濫

■ 原文

用人不宜刻，刻則思效者去；交友不宜濫，濫則貢諛者來。

■ 譯文

對待下屬要寬宏大度，不應過度嚴厲刻薄，如果太刻薄，即使想為你效力的人也會設法離去；結交朋友要選擇而不要太濫，如果太泛濫，那些善於逢迎獻媚的人就會設法接近。

■ 活學活用：

用人不苛，父友不濫

對於主管來說。最忌諱的是對自己的員工過於苛刻。當主管的以權壓人，做員工的忍辱負重，這種不正常的上下級關係，是企業發展停滯不前的一個原因。

後藤清一原是三洋電機公司的副董事長，後來投奔松下公司，在擔任廠長時，工廠失火燒掉了。後藤清一心中十分惶恐，以為不被革職也要降級。不料松卜接到報告後，只對他說了四個字：

「好好做吧！」

由於這次火災發生後沒有受到懲罰，後藤心懷愧疚，對松下更加忠心效命，並以加倍的工作來回報。

做主管需要用心和你的員工交往，不能太苛刻，對朋友要有選擇性的交往，不能濫交，患難與共、直言過失的朋友才是自己的良師益友，酒肉朋友，不交也罷。

211 審時察勢，明哲保身

■ 原文

風斜雨急處，要立得腳定，花濃柳豔處，要著得眼高，路危徑險處，要回得頭早。

■ 譯文

在時局動亂中，要把握住自己，有堅定的立場，才不至於被狂濤巨浪所吞噬；面對鮮花爭豔、柳色迷人的美景，不要被眼前的景色所陶醉；在誤入迷途，身陷險地的時候，要知道早日回頭。

■ 活學活用：

審時察勢，明哲保身

「富貴不能淫，貧賤不能移，威武不能屈，此乃大丈夫。」人的一生，充滿各種考驗，但緊要處只有幾步。哲人在此提醒芸芸眾生，在動搖不定的時刻，要堅定自身意志，不輕易動搖，任憑風浪起，穩坐釣魚台；在金錢美女面前，不要沉溺其中貪圖須臾的安樂，要有高遠的目光，不要沉迷，因為輝煌的前景只屬於高瞻遠矚，在渾濁中看得見前途的人；身陷困境的時候，要有及時懸崖勒馬的勇氣，快刀斬亂麻的氣魄，才能早回頭，捨得了，才能放得下。

一個真正想成就一番事業的人，志在高遠，不以一時一事的順利和阻礙為念，也不會為一時的成敗所困擾，面對不利的局面，他會發憤圖強，艱苦奮鬥，去實現自己的理想，成就功業，這是一種積極的人生態度。成功需要：臨危不懼的膽識，坐懷不亂的胸襟，急流勇退的謀略。

212 仁義待人，謙恭行事

■ 原文

節義之人濟以和衷，才不啟忿爭之路；功名之士承以謙德，方不開嫉妒之門。

■ 譯文

一個崇尚節操講義氣的人，應加強培養和善恭順的品性，才能避免和別人爭強鬥勝；一個功成名就的人，應當注意培養謙虛謹慎、深藏不露的品德，才不會招致人們嫉妒。

■ 活學活用：

仁義待人，謙恭行事

有節操重道義的人，常以平和大度來調劑自己，所以才沒有紛爭之事。就好像真正學富五車、知識淵博的學者，雖有滿腹經綸，卻總是一副謙虛無知的樣子，這是一種涵養。《論語》曰：「君子矜而不爭。」

成就功名的人要知道收斂自己的言行，如果恃才傲物、目中無人、驕傲自大，就會招致他人的嫉妒，給自己帶來禍害。

王某海外留學歸來，看誰都不順眼，動不動就說人素質低。後在一家外資企業謀得一席職位，年薪兩百萬，從那時起更是意氣風發，對下屬一副高高在上的樣子，動輒就辱罵其下屬，結果不到一個月，被總公司給解僱了。

真正聰明的人看起來顯得笨拙，真正善辯的人看起來顯得木訥。一個功成名就的人，要永保名節，最好的辦法是不露鋒芒，讓自己謙虛、謹慎起來。

213 居官有度，居鄉敦舊

■ 原文

士大夫居官，不可竿牘無節，要使人難見，以杜幸端；居鄉，不可崖岸太高，要使人易見，以敦舊好。

■ 譯文

士大夫在朝為官的時候，與人交往要有節制，對於外人應嚴肅恭謹，以杜絕小人生出各種事端。士大夫在告老還鄉之後，要平易近人，不能再擺官架子，讓人覺得高不可攀，要和藹可親，使人易見，要和鄉里父老打成一片，加深同親朋故友的感情。

■ 活學活用：

居官有度，居鄉敦舊

一個人的品質、氣節在任何時候和任何地方都要保持。為官之人，身居官場和隱居鄉間的反差是很大的。人在官場身居要職，門前就會車水馬龍，求見之人會絡繹不絕，這時為官之人就要時刻保持自身節操和志向，遠離這些人。

真正的英雄豪傑，才能智力非一般人可比，性格上獨立向上，表現為不卑不亢、端正其身的處世原則。辭官歸隱要以普通人的身分出現，和群眾打成一片，來適應角色的轉變。

在不同的場合，以合適的姿態面對別人，百益而無一害。

214 事上敬謹，待下寬仁

■ 原文

大人不可不畏，畏大人則無放逸之心；小民亦不可不畏，畏小民則無豪橫之名。

■ 譯文

對於道德修養高深的人，不可不抱敬畏的態度，有了這種敬畏之心，就不會有放任自流、貪圖安逸的思想；對於平民百姓，也不可不抱有敬畏的態度，有了這種敬畏心理，就不會有強橫、野蠻的惡名。

■ 活學活用：

事上敬謹，待下寬仁

一個人要想獲得成功，對有道德名望的人要竭力禮待，恭敬受教，這樣就能聚集比自己強幾百倍的人才，自身也不會有放縱不羈的想法；不恥下問，對平民百姓表示敬意，傾聽他們的意見。就不會有不好的名聲，反而會聚集到一批忠心跟隨自己的人才。如果僅以平等的方式待人，那麼，周圍聚集的一定是一些與自己能力不相上下的人。相反，一個人如果大權在握，橫眉豎目地指使人，那麼只會有一些小吏跟隨。如果不分青紅皂白，任意斥責人，那麼身邊只會有僕役了。

由此可見，如果你是主管，不要埋怨找不到人才，其實不是千里馬難尋，而是伯樂難當。對上，你要心存恭敬、仰慕之心，對下要充分調動其積極性，處理好德高望重之人和普通員工的關係，合理安排他們的工作，相信每一個人都會成為有用之才，你也能備受青睞。

215 調整心態，奮勇向上

■ 原文

事稍拂逆，便思不如我的人，則怨尤自消；心稍怠荒，便思勝過我的人，則精神自奮。

■ 譯文

遇到困境或不順心的事，便想想那些不如自己的人，這樣就不會怨天尤人了；事業如意而精神鬆懈時，便想想那些在各方面比自己強的人，這樣就會自然振奮起來。

■ 活學活用：

調整心態，奮勇向上

人生不可能總是一帆風順，在創業之中，遇到困難，遭受挫折是在所難免的，問題是我們怎麼去對待這些問題。面對挫折、不順時，想想那些不如自己的人，及時地給自己鼓氣，勵精圖治，發憤圖強，艱苦奮鬥，以圖東山再起。面對危難時，不被其嚇倒，鎮定自若，利用自己的智慧，依靠眾人的力量去戰勝危難。

自古成者王侯敗者寇，成敗只不過是一種臨時的結果，不能把勝敗看得過重。勝者不可能常勝。楚漢之爭中，項羽幾乎是屢戰屢勝，但是垓下一戰，卻敗給了幾乎每戰每敗的劉邦，這個教訓還不值得讓得勢之人長記於心嗎？

勝利了不為臨時的成功而驕傲，而精神鬆懈，要想想那些比自己更強的人，要保持氣勢，再接再厲。

216 修身養性，切勿任性

■ 原文

不可乘喜而輕諾，不可因醉而生嗔，不可乘快而多事，不可因倦而鮮終。

■ 譯文

不要圖一時高興，不加考慮，隨便對人許諾；不要喝醉了酒，不加控制，隨便亂發脾氣；不要在得意時，不加檢點，恣意惹事生非；不要因心中厭倦，放任疏懶，做事半途而廢。

■ 活學活用：

修身養性，切勿任性

不要因為得意忘形就不分青紅皂白有求必應，這樣就會被投機取巧之人所利用；不要喝完酒就借酒發瘋，放縱自己的言行，做一些不利於自己的事，這樣會給自己帶來禍害。西漢灌夫，為人剛直好酒，在丞相田的婚禮上因醉酒，借酒瘋大罵田和程不識，結果招來禍害。

為人不要意氣用事，去沾染與自己無關的麻煩；也不要因為一時的懶惰而使事情半途而廢。這是古人告誡大家的千古箴言。

事實證明，沒有多少人信賴一個輕許諾言的人，也沒有人樂意幫助一個借酒發瘋、出言不遜的人，更沒有人會去尊重一個好惹事生非，做事沒頭惱的人。所以，無論如何還是應立德修身，勿任性而為。

217 透過現象，深入本質

■ 原文

善讀書者，要讀到手舞足蹈處，方不落筌蹄；善觀物者，要觀到心融神洽時，方不泥跡象。

■ 譯文

善於讀書的人，要全神貫注，達到如痴如醉的境界，就不會被書的字面意義所束縛；擅長觀察事物的人，要觀察入微，達到心領神會，才不至於只看到事物的表面形跡而不明其中真相。

■ 活學活用：

透過現象，深入本質

讀書能明理，讀書能明智。然而，讀書如果像小和尚唸經那樣，知其然不知其所以然，一味地死記硬背，生吞活剝，就永遠也達不到心領神會、出神入化的讀書境界。讀書的關鍵在於理解，讀書到了一定境界才能做到厚積薄發，深入而淺出。讀書除需要理解之外，還要存疑，存疑才能推陳出新。讀書是手段，明智是目的，除了要會讀書之外，還要會用書，因為只有用知識武裝起來的頭腦，才能有所作為。晉朝的劉，勤奮好學，以致學問博古通今，後官至太尉。

觀察事物深入到本質，排除外物的干擾，達到精神與外物融合為一體的境界，才能有重大的發現。在牛頓之前，可能有蘋果砸在人們頭上的事發生，可是為什麼沒有人發現萬有引力定律呢？原因很簡單，他們沒有像牛頓那樣重視這件事並致力於研究它。

218 勿逞所長，勿挾所有

■ 原文

天賢一人，以誨眾人之愚，而世反逞所長，以形人之短；天富一人，以濟眾人之困，而世反挾所有，以凌人之貧。真天之戮民哉！

■ 譯文

上天讓一個人賢能，是讓他來教誨一般智力較差的人，但是當今世間一些稍有才能的人，便賣弄自己的本領，以此顯示自己比他人能幹。上天讓一個人尊貴富有，是為了要他去救濟民眾擺脫窮困。可是世間一些擁有財富的人，卻倚仗著自己的財富來欺凌和剝削窮人，這兩種人實在為上天所不容啊！

■ 活學活用：

勿逞所長，勿挾所

有心存仁德，遵循天道行事就可以增長福運，消減災禍；愛好禮儀，以禮待人處世就能走向成功，常勝不敗。仁德禮儀的影響如此，智者和富人們應保持這份操守，不要捨棄它。相反，恃才傲物，就只會像楊修那樣過早地命喪黃泉。為富不仁，藉著財富目中無人的人就會像石崇那樣沒有好的下場。

上天賦予人的東西都是有一定限數的，即使是聰明才智、功名利祿等都不能超出自身的限度。如果你有違上天對你的恩寵，目中無人，以財壓人，小心老天對你的懲罰。因此，人應該要懂得懸崖勒馬，如果待到巢覆卵破之際，則已是後悔莫及了。

219 君子成事，小人壞事

■ 原文

至人何思何慮，愚人不識不知，可與論學，亦可與建功。唯中才的之人，多一番思慮知識，便多一番臆度猜疑，事事難與下手。

■ 譯文

道德學問達到最高境界的人，心胸開朗，因此遇事不存疑心；天賦愚魯的人，無知無識，因此遇事沒有心計；前者可以和他一起切磋學問，後者可以和他共同建功立業。唯獨那些中等資質的人，有一定的思想和智慧，同時又顧慮重重，疑心也重，所以什麼事都難以合作。

■ 活學活用：

君子成事，小人壞事

聰明到極點和愚蠢到極點的人，內心都是純潔無私的，只有那些智商不高、思想不太健康、心眼又多、詭計不少的人，才是最難合作的對象。因此，聰明的人往往擇友而交，要麼選擇和智者在一起，在一種和諧的氛圍中生活，受到良好的薰陶；要麼選擇和愚者為伍，避開令人作嘔的人際關係，在一種安全的環境中生活。

生活在我們身邊的人無非兩種：君子和小人。小人的眼睛牢牢地盯著周圍的大小利益，挖空心思，想盡一切辦法去算計別人，只為了占點便宜。如果很不幸你的周圍全是小人而你又不得不和他們來往，那麼只有一種方法：大智若愚。

220 守口須密，防意須嚴

■ 原文

口乃心之門，守口不密，泄盡真機；意乃心之足，防意不嚴，走盡邪路。

■ 譯文

口是心的大門，守口不嚴，家中機密就會全部洩漏；意念是心的腿腳，如果防意不嚴，就會搖擺不定走上邪路。

■ 活學活用：

守口須密，防意須嚴

俗話說得好：「病從口入，禍從口出。」人之所以發生爭執，不適的言語是其真正的罪魁禍首。一時的言語不慎，造成後悔莫及的事很多。小慧的老公很健談，有時說話也很幽默，但有時卻也令她感到很不是滋味。有一次，老公竟在朋友面前說：「別的情侶、夫妻是彼此看對眼，我呢，卻是看走眼了！」小慧聽了氣得死活要離婚。

眼睛是心靈的窗戶，嘴巴是心靈的大門，嘴不亂說，心中的想法就無人知曉。聖人孔子也曾告誡後人：「君子說話言辭一定要慎重、緩慢。」這樣才能避免多嘴帶來的禍害。

意識決定行為，有什麼想法，就會在行動上表現出來。把握住自己的意識也就把握住了自己的行為。所以平時要時刻注意收斂意識，不能讓它像脫韁的野馬，以免使自己走向歪路。

221 責人宜寬，責己宜苛

■ 原文

責人者，原無過於有過之中，則情平；責己者，求有過於無過之內，則德進。

■ 譯文

責備別人的時候，要從他所犯過失中看到好的一面，寬以待人，這樣才能使他心平氣和地改正過錯；反省自身的時候，應在自己無過錯時，設法找出自己的過錯，這樣才能使自己的品德不斷提高。

■ 活學活用：

責人宜寬，責己宜苛

海納百川，有容乃大。寬容是人類性情的空間，這個空間越大，自己的性情越有轉折的餘地，就越加不會動肝火、鬧情緒，越加不會糾纏於無謂的小事。

美國著名戰鬥機飛行員鮑伯·胡偉在參加完飛行表演後，在飛回洛杉磯的途中，飛機發生故障。後經調查發現，造成事故的原因是用油不對，負責加油的機械工嚇得面如土色，可胡偉並沒有對他大發雷霆，而是抱住那位內疚的機械工，真誠地說：「為了證明你做得好，我想請你幫我做飛機的維修工作。」

後來，飛機再也沒有發現任何差錯。

善待別人的過失，給予理解和尊重，自己也能獲得別人的尊重和信任。善待別人的同時，對自己則要時時反省，事事思過，發現錯誤就要立即改正，沒有過錯也要小心謹慎，做到有則改之，無則加勉。

222 不學無術，侮何及哉

■ 原文

子弟者，大人之胚胎，秀才者，士大夫之胚胎。此時若火力不到，陶鑄不純，他日涉世立朝，終難成個令器。

■ 譯文

今天的嬰兒，明天會長大成人；今天的秀才，明天可能榮登相位。如果在最初磨練不夠，未能使學問達到十分廣博，品德達到十分高尚，就好比煉鐵鑄器時欠火而出的次品，將來踏入社會做人做事，就很難成為一個有用之才。

■ 活學活用：

不學無術，侮何及哉

俗話說得好：「玉不琢不成器，人不學不知義。」對孩子的培養，應該從小時候抓起，讓他從小就經歷磨練，長大後才有謀生的本領，才能成為有用之才。相反，如果一開始就縱容、溺愛孩子，為其遮風擋雨，任何事都事先替他做好安排，這樣的孩子長大後其自立能力可想而知。

有一篇文章裡說：有一隻鸚鵡從小被關在籠子裡養大，在一次放生活動中，主人把牠放回了大自然。沒過幾天，有人在放飛的地方發現了鸚鵡的屍體，身上沒有任何傷。出於好奇，主人把牠拿回來進行了解剖，結果發現，鸚鵡體內居然沒有一粒糧食，很顯然，鸚鵡是餓死的。原本生於自然的鸚鵡回歸自然竟被活活地餓死，這不值的為人父母者警醒嗎？所以，做父母的要把愛心放在孩子的生活上、學習上，真正承擔起做父母的責任，使他們在德智體群美各方面都能得到充分的發展。

223 不憂患難，不畏權豪

■ 原文

君子處患難而不憂，當宴遊而惕慮；遇權豪而不懼，對煢獨而驚心。

■ 譯文

君子在受苦受難中，也不憂愁，而在歌舞昇平、歡宴遊樂時卻能警醒自己，以免誤入墮落之途；君子即使遇到豪門權貴，也不畏懼，但對孤獨無依靠之人卻具有高度的同情心。

■ 活學活用：

不憂患難，不畏權豪

忍貪安困是人生修養的一部分，安貧樂道是君子的特點，所以，他們對艱難困苦的環境並不懼怕。

顏回吃的是粗糧，住在簡陋偏僻的地方，卻仍不改其樂，以道德修養所帶來的內心愉悅為最大的快樂。他們懼怕的不是困境而是怕聲色犬馬對自己意志的腐蝕，完不成替天行道的責任。

君子以除暴安良為己任，所以他們無視權貴豪強，真正讓他們牽掛、擔心的是那些孤寡老弱的人不能得到救助，完不成安撫百姓的重任。

因此有范仲淹：「先天下之憂而憂，後天下之樂而樂」的警語。但綜觀我們的生活，有人追求享受，逃避責任，無視老弱病殘的疾苦，更有甚者，為了金錢，棄良心於不顧，把法律拋之腦後，居然拐賣婦女兒童，其行為真是令人髮指。

224 濃夭淡久，大器晚成

■ 原文

桃李雖豔，何如松蒼柏翠之堅貞？梨杏雖甘，何如橙黃橘綠之馨冽？信乎！濃夭不及淡久，早秀不如晚成也。

■ 譯文

桃樹和李樹的花朵雖然豔麗奪目，但怎能比得上松柏一年四季常綠不凋的那種堅貞呢？梨子和杏的滋味雖然香甜甘美，但怎比得上桔橙經常飄散著清淡芬芳呢？毫無疑問，豔麗奪目而容易消逝的美色遠不如清淡持久的芬芳，少年得志，不如大器晚成。

■ 活學活用：

濃夭淡久，大器晚成

桃李的嬌豔、梨杏的甘甜、松柏的蒼勁常青、橙橘的芳香都是它們各自的特徵，只開花不結果，花再美麗、妖豔，也只是一種缺憾的美，就像一個沒有內涵的女人，即使貌若天仙，也只能被人叫做「花瓶」。只有既開花又結果，才算是最完美的結合，內在美和氣質美相融合，才會給人賞心悅目之感。

生活中的人和事也是如此，青春是美麗的，也是短暫的，春光易逝，好景不長，有人利用美麗去踐踏青春，與壞人做朋友，與好人結怨;不讀聖賢書，不聽勸導，使自己走向魯莽無知，那美麗又有何用？

一個人少年得志，便得意忘形。如果得意之後再失意，那得意還有什麼意義？如果失意之後再得意，失敗之後才取得成功，那成功就有了意義。因此，與其濃而乏味，不如淡而久遠；與其少年得志，不如大器晚成。

225 靜見真境，淡識本然

■ 原文

風恬浪靜中，見人生之真境；味淡聲稀處，識心體之本然。

■ 譯文

處在風平浪靜的環境下，才能領會到人生的真正意義；吃著簡陋的飯食，隱居在遠離人煙的地方，才能體會人性的本來面目。

■ 活學活用：

靜見真境，淡識本然

人生的真正境界就是恬然平淡，心體的本然就是淡泊樸實。

故有陶淵明：「採菊東籬下，悠然見南山」的自然與灑脫。對功名的嚮往，對利益的追逐，過度注重自我，這都是違背我們內心初衷的。但在人世間，這些東西不可避免的存在，也只有聽之任之。

在這種人情冷暖，世態炎涼的社會裡，居心叵測、心地險惡之人大有人在，如何使自己出淤泥而不染？只有努力進修自己的德性，保持淡泊寧靜的心態才能不與俗同。

226 心口不一，人之大忌

■ 原文

談山林之樂者，未必真得山林之趣；厭名利之談者，未必盡忘名利之情。

■ 譯文

口口聲聲說如何羨慕隱居山林生活的人，未必真正懂得山林隱居之真趣，口口聲聲說自己討厭功名利祿的人，未必就能完全忘懷名利之心。

■ 活學活用：

心口不一，人之大忌

心動不如行動。嘴上說得頭頭是道的人，行動上可能是一籌莫展。趙括紙上談兵，看上去很有才華，可在實際帶兵打仗時只能落荒而逃。

嘴上經常下決心的人，其實內心根本就沒有決心。有篇《丈夫寫書》的文章向人講述了這樣一件事：丈夫五年前說要寫書，妻子非常高興，為她準備好所有寫書要用的東西，可丈夫一再找藉口拖延寫書的時間。春天，他說要去戶外找靈感，等到夏天一定寫書。到了夏天，他說太炎熱，等到秋天的時候一定寫書，夏去秋來，風高氣爽的時候，他說讓我的靈魂隨深秋遠去吧，到冬天一定寫書……一轉眼，五年過去了，丈夫還是沒動筆寫書。這位丈夫是不肯下功夫用行為實現自己決心的人。而那些嘴上說討厭功名利祿的人，其實心裡非常渴望得到。這些人比那位丈夫更差，他們是「口是心非」，而那位丈夫只算是「言行不一」。

一個真正淡泊名利的人，說與做能融為一體，根本不用表白什麼，這才是真正的「閒雲野鶴」。

227 無為無作，優遊清逸

■ 原文

釣水，逸事也，尚持生殺之柄；奕棋，清戲也，且動戰爭之心，可見喜事不如省事之為適，多能不若無能之全真。

■ 譯文

釣魚本是一件悠閒的事，可是釣魚人卻手握生殺大權；下棋本是一種高雅的娛樂活動，但是在這種娛樂中卻存在戰爭心理。可見多一事不如少一事，多才多藝不如無才更有利於保全純真的天性。

■ 活學活用：

無為無作，優遊清逸

「各人自掃門前雪，哪管他人瓦上霜。」多一事不如少一事，少一事不如無事，做人如果這樣，當然悠閒自在，但人性也就扭曲了。

如今的社會已經不是檢討自己釣魚是否意味著殺生，下棋是否意味著廝殺這種問題的時候了。弱肉強食，適者生存的競爭日益激烈，老子的無為之道也只能做古，成為茶餘飯後的談話。

一個人軟弱換來的是欺侮，是不得好活。一個國家的軟弱，換來的可能是滅國之禍。發生戰爭是不幸的，在戰爭中有大批無辜的生命被殺害。人類發明了核子武器，但核子武器卻反過來威脅著人類，這所有的一切，又豈是釣魚和下棋能夠比擬的……

228 春為虛像，秋見其真

■ 原文

鶯花茂而山濃谷豔，總是乾坤之幻境；水木落而石瘦崖枯，才見天地之真吾。

■ 譯文

春天裡鳥語花香，山谷裡綠草如茵，為山川平添了無限景色，然而景色再好，也只是大自然的一種幻象；秋天一到，葉落崖枯，山川一派空寂，這時才露出大自然真正的面貌。

■ 活學活用：

春為虛像，秋見其真

「滾滾長江東逝水，浪花淘盡英雄，是非成敗轉頭空，青山依舊在，幾度夕陽紅；白髮漁樵江渚上，慣看秋月春風，一壺濁酒喜相逢，古今多少事，都付笑談中。」是啊，人生匆匆，功名利祿、榮華富貴只不過如過眼煙雲，是非成敗轉瞬即逝。鶯歌燕舞是自然的表象，人生最大的覺悟是能面對自然的人生，追求喜怒哀樂、富貴貧賤一切皆隨其緣。

凡事隨緣你便不會惶恐不安，不會為事業的大起大落而大喜大悲。隨緣也就不會捲入勾心鬥角的漩渦。隨緣便與世無爭，隨遇而安，便能怡然自得，盡享生命的個中樂趣。

229 世間萬物，皆出自然

■ 原文

歲月本長，而忙者自促；天地本寬，而卑者自隘；風花雪月本閒，而勞攘者自冗。

■ 譯文

歲月悠悠，來日方長，可那奔波勞碌的人卻覺得時間短促，把自己搞得十分緊張；天地本是很寬闊，心胸狹隘的人偏要把自己侷限在小圈子裡，弄得很侷促；風花雪月四季的景緻本是很悠然的，可那些庸俗的人偏要把自己弄得很繁雜。

■ 活學活用：

世間萬物，皆出自然

「世上本無事，庸人自擾之。」整天唉聲嘆氣，怨天尤人的人，根本不了解人生的真諦，他們忘了生命是最寶貴的。活著就好，活著就有希望。為功名、為利益而整日奔波忙碌，讓有限的時光悄悄流逝，讓利慾矇蔽雙眼，即使有一天揚名天下，等到永享天年的時候，留給自己的時間已所剩無幾。

有一個很有寓意的故事說：一個人夢見上帝，上帝問他有什麼疑問。他說：「你感到人類最奇怪的是什麼？」

上帝答道：「他們犧牲自己的健康來換取金錢，然後又犧牲金錢來恢復健康。他們對未來充滿憂慮，但卻忘了現在，於是他們既不生活於現在之中，也不生活於未來之中。他們活著的時候好像從不會死去，但是死去以後又好像從未活過……」

上帝雖然並不存在，但他的話道出了現在很多人活著的狀態，看不見天地的寬廣，不懂得培養生活的情趣。

230 樂貴自然，不在多遠

■ 原文

得趣不在多，盆池拳石間，煙霞俱足；會景不在遠，蓬窗竹屋下，風月自賒。

■ 譯文

具有真正樂趣的休閒活動不在多，只要有一方池塘加上幾塊怪石，就可盡得山水之樂；尋找大自然的景色也不一定要跑很遠，只要在竹屋茅窗下坐臨清風，沐浴著如水月光，心胸自然曠遠遼闊。

■ 活學活用：

樂貴自然，不在多遠

真正美好的景緻不在於山有多高，水有多深，花草樹林的種類有多少，而在於賞景人能夠心領神會，如此，就算是只有一池淺水，幾塊奇岩怪石，也就足夠了。故劉禹錫有詞曰：「山不在高，有仙則名，水不在深，有龍則靈。」足見賞景之人修養的重要性。

物質的富有只能滿足口腹的需要，而精神的富有才能讓人真正明白生活的樂趣。一個人的情調和品味是否高雅，並不取決於財富的多少。沈萬三富可敵國卻只有滿身的銅臭味，終遭流放外地。管仲錯保公子糾成為階下囚，齊桓公卻三浴其身請管仲任其相。

享有生活情趣和高雅品味的人，一草一木也有情。相反，毫無生活樂趣可言的人，即使讓他處在名山大川中，也難抒發出悠然雅趣。其實，生活中並不缺少趣味，缺少的是發現趣味的心。

231 心靜體現，水清影明

■ 原文

聽靜夜之鐘聲，喚醒夢中之夢；觀澄潭之月影，窺見身外之身。

■ 譯文

當夜深人靜聽到悠悠的鐘聲時，可以驚醒虛妄中的夢幻；從清澈的潭中觀察夜月倒影，能窺見世俗肉身之外的靈性。

■ 活學活用：

心靜體現，水清影明

人生如夢，又似夢非夢，喧囂浮躁過後，只有等到夜深人靜的時候，才能隨著悠悠的鐘聲從夢中幡然醒悟，體會到生命的真諦。從清澈的潭中觀察夜月倒影，彷彿照見了自己的靈魂。

世上有兩種人：一種人在感嘆人生苦短中，今朝有酒今朝醉；一種人會在短短的人生之旅中，做出一番事業。而兩者的區別、優劣僅在於後者認清了自我的價值。

在人生的旅途中，每過一段時期，或每走一段路，不斷回過頭來看看自己的身後，看看在太陽落山之前是否能回得去。或乾脆停下來，沉思片刻，問一問：我打算要做什麼？我要怎樣做？這樣或許可以活得簡單些，也不至於走得太遠，失去現在、失掉自我。

232 天地萬物，皆是實相

■ 原文

鳥語蟲聲，總是傳心之訣；花英草色，無非見道之文。學者要天機清澈，胸次玲瓏，觸物皆有會心處。

■ 譯文

鳥的啼叫和蟲的鳴聲，是他們傳遞感情的信號；花的鮮豔和草的碧綠，其中蘊藏著大自然的奧妙玄機。做學問的人要獨具慧眼，胸懷光明磊落，從周圍的每樣事物身上，都能領悟到天機的無所不在和博大精深。

■ 活學活用：

天地萬物，皆是實相

日月星辰、風雨雷電、花鳥魚蟲，都是領會大自然千變萬化的契機，大多數人不能參透此禪機，是因為心中裝的名利慾望太重。對於修養學問的人來說，心靈的純淨是悟道的關鍵。

古人云：「事事洞明皆學問，人情練達皆文章。」對人來說，生活是我們最好的老師，每天會發生很多事情，有些事看上去非常簡單，但發現的過程卻是複雜和艱辛的。我們要丟掉名利的包袱，用心去尋找，善於在「司空見慣」中去發現簡單中的不簡單，尋常中的不尋常，混亂中的規律，這樣，才會有與眾不同的建樹。

233 讀無字書，彈無絃琴

■ 原文

人解讀有字書，不解讀無字書；知彈有絃琴，不知彈無絃琴。以跡用，不以神用，何以得琴書之趣？

■ 譯文

人們只會讀有字的書籍，卻不懂得研究和闡明大自然無形文字的書；人們只會彈奏有弦的實實在在的琴，卻不會欣賞大自然無弦的琴音。像這樣做任何事都拘泥於固定的形式，而不是靠自己的精神去感受和追求，又怎麼能理解音樂和學問的真趣呢？

■ 活學活用：

讀無字書，彈無絃琴

生活本身就是一本書，不讀生活這本無字書，就無法明白書中的趣味，生活就如一潭死水，毫無生機可言。彈有絃琴，即使是得心應手，也只是高超的技藝，彈無絃琴才是悟得了琴韻的真正妙趣所在。

棋、琴、書、畫之雅，很多人追求，然而只是在形式上能運用，而無法領悟到其中的精髓。有兩個年青人學書法，一個嚴格按著古代書法大師的風格，一筆一劃學得很認真，另一個則參照書法大師的作品，在其理解，領會的基礎上自成一格的練習書畫。若干年後，兩人不期而遇，前者說：「你看你那是什麼字，有哪一筆能告訴我這是誰的風格？」後者笑著說：「你能告訴我，哪一筆是你自己的字？」

一位畫壇大師曾說過：「似我者死，悟我者生」，說的不就是這個道理嗎？

234 無慾無求，賽過神仙

■ 原文

心無物慾，即是秋空霽海；坐有琴書，便成石室丹丘。

■ 譯文

心中如果沒有貪求物質享受的慾望，就會像秋天的碧空和平靜的大海那樣坦蕩寬闊；生活中有了琴和書籍，就會像神仙般逍遙自在。

■ 活學活用：

無慾無求，賽過神仙

「淡泊以明志，寧靜以致遠。」心底無私天地寬，只有保持心靈這片淨土，才能享受到生活的情趣。私慾堵在心中，就像烏雲遮住了太陽，又怎麼能夠享受到風和日麗的美景，感受到大自然賦予人類的好處呢？

世間的事不是我們都能掌握主動權或只要努力就能做好的，有許多事，我們只能盡到本分，僅此而已。所謂「謀事在人，成事在天。」明白了這個道理，就不會因為財富的喪失而憤憤不平。對奕作畫，如閒雲野鶴，似行空仙人，又有什麼能比這更讓人心曠神怡的呢？即便是陶淵明「採菊東籬下，悠然見南山」所表現出的閒情也不過如此。

235 歡樂極致，索然無味

■ 原文

賓朋雲集，劇飲淋漓，樂矣。俄而漏盡燭殘，香銷茗冷，不覺反成嘔咽，令人索然無味。大下事率類此，奈何不早回頭也？

■ 譯文

高朋滿坐，聚集一堂，暢飲歡笑，真是很快樂。然而，轉眼間夜深燭殘，美味佳餚的香味不復再，爽口的清茶也已冰冷，方覺剛才的豪飲現在反要嘔吐，回想美酒佳餚更覺得索然無味，再沒了方才的歡暢。天下的事情大多如此，人們為什麼不及早回頭，適可而止呢？

■ 活學活用：

歡樂極致，索然無味

天下無不散之宴席，短暫的歡聚換來長久的離別，盛極一時的歡樂轉瞬間悲聲四起。人生在世能有多久，最多不超過一百年。天地是萬物的旅館，時間是匆匆的過客，人如果不珍惜這短暫的時間，克制自己，卻放縱自己恣情歡樂，快樂到了盡頭，那麼悲哀也隨之出現。

人間事物總是盛極必衰，物極必反，就像月有陰晴圓缺，人有悲歡離合。自然法則如此，人類又怎麼能逃脫這一規律呢？明白這一道理，又怎麼能再去刻意追求「盛極」、「樂極」呢？須知水滿則溢啊！

236 知機其神，會趣明道

■ 原文

會得個中趣，五湖之煙月盡入寸裡；破得眼前機，千古之英雄盡歸掌握。

■ 譯文

善於發現生活中的情趣，那麼五湖四海的山光水色都可盡入心中；能看破眼前的人情世故，那麼古往今來的所有英雄豪傑，都將為我理解而任我效法。

■ 活學活用：

知機其神，會趣明道

綜觀歷史，細數騷人墨客，數不勝數，他們游歷萬水千山，樂此不疲，所到之處無不各抒己見，吟詩作賦，揮墨題刻。

他們超於名利之外，官大官小不繫於心，錢多錢少無所謂，有名無名不在乎，寄情山水，笑傲林泉，參悟禪機，留下多少千古絕唱，這不是境界低的人所能辦得到的，只有境界高的人才辦得到。

北宋著名文學家蘇軾遊赤壁後所寫的詞：「天地之間，物各有主，苟非我所有，雖一毫而莫取。唯江上之清風，與山間之明月，耳得之而為聲，目遇之而成色，取之不盡，用之不竭」令後人嘆為觀止。范仲淹登岳陽樓抒發了「先天下之憂而憂，後天下之樂而樂」的高尚情懷，這些傳頌至今的千古名句要是不能領會到事物中蘊含的情趣，是無法寫出來的。身在自然山水之間，忘卻世間煩惱，便能耳聰目明。

237 萬象皆空，達人達觀

■ 原文

　　山河大土已屬微塵，而況塵中之塵？血肉之軀且歸泡影，而況影外之影？非上上智，無了了心。

■ 譯文

　　山河大地，不過是茫茫宇宙中的一顆塵埃，何況生活在其中的人呢？自然更是微不足道；人的血肉之軀最終不過是一場空，何況功名利祿等身外之物，自然更是浮光掠影。一個沒有超凡智慧的人，是很難明白這種道理的。

■ 活學活用：

　　萬象皆空，達人達觀

　　就無限空間來說，山河大地在茫茫宇宙中只能算是小小塵埃，何況小小生物和無邊的宇宙相比更是微乎其微，小得可憐。

　　就無限時間來說，我們的軀體只不過是短暫的泡沫，剎那間已無影無蹤。明了自身的渺小，生命的短暫，還有必要去爭功名利祿這種身外之物嗎？

　　事實上，我們周圍結黨營私者有之，行凶搶劫者有之，受賄行賄者有之，為了功名利祿，不惜鋌而走險，那是一種怎樣的不幸和悲哀。他們忘卻了生命的寶貴，忘記了人間親情，利慾和功名矇住了雙眼，邪念將道德和良知侵蝕得體無完膚。他們麻木不仁而又膽大妄為地遊走法律邊緣，直到有一天，落入法網，才哀嘆再給我一次機會吧，然而為時已晚，地獄成了其最後的歸宿。所以說一個沒有智慧的人，是無法徹悟宇宙之大和人之渺小這種道理的。

238 泡沫人生，何爭名利

■ 原文

石火光中爭長競短，幾何光陰？蝸牛角上較雌論雄，許大世界？

■ 譯文

人的一生像用鐵器擊石發生的火光一樣一閃即逝，只知道一味你爭我奪，就不想想一輩子能有多久？人類在宇宙中所占的空間就像蝸牛的觸角那麼小，怎麼能在這狹小的世界裡去爭強鬥勝呢？

■ 活學活用：

泡沫人生，何爭名利

從歲月的長河中，可以看到人生的短暫；在茫茫的宇宙中，可以看到地球的渺小。在這有限的時間和狹隘的空間裡，只知道你爭我奪，像在蝸牛角般大小的地盤上擺開戰場，彼此殊死相鬥，非要決一雌雄，弄得頭破血流，魚死網破，那又何必。為什麼不想想，即使爭來了又有何用？搶來了又有何益？為什麼不用有限的生命和精力去做一些有意義的事情呢？

「人為財死，鳥為食亡。」那是背離了人性的論調，是心胸狹隘者、急功近利者掩飾其卑劣行徑的外衣。是頑凶好戰者出師無名的假托之詞。是為人正直、清心寡慾者所唾棄的荒謬言論。人應該一日三省其身，不為功名所拖累，不因世俗的紛紛擾擾而煩惱。託身於山水，寄情於瑤琴，那是怎樣的一種瀟脫。

239 極端空寂，過猶不及

■ 原文

寒燈無焰，敝裘無溫，總是播弄光景；身如槁木，心似死灰，不免墜在頑空。

■ 譯文

燈燭在寒氣的搖曳下光芒黯淡，皮衣舊了也就不保暖了，人生到了這步田地也未免太狼狽了；曾經風華正茂的身軀如今也衰如槁木，心靈猶如熄滅的死灰，這等於是一具殭屍必然陷入冥頑空虛之中。

■ 活學活用：

極端空寂，過猶不及

生活需要激情，只有激情洋溢，才能使自身強大。任何人的強大都必須從自己的心靈強大開始。進化論的創造者達爾文，在他的傳記中說，因為他漠視自己的心，所以也曾遭受慘痛的損失。

一個人是否具有生活的激情關鍵在於心靈火花的閃爍。人生在世，首先要保持心靈的生機，思想的活躍，如果空有軀殼就和行屍走肉沒什麼兩樣，這樣不僅對自己沒有好處，而且對大眾也沒有好處。

人生越來越枯燥，越來越艱難，雖未年邁，卻已飽嘗憂患。如果我們不花些功夫、培植充沛活躍的心態，我們的心便不會作絲毫的隱蔽和戒備。所以至少我們該把身心兩者同樣看重才是。

240 當機立斷，毫不遲疑

■ 原文

人肯當下休，便當下了。若要尋個歇處，則婚嫁雖完，事亦不少；僧道雖好，心亦不了。前人云：「如今休去便休雲，若覓了時無了時。」見之卓矣。

■ 譯文

人如果願意就此罷休，就下定決心了斷一切。如果老想找一個合適的機會，那就像男女雖然婚嫁完了，事情卻不少。出家為僧雖然清靜，但心中所想的事情很多。古人說：「現在洗手不做也就徹底清靜了，若是尋找機會罷休，就永遠沒有罷休的時候。」這句話太精闢了！

■ 活學活用：

當機立斷，毫不遲疑

古語說：「當斷不斷，反受其亂。」做人做事絕不可猶豫徘徊、當斷不斷，那樣會錯過很多機會，留下悔恨。

在官渡之戰的相持階段，許攸曾向袁紹獻計：「曹操屯軍官渡，與我相持已久，許昌必空虛，若令一軍星夜掩襲許昌，則許昌可拔，而操可擒也。今操糧草已盡，正可乘機會，兩路擊之。」但袁紹卻顧慮曹操詭計多端，拒絕了許攸的建議，在關鍵時刻貽誤了戰機。

假若袁紹能當機立斷，抓住有利戰機，及時採納許攸的建議，那麼其結果很可能如曹操所說：「若袁紹用馬遠言，吾事敗矣。」

在該做決定的時候要做決定，人生的煩惱會永無休止。所以，追求功名的人要謹記急流當勇退，切莫貪名而丟掉身家性命，追求利益的人要做到見好就收，不要因為貪慾而得不償失。

241 遠離是非，身心愉悅

■ 原文

從冷視熱，然後知熱處之奔馳無益；從冗入閒，然後覺閒中之滋味最長。

■ 譯文

身處清靜之地，冷眼旁觀那些在生活中熱衷追名逐利的人，便會深感這種奔波實在無聊。從繁忙的事務中解脫出來，體驗一下悠閒的生活，才會意識到清閒實在是一種莫大的享受。

■ 活學活用：

遠離是非，身心愉悅

俗話說：「不怕不識貨，就怕貨比貨。」同樣的道理，生活的經驗來自於生活中的教訓，只有對生活有真正的反思，才能明白生活的真正滋味；只有在名利場中沉浮起伏過後的人，才會更懂得名利的虛幻和無聊。

清朝大才子紀曉嵐為官五十餘年，曾三遷御史，三入禮部，兩次執掌兵符，從表象看，紀曉嵐一生位極人臣，享盡榮華富貴。而實際上，他仕宦五十餘年，走的卻是一條坎坷之路。屢遭小人陷害，先後受到發配、下獄、革職、降級、罰俸等罰處，幾次險些丟掉腦袋，在大徹大悟之後，紀曉嵐為自己寫了一幅輓聯：「沉浮宦海如鷗鳥，生死書叢似蠹魚。」

世間萬物都有正反兩面的，只有將相反的兩個方面進行對比分析，才能分出優劣，才能體會到其中的真諦。

242 不親富貴，不溺酒食

■ 原文

有浮雲富貴之風，而不必岩棲穴處；無膏肓泉石之癖，而常自醉酒耽詩。

■ 譯文

能夠視富貴如浮雲者，就不必住到深山幽谷中去修養心性；不能夠醉心於山水的人，如能經常飲酒吟詩也其意陶陶。

■ 活學活用：

不親富貴，不溺酒食

真心向佛的人，並不需要在家裡擺上佛像。一個能視富貴如糞土、視功名如草芥的人，不一定非要像仙人遠循山林不可。賦詩題詞的人也並非要去遊歷山水，只要品行高潔，自會怡然自得，其樂也陶。

生活中，不要看重外在形式，本質才是最關鍵的。有一個企業老總，在一次慈善會上，慷慨解囊，向某愛心救助機構捐出一筆「鉅款」，「鉅款」按比例擴大成一張巨大的支票，就像一幅廣告牌，掛在主會場的一面牆壁上，電視台對這場慈善會進行了現場直播。這位老總理所當然的在會上聲情並茂地發表了一番感慨。事後社會對此的反應是，這是在獻愛心，還是在給企業做廣告？

好心並不需要張揚，名志並不需要高聲吶喊。真正品行高尚的人，總能自得其樂。

243 恬淡適己，身心自在

■ 原文

競逐聽人，而不嫌盡醉；恬淡適己，而不誇獨醒。此釋氏所謂「不為法纏，不為空纏，身心兩自在者。」

■ 譯文

對別人的追名逐利，我並不指責他們全都是愚昧無知：自己要獨處，潔身自好，也不必向別人誇耀「世人皆醉我獨醒」。這就是佛家所說的不被物慾所矇蔽，也不被空寂所困擾，從而使自己的身心獲得高度的自由。

■ 活學活用：

恬淡適己，身心自在

智者不會去笑話別人的愚昧，以此來顯示自己的智慧；清高的人不會為了標榜自己的清高，而不同市井之人來往，這樣才能做到情趣高尚，身心自在。如果為了標榜智慧而使用心計，為了顯示清高而標榜清高，那麼再清高的人也會變成庸俗之流，再聰明的人也會變得愚蠢。

真正的智者往往能藏慧於中，深藏不露，不會處心積慮的去為功名而用盡心計，也不會鄙視重名利之人。曾國藩可謂是智者，在那嫉賢妒能者有之，幸災樂禍者有之，千刀萬剮者有之的局勢裡，他最終能保存自己，倖免天噬，除了說是一個奇蹟之外，智慧是真正的原因。

真正的清高者，只會警醒自己「出淤泥而不染」，而不會高呼「世人皆醉我獨醒」，不會被世間紛繁的事物所迷惑，從而使心性悠然自得。

244 廣狹長短，由於心念

■ 原文

延促由於一念，寬窄係之寸心。故機閒者，一日遙於千古，意廣者，斗室寬若兩間。

■ 譯文

時間的長短全憑人的感觸，空間的寬闊和狹小，取決於人的心境。內心清靜恬淡的人，把一天看得比千年還長，心胸開闊的人，就算是狹小的居室也覺得像天地之間那麼寬敞。

■ 活學活用：

廣狹長短，由於心念

世界上什麼最長？時間！世界上什麼最短？仍然是時間！時間的長短多半出於心理感受。在你舉杯歡飲的時候，時間就像捉速的列車從你身邊而過，等到你恍然醒悟過來，已是曲盡人散的時候。在充滿期盼的日子，你能深刻體會到什麼叫「一日不見，如隔三秋」；在充滿喜悅的時刻，你更明白「春宵一刻值千金」的真正含義；在佈滿憂愁的時候，你更能感受到「憂人愁夜長」是一種什麼樣的煎熬，這些都是時間的相對論。

故放寬心，知滿足，想得開，就永遠會寬廣快樂；常常杞人憂天，患得患失，就只能時時鬱悶、煩躁。方寸之間放得下大千世界，才是豪邁者的胸懷，故有：「宰相肚裡能撐船，將軍額角能跑馬」之說。

245 栽花種竹，心境無我

■ 原文

損之又損，栽花種竹，盡交還烏有先生；忘無可忘，焚香煮茗，總不問白衣童子。

■ 譯文

對世俗的物慾要減少到最低限度，透過養花種竹培養生活情趣，把一切煩惱全拋到腦外；無論什麼人間瑣事都不放在心上，唯獨每天燒水煮茶、燒香拜佛這兩件事，必須自己動手。

■ 活學活用：

栽花種竹，心境無我

聖人善於修養。善於修養就能心氣平和，生活簡易，心平氣和，生活簡易就能使心神安寧淡然，心神安寧淡然就不會被憂患之事所煩惱，那氣就無法侵入人的身體，所以能保全道德和心神。

物慾橫流的社會，人們的占有欲空前膨脹，對生活的瑣事更是不能忘懷，因而使得自己活得很辛苦。面對這個難題，該怎麼辦？進入一種物我兩忘的境界，這樣才能輕鬆快樂。心不受外物的引動，就會自然的靜寂。靜寂就不受騷擾，沒有騷擾就清靜。靜就能虛，虛就能明，明就能靈，靈虛就不糊塗，必然是一副湛然而神全圓通的樣子。靜就沒有慾望，沒有慾望就能剛，剛就能強，強就能直，直就能勇，就會是一副盛大的樣子，使人不可抵禦。所以要想大智大慧，大徹大悟，浩然之氣磅礴，正氣沖天，也必須由主靜著手，人們修養到了靜定階段，就能「我自無心於萬物，萬物何妨常圍繞」。

246 知足常樂，變則生機

■ 原文

都來眼前事，知足者仙境，不知足者凡境；總出世上因，善用者生機，不善用者殺機。

■ 譯文

面對一樣的生活，知足者如入仙境，不知足者則怨天尤人；世間的因緣和機遇很多，善於把握機緣的就興旺發達，不善於把握的就多災多難。

■ 活學活用：

知足常樂，變則生機

「人心不足，蛇吞象。」「知足之人，雖臥地上猶為安樂；不知足者，雖處天堂亦不稱意。」「事能知足心常愜，人到無求品自高。」一個知足常樂的人，即使粗茶淡飯，也是一個精神上的富有者，他們的人生會充滿樂趣，而一個物慾得不到滿足的人，即使他是百萬富翁，也只能是一個精神上的乞丐，熱衷於追隨錢財的奴才。

世間萬物是變化無常的，機遇隨時會降臨到你眼前，就看你是否有一雙慧眼和一顆立即行動的心。緣分也可能和你不經意間相遇，就看你是否善於把握。假如你與機遇失之交臂，換來的可能是繼續平凡。如果善於在平凡中尋找機會，你想不成功都很難。

247 守正安分，遠禍之道

■ 原文

趨炎附勢之禍，甚慘亦甚速；棲恬守逸之味，最淡亦最長。

■ 譯文

趨炎附勢的人固然能得到一些好處，但是為此所引來的禍端既慘又快。能潔身自好者儘管清寒卻最能保持久遠。

■ 活學活用：

守正安分，遠禍之道

回顧歷史，有多少趨炎附勢，貪圖一時榮華富貴作威作福者，轉眼間家破人亡，株連全族，真是慘不忍睹。西漢霍去病在漢武帝時位居驃騎將軍，為擊破匈奴立下汗馬功勞，其弟霍光做大司馬並接受武帝遺詔輔佐太子，功亦不小，但最後招來君主和其他大臣的忌恨而落得滿門抄斬，誅滅全族的下場。

做到不求名，不求利，才能過著自己樸實無華的生活，與人為善，與人無爭，既悠閒又快樂。張良輔助漢高祖，為平定天下立下汗馬功勞，並有尊立宣帝的大功，但他很謙虛謹慎，堅決推拒大將軍的職位，無論是參與議定國家大事，還是推薦賢才，都藉故躲避，身居高位卻懂得明哲保身，最後跟從赤松子雲遊天下。

248 遠離塵囂，寄身山野

■ 原文

松澗邊，攜仗獨行，立處雲生破衲；竹窗下，枕書高臥，覺時月侵寒氈。

■ 譯文

在松樹掩映的山澗邊，拿著手仗悠閒散步，只見身前身後騰起團團雲霧，輕拂著那破舊的長袍；在簡陋的竹窗之下讀書，疲倦了就枕著厚厚的書本自然入睡，一覺醒來，只見清涼的月光透過竹窗，照在薄薄的毛氈上。

■ 活學活用：

遠離塵囂，寄身山野

人生太精彩，也太無奈。站在成功的巔峰，享受成功帶來的喜悅，鮮花、掌聲，生命在此刻有了真正的價值。跌落失敗的困境，內心徬徨、苦悶、焦慮。承受失敗帶來的噓聲、埋怨、嘆惜，苟延殘喘地支撐著疲憊的軀體。生活就是這樣殘酷和現實。

隱居山林，與虎猿為伴，聽松竹之聲，調素琴，遠離塵世的紛擾，饑時采野果而食，困時枕書而眠，這種世外桃源式的生活並不是現代人追求的最佳境界，也不是仁人志士得志之後解脫自己的方法。創造生命，才是擺在今人面前的主題。

現代生活中激烈的競爭，已經讓人沒有片刻鬆懈的閒暇，更不可能在遁世中創造出奇蹟。當然，身體是本錢，事業再重要，也要在忙碌中適當地放鬆自己，這與寄身山野、遠離塵囂並不矛盾。

249 保存道心，清除幻業

■ 原文

色慾火熾，而一念及病時，便興似寒灰；名利飴甘，而一想到死地，便味如嚼蠟。故人常憂死慮病，亦可省幻業而長道心。

■ 譯文

色情的慾火難以遏止，但一想到得病時的各種痛苦，便興如寒灰；當功名利祿蜂蜜般甘美時，但一想到人死後萬事皆空，便覺得追求這些身外之物實在乏味。所以一個人要經常想到疾病和死亡，也可以消除罪惡之念而增長德業之心。

■ 活學活用：

保存道心，清除幻業

俗話說得好：「人無遠慮，必有近憂。」意思是說在任何時候人都要三思而後行。當性慾烈火般燃燒時，要想到生病時的痛苦，便慾火消除；當名利像蜂蜜般甘甜時，想一想，人生在世，除生命之外，一切都是身外之物，生不帶來，死不帶去，功名利祿即使再誘人，你也便覺得索然無味。凡事居安思危，以避免無窮的後患。

人處在名利場中正鴻運當頭的時候，要想到貪圖名利導致的死亡下場，便自己警醒以便抽身而退；在慾火燃燒難耐時，要想到縱慾過度可能給自己帶來的疾病痛苦，警醒自己的放蕩之心，用柳下惠的坐懷不亂告誡自己。這是立身行事的良好美德，正如「晴帶雨傘，飽帶饑糧」一樣包含著深刻的辯證思想。

250 退後一步，寬平一步

■ 原文

爭先的徑路窄，退後一步，自寬平一步；濃豔的滋味短，清淡一分，自悠長一分。

■ 譯文

與別人搶道的人自然覺得道路太窄，如能退後一步讓人先行，當然就顯得道路寬廣；味道太濃的食物很快就會令人生膩，如能清淡一分，自然覺得滋味彌長。

■ 活學活用：

退後一步，寬平一步

凡事敢為天下先，此種精神並不意味著霸道，意味著不留一分寬容、一分謙遜。一位老者讓其子去市場買菜，日上三竿，還不見其身影，於是老者出外迎接。在鄉間的一條小田壟上，其子正和一個城裡富人爭吵，各不相讓。「你先讓我兒子過吧，他挑的是不能沾水的食品。」老者說。「你怎麼不讓他下水，讓我先過去，我挑的是貴重的東西，也不能沾水。」城裡人回答說。「這樣，我下水，你把擔子給我，然後你貼著我兒走過去，我再把擔子給你。」老者說著去脫鞋。城裡人一見老者這麼誠懇，忙說：「不用了，我先下去吧。」在路行窄處，不妨高姿態，「退一步海闊天空」。

高潮過後一定趨於平淡，由清淡到濃情，是步步在高升，由濃情到平淡，是步步在後退，故在濃情處不妨保留三分，留下餘韻。

251 修身養性，臨變不亂

■ 原文

忙處不亂性，須閒處心神養得清，死時不動心，須生時事物看得破。

■ 譯文

要想在事務繁忙時有條不紊，不心慌意亂，必須在平時培養清晰敏捷的頭腦；要想面對死亡也不畏懼，就要求平時把一切事情都看得開。

■ 活學活用：

修身養性，臨變不亂

修身養性是中國文化的一部分。修身就是要培養自己的志向和品格；養性就是養心。

修身養性的關鍵在於心，因為心是神之主，喜、怒、哀樂、憂、思皆出於心。養得心性，自是不會驚慌失措，忙中出亂，而是臨危不亂，有條不紊。養心到能經受住死亡的考驗，也就大功告成了。老子曰：「民不畏死，奈何以死懼之。」連死亡都不怕的人，怎麼能用死亡來使他們畏懼呢？

因此，要想臨危不懼，遇事不慌，必須從平時就培養清晰敏捷的頭腦；樹立正確的人生觀，培養為人的正義感，以及其他良好的品性。

252 無慾無求，平而待之

■ 原文

隱逸林中無榮辱，道義路上無炎涼。

■ 譯文

遠離塵世，退隱林泉的人，就會忘掉一切榮辱；一個講求仁義道德的人，對於世俗的貧賤富貴看得很淡而無厚此薄彼之分。

■ 活學活用：

無慾無求，平而待之

心無邪念，忘卻榮辱，擺脫是非，不為功名利祿而折腰，方能享受到恬淡安逸，勝似閒雲野鶴的生活。

世人感嘆「不識廬山真面目，只緣身在此山中」，人在官場為功名所累；心有慾望，其行為便不軌；一輩子也就葬送在大喜、大悲、大樂之中。

要想擺脫世態的炎涼，人情的冷暖，只有「跳出三界外，不在五行中」。所以說，只有不計榮辱得失的隱士和疾惡如仇的正義之士，才能笑看人生。一切隨緣、隨喜、隨悲、隨遇而安。

253 清心寡慾，怡然自得

■ 原文

熱不必除，而除此熱惱，身常在清涼台上；窮不可遣，而遣此窮愁，心常居安樂窩中。

■ 譯文

天氣的炎熱無法改變，但只要消除由炎熱而導致的內心煩惱，就如同置身於清涼的亭台上，涼爽無比；生活的貧窮難以擺脫，但由於貧窮而產生的憂愁卻必須忘掉，這樣就如處在快樂的世界一般幸福。

■ 活學活用：

清心寡慾，怡然自得

心靜自然涼，無慾品自高。對生活的感受不在於自己的處境狀況，而在於心理的感受。原憲居住在魯國時，生活貧困，房屋簡陋，遇雨漏水，門窗不全，他卻端坐在裡面鼓琴。接待子貢時，他是頭戴破帽，腳穿破鞋，拄著木杖倚在門邊。子貢問：「唉，先生生病了嗎？」原憲答道：「我聽說，沒有錢財叫做貧，有學問而不懂施行才稱病，我現在是貧，而不是病」。

在物質的追求得不到滿足的時候，人難免有一種失衡的感覺，但只要認識到比上不足，比下有餘，這時物質條件即使沒有改變，心理感受卻完全不同了。當你憤怒於粗茶淡飯的生活時，想想流露街頭、沿街乞討的人，你就會覺得自己幸福無比；當你羞恥於房屋潮濕、矮小、破舊的時候，想想那些飽受戰爭之苦、流離失所、無家可歸的人，心裡就會無比快樂，靜心平意，什麼事情都能拋卻，什麼煩惱憂愁都能排除。

254 居安思危，處進思退

■ 原文

進步處便思退步，庶免觸藩之禍；著手時先圖放手，才脫騎虎之危。

■ 譯文

事業順利的時候，要做好急流勇退的打算，以免將來像羝羊觸藩一般進退不得；著手於某件事時，就要預先想好在什麼情況之下罷手，免得將來騎虎難下，欲罷不能。

■ 活學活用：

居安思危，處進思退

凡事不可急於求成，不可一味冒進，也不可猶豫不決，應當知進知退。做事不思退路，是自掘陷阱，貪一時之利，釀成萬古之禍，懸崖勒馬，江心補漏固然足對危局的補救措施，但畢竟已處於進退兩難的尷尬境地；騎虎之勢已成，世事不由自己，至此悔恨都已晚矣。

假如凡事都弩於戀棧，不能在權勢頭上猛退，到頭來難免像羝羊觸藩一般弄得災禍纏身。做事要胸有成竹，不要貪戀功名利祿，不要做無準備之事；做事宜隨機應變，隨勢之遷而調整。做事的目的是為了成事，處安思危，處進思退才是行事的方法。不要像莽夫，圖一時之性起，貿然跨上虎身，不料卻無斃虎之力，又不得下來，豈不是留下騎虎難下的笑柄。

255 貪無止境，知足常樂

■ 原文

貪得者分金恨不得玉，封公怨不授侯，權豪自甘乞丐；知足者藜羹旨於膏粱，布袍暖於狐貉，編民不讓王公。

■ 譯文

貪得無厭的人，給金銀還怨恨不給寶玉，作了宰相還嫌沒被封為王侯。這種人雖身居富貴之位卻偏要可憐巴巴像個乞丐；一個自知滿足的人，即使吃野菜也比吃山珍海味還香甜，即使穿布袍也比毛皮大衣暖和。這種人雖然身居平民卻比王公更為高貴。

■ 活學活用：

貪無止境，知足常樂

世上不知足者大有人在，有了金子還嫌沒有寶玉，封了公爵還嫌沒封侯爵。諺語云：「進得京城嫌官小，到了外國嫌錢少。」有人為了獲得榮耀，得到某種利益，往往不擇手段，偷盜搶劫，卑躬屈膝，醜態百出，這樣的人生有何樂可言，倒不如知足的人常保一種優雅脫俗的氣質。

有一位太后是一理政奇才，相傳她聽說一些大臣，常常袖中藏物，攜出宮外，納入家中，此事為太后所知，太后並不懲處，而是在某日召集所有大臣們到倉庫內，下詔令說：各位可以盡你們的力氣，搬走庫中之物，於是有一大臣只取絹一丈而罷，被詢問則回答說，做一件衣服一丈足夠了。而另一大臣則背荷絹數十丈，不堪重負，剛出宮門就腰折而不得行。

由此可見，貪婪之人沒有滿足的時候，最終被外物所累。知足者一得自喜，不亦樂乎。

256 隱者高明，省事平安

■ 原文

矜名不若逃名趣，練事何如省事閒。

■ 譯文

誇耀自己的好名聲，還不如把名聲讓給別人，這樣會心安理得；閱歷豐富，辦事幹練，哪比得上什麼事都不做清閒。

■ 活學活用：

隱者高明，省事平安

山不言自高，一個喜歡誇耀名聲的人，不如避諱名聲更高明。避諱名聲在客觀上會產生兩種效果：一是有名不悖名，不會因為名聲顯赫而以名氣壓人；二是有名不誇名，保持謙虛、謹慎的態度，使其更顯得有涵養、有深度。

錢鍾書夫婦可以說是當代中國文化名人之最，但他們幾十年如一日，深居簡山，從不拋頭露面，一直致力於潛心治學，甘於平寂，過著平凡樸素的生活，正因為此，使得他們的名聲更加遠颺。

同樣，精通世事雖然為人所喝彩，但也會因名聲所拖累，仔細想想，還不如少事來得更為清閒自在。當然，清閒自在並不是讓你放任自己，無所作為，而是一種不為身外之物所累的境界。

257 超越喧寂，悠然自適

■ 原文

嗜寂者，觀白雲幽石而通玄；趨榮者，見清歌妙舞而忘倦。唯自得之士，無喧寂，無榮枯，無往非自適之天。

■ 譯文

一個喜好清靜的人，看到天上的白雲和幽谷的石頭，便能領悟到一種無聲的哲理；熱衷榮華富貴者，見到美妙的舞姿，聽到悅耳的歌聲，就會精神振奮，忘掉疲倦。只有那些自得其樂之人，才能在生活中找尋到無盡的樂趣，不在乎得志和失意，永遠逍遙自在。

■ 活學活用：

超越喧寂，悠然自適

姿彩紛呈的大千世界，萬物各具特性，或微或宏，或靜或動，或隱或現。人可以選擇兩種生存模式，或在寂靜中甘於安寧，或在喧鬧中追求激烈。然而，一旦形成固定的思維模式，就無法遍覽多形的人生了。換句話說，一個人要是太過固執，他就不會接納別人的建議，也不能觸類旁通，孤陋寡聞造成的結果是難以掌握多方面的知識。

一個要想修煉成真正了悟人生的豁達之士，內心要既無寂寞也無喧譁，應該加強心性的修煉，凡事適性就能永遠處於逍遙境界了。

258 得道無念，靜躁無關

■ 原文

孤雲出岫，去留一無所繫；朗鏡懸空，靜躁兩不相干。

■ 譯文

一片雲彩從山峰上升起，悠閒地飄來飄去，毫無牽掛；皎潔的明月像一面鏡子當空懸掛，人間的寧靜和喧囂都與之毫無關聯。

■ 活學活用：

得道無念，靜躁無關

人如果能做到像閒雲一樣灑脫，似明月懸空一樣自由，是非常不簡單的。法國啟蒙思想家盧梭曾經說過：「人出生時雖然自由，但不久即遭約束。」

人來到這個世上就會被套上種種羅網，從各方面束縛著人。比如：來自家庭的約束，來自經濟的約束，這些種種約束，使人的內心極不自由，尤其是作為社會的一分子，更難排除功名利祿、輿論的影響。所以，一個人要想擺脫世俗的煩惱，追求自由，需要全身心地投入進去。

259 濃處味短，淡中趣長

■ 原文

悠長之趣，不得於醲，而得於啜菽飲水；惆恨之懷，不生於枯寂，而生於品竹調絲。故知濃處味常短，淡中趣獨真也。

■ 譯文

使人回味無窮的情趣，並非來自美味佳餚，而是吃了粗茶淡飯之後才能體會的到；惆悵和煩悶的情緒，並非產生於窮困潦倒，而是由傷感悲涼的樂曲勾起的。可見，濃香醉人的滋味常常難以引人回味，而恬淡清靜的生活中往往包含著真正的情趣。

■ 活學活用：

濃處味短，淡中趣長

美妙的音樂和佳餚雖然能給人帶來一時的樂趣，但不能給人真正的快樂，令人回味無窮的情趣，得自於啜菽飲水的清淡之中。要想輕易地得到快樂的生活是很難的。如果來得容易，快樂的生活就容易走樣。走樣的快樂又豈是真正的快樂？

生活中，有人薪水微薄，卻喜歡享受，用他們最時髦的話說是享受生活，「今朝有酒今朝醉」，今日歌廳，明日舞廳，後日咖啡廳，日日餐廳，結果入不敷出，債台高築，使自身陷於苦境之中。燈紅酒綠的生活，雖能讓你興奮，讓你快意人生，然而曲盡人散之時，揮霍之後剩下的只是囊中羞澀，飽受饑荒之苦。這不是樂極生悲嗎？粗茶淡飯雖無美味佳餚爽口，卻能免空腹之災。

因此，一個人不應當只追求豐富的物質生活，還要培養高尚的道德情操。

260 理出於易，道不在遠

■ 原文

禪宗曰：「饑來吃飯倦來眠。」詩旨曰：「眼前景緻口頭語。」蓋極高寓於極平，至難出於至易；有意者反遠，無心者自近也。

■ 譯文

佛教禪宗有一句偈語：「饑來吃飯倦來眠。」關於作詩的心得是「從眼前事物入手，多運用日常口語。」因為世間高深的哲理，往往產生於極平凡的事物；美妙的詩章，通常源於真情的流露，刻意追求的反而難以如願，無心尋找的反而近在眼前。

■ 活學活用：

理出於易，道不在遠

拜佛、敬佛不如佛住我心，佛不在求，而在悟。優美的詩篇在於清新自然，不雕琢不巧飾，俗到極致便成雅。平凡的事物中蘊涵著偉大的真理，因此有偉大出自平凡的名言。

沒有平地，顯不出高山的偉岸；沒有小溪，顯不出大海的博大。智者藏慧於中，追求平凡；聖者從身邊的小事開始做起。強摘的瓜不甜，強求的事難做，一切皆順其自然。栽花才能百花爭豔，插柳才能綠樹成蔭。

261 動靜合宜，出入無礙

■ 原文

水流而境無聲，得處喧見寂之趣；山高而雲不礙，悟出有入無之機。

■ 譯文

溪水雖然流淌，但岸邊卻聽不到水流的聲音，由此體會到處在喧鬧的環境中保持清靜的真趣；山峰雖然很高，可雲彩依然能來去自由，由此領悟到脫離凡俗世界進入虛無境界的玄妙道理。

■ 活學活用：

動靜合宜，出入無礙

人生在世千變萬化，有聚散離合，有利害得失，有喜怒哀樂。採取的態度不同，所感受到的也會有差異。能抱一物中也可見佛的話，人生就會變得美妙無比，就像聽水聲悟出寂靜的趣味，觀雲霧悟出無我的玄機一樣超脫。

動中之靜方見靜，鳥鳴山更幽。一個人的本性已定，就不會被愛憎和是非所動，就能保持一種靜態。喧鬧處見寂趣，達到「動靜合宜」、「出入無礙」的境界。如《莊子‧大宗師》篇所描述：「魚相造乎水，人相造乎道。相造乎水者，穿池而養給；相造乎道者，無事而生定。故曰：『魚相忘乎江湖，人相忘乎道術。』」人生在世能達到這種境界，就是禪家所說：「邪正俱不用，清淨至無餘」。

262 心無雜念，其樂陶陶

■ 原文

山林是勝地，一營戀便成市朝；書畫是雅事，一貪痴便成商賈。蓋心無染著，欲境是仙都；心有繫戀，樂境成苦海矣。

■ 譯文

深山老林本是幽靜的名勝之地，一旦戀在這裡不走，就會把幽境變成喧囂的鬧區；書畫本是高雅的東西，一生貪戀的念頭，就會變成庸俗的市儈。所以，人的心靈不被世俗之塵所染，也能建立自己內心的仙境。如果心繫功名利祿，即使置身快樂的仙境，也會使精神墜入痛苦的深淵。

■ 活學活用：

心無雜念，其樂陶陶

名勝之地，一旦留戀不走，便會將幽境變成喧囂的鬧市；高雅之事，貪戀一生，就會化高雅為庸俗。一個人只有心地純潔，才能在人慾橫流的花花世界永保自己的快樂；一旦心生邪念，迷戀聲色物慾，就會使精神墜入痛苦的深淵。

悲與喜、苦與樂、雅與俗等都因人的感受不同而不同。同樣的一幅書畫作品，在有的人眼中只是一件藝術品，在有的人眼中它就是錢。就拿錢來說，有人認為擁有它是幸福，山珍海味，豪宅名車，應有盡有；有人說它是惡魔，殺人不見血，人為財死，為了它不惜犧牲性命。男人有錢就變壞，女人變壞就有錢，皆是因錢而起。有位哲人關於錢下個這樣一個定義：「錢是走遍世界的通行證，除了天堂之路；錢能買到任何東西，除了幸福。」

由此看來，一個人的道德修養才是擺脫凡塵俗世的關鍵所在。

263 躁極則昏，靜極則明

■ 原文

時當渲染，則平時所記憶者，皆漫然忘去；境在清寧，則夙昔所遺忘者，又恍爾現前。可見靜噪稍分，昏明頓異也。

■ 譯文

處在喧鬧嘈雜的環境中，連平日記得很清楚的東西，都模模糊糊忘得差不多了；人處清寧之時，那麼過去記不清的事情，又清晰地浮現在腦海裡。可見人的心境是寧靜還是浮躁，直接決定著頭腦是清醒還是含混不清。

■ 活學活用：

躁極則昏，靜極則明

「不以物喜，不以己悲。」說的是不因得到而高興，不因失去而悲傷，講的是另一層意義上的平靜和躁動。

靜和躁是我們情緒中對立的狀態，這兩種情緒給我們帶來的效果截然不同。在安靜的環境中，心情平靜，對事情的考慮就會縝密周詳。相反，在吵鬧的環境中，人的情緒很容易受到干擾而失去理智，也許會做出難以想像的事情來，此時一定要對自己進行反省。一個人能修煉到即使在喧鬧中也能保持冷靜的頭腦，這樣就具備了取得成功的心理基礎。

264 臥雲舞日，超絕塵俗

■ 原文

蘆花被下，臥雪眠雲，保全得一窩夜氣；竹葉杯中，吟風弄月，躲離了萬丈紅塵。

■ 譯文

蓋著輕暖的蘆花被，就像躺在霧中，周身都沉浸在大自然的氣息中；喝著竹葉茶，吟詩作賦，感覺像遠遠離開了那喧囂的凡俗世界。

■ 活學活用：

臥雲舞日，超絕塵俗

世外桃源表示了人們對美好生活的嚮往，也是逃避塵俗、物慾、紛擾的潛意識表露。東晉詩人陶淵明獨善其身的辦法是遠離人世，忘掉功名，拋棄權勢，過著「方宅十餘畝，草屋八九間。榆柳蔭後檐，桃李羅堂前。暖暖遠人村，依依墟裡煙。狗吠深巷中，雞鳴桑樹顛」的與世無爭的田園生活。其實，陶淵明隱居的真正原因是理想不能實現，仕途的失意。

在今天這個競爭激烈的時代，要想向陶潛學習已經不可能了，但是只要能夠視富貴如浮雲，看名利如草芥，不計較得失，以平淡之心來生活，也就像臥雪眠雲，吟風弄月了。

265 濃不勝淡，俗不如雅

■ 原文

　　袞冕行中，著一藜杖的山人，便增一段高風；漁樵路上，著一袞衣的朝士，轉添許多俗氣。故知濃不勝淡，俗不如雅也。

■ 譯文

　　在一群達官顯貴之中，如能出現一位手柱藜杖的隱者，自會增添無限風采；在打魚砍柴的行當中，走出一位身著華服的官員，那麼就顯得不太協調，十分俗氣。由此可知濃豔不如清淡，市俗不如高雅。

■ 活學活用：

　　濃不勝淡，俗不如雅

　　萬綠叢中一點紅，只會更加體現紅的耀眼、紅的與眾不同；而鶴立雞群，只會使人覺得格格不入，很不協調。

　　古代將官吏與隱士分為兩大流派：官吏屬於濁流，隱士屬於清流。在他們看來，走入仕途便意味著墮落，而隱入山林才屬於高雅。

　　然而，官場也有「清流」，他們不畏權貴，無視強權，為一方百姓謀福利，致自己的生死於度外；樵夫漁夫中也有粗劣之人，而不能一概而論。但濃不勝淡，俗不如雅，卻是一個很高明的見解。

266 修煉身性，何必避世

■ 原文

出世之道，即在涉世中，不必絕人以逃世；了心之功，即在盡心內，不必絕欲以灰心。

■ 譯文

遠離塵世的辦法，就是要在平常的為人處世中加強自身修養，不必離群索居，與世隔絕；內心要達到清靜無慾，就要對任何事情全力以赴，不必斷絕慾望心如死灰。

■ 活學活用：

修煉身性，何必避世

擺脫世俗人情的束縛，並不是讓你斷絕與人來往，隱居起來就行。相反的是，取決於你在世俗生活中所持的生活態度。領悟心性的功夫，不是要杜絕所有的人生慾望，心如死灰，相反的是盡心竭力地修心養性，以保全人的純真本性。

由此可以看出，所謂超俗與入俗是相對而論的，任何一個人都不可能超脫到不食人間煙火，因此，超俗並不是指人的身體，而是其精神。假如俗心不減，就算你遠離塵世，不吃不喝又有什麼用？所以，入世才能出世，盡心才能了心，心中有佛，佛才有，這也就是注重追求事物的本質，而不是外在形式。

267 置身閒處，心在靜中

■ 原文

此身常放在閒處，榮辱得失誰能差遣我？此心常安在靜中，是非利害誰能瞞昧我？

■ 譯文

只要使自己處在安逸清閒的狀態，世間的榮辱得失，又怎麼能差遣我？只要常把身心放在安寧之中，世間的功名利祿與是非又怎麼能欺騙我？

■ 活學活用：

置身閒處，心在靜中

俗話說：「世事忙忙似水流，休將名利掛心頭，粗茶淡飯隨緣過，富貴榮華莫強求。」一個人如果能做到這樣，就可以說是六根清靜、無慾無求了，那還有什麼能使他動心的呢？一個人若讓自己經常處在從容安逸的心態中，世間的榮辱得失就不能左右他；一個人若讓自己的心靈總處在冷靜中，世間的是非利害就不能欺騙他。

但世上多庸人，大多數人都無法做到，所以慧律法師勸誡世人說：「榮辱紛紛在眼前，不如安分且隨緣，身貧少慮為清福，名重山丘長業冤，淡飯猶堪充一飽，錦衣哪得幾千年，世間最大唯生死，白玉黃金盡枉然。」

貪圖功名富貴，終將為功名所累；置身是非利害之中，終將深不可撥。因此，世人應該警醒，生命才是最可貴的，在生命面前：白玉無光，黃金失色。

268 雲中世界，靜裡乾坤

■ 原文

竹籬下，忽聞犬吠雞鳴，恍似雲中世界；芸窗中，雅聽蟬吟鴉噪，方知靜裡乾坤。

■ 譯文

站在竹籬下領悟著山村野景，忽然聽到幾聲雞鳴狗吠，置身其間，恍若雲中仙境；坐在書房裡專心讀書，忽然聽到一聲蟬鳴鴉啼，才發覺四周竟是這麼寂靜。

■ 活學活用：

雲中世界，靜裡乾坤

竹籬茅舍，雞鳴狗吠；閒齋書舍，蟬吟鴉噪，這情景體現了人大徹大悟後的淡泊樸素，卻又情意高雅。此情此景是古代文人雅士、騷客們追求和嚮往的生活方式，猶如東晉詩人陶潛所描述的田園境界。

只有領悟人生的人，才能如此逍遙自在，從蟬鳴鴉噪聲中領悟到寧靜的玄機，從雞鳴犬吠中享受到真正的快樂。

然而，當今社會很難再出現這樣的情景。因為生命之舟承載了太多的希望與責任，消極地遁入深山老林，那是一種懦弱。當然，在進取奮鬥的人生旅途，恰當地為自己減壓，不把名利看成生命的全部是尤為重要的。

269 不希榮達，不畏權勢

■ 原文

我不希榮，何憂乎利祿之香餌？我不競進，何畏乎仕宦之危機？

■ 譯文

我不貪圖榮華富貴，又何必擔心世間利祿之引誘；我不貪圖升官，又何必害怕官場上的險惡呢？

■ 活學活用：

不希榮達，不畏權勢

一個人如果不貪圖權勢，渴望富貴，他會無視利祿的引誘，也不會因官場的險惡而膽顫心驚。對一個視名利如煙雲的人來說，官場的互相排擠、宦海的升降沉浮，與自己毫不相干，也就能表現出「不以物喜，不以己悲」的胸懷。

《離騷》的出世，代表的是屈原鬱悶不得志，有心報國，卻遭奸人排斥的苦悶心境。投江以死求解脫，是其太在意功名利祿的結果。東晉陶淵明仕途不得志，夢想破滅，他並沒有走上絕路，而是隱居山林，留下「採菊東籬下，悠然見南山」的千古絕唱。一個以死明志，死得淒涼；一個看破功名寄身山林，似閒雲野鶴，享受無慾無求的生活，享頤天年。因此，只有「跳出三界外，不在五行中」，才能真正享受到人生的快樂。

270 山林詩畫，借境養心

■ 原文

徜徉於山林泉石之間，而塵心漸息；夷猶於詩書圖畫之內，而俗氣潛消。故君子雖不玩物喪志，亦常借境調心。

■ 譯文

經常漫步在山林泉石之間，心中的世俗之念會漸漸消失；陶醉在描圖作畫和吟詩讀書之中，那麼身上的世俗之氣會不知不覺化去。所以君子儘管不能夠沉溺於遊山玩水或字畫珍奇之中，但只要不玩物喪志，也可以經常找個機會接近自然以陶冶身心。

■ 活學活用：

山林詩畫，借境養心

生命之舟載不動太多的物慾，當你頗感身心疲憊的時候，不妨先停下手頭的工作，翻開一本閒書，端一杯清茶，讓心平靜下來，全身心的去體會生命的真正樂趣。

美國政治家富蘭克林曾經說過：「讀書使人充實，思索使人深沉，交談使人開朗。」可見讀書的好處很多。一個人要是能離開名利場、是非圈，徜徉於山林泉石之間，揮毫潑墨賦詩作畫，也能怡情養性，陶冶身心。感悟大自然的玄機，體味其神韻，能擺脫人間的許多俗氣。因此，世人應多多修養性情，培養自己的氣質和風度，但切不可因迷戀美景，而玩物喪志，要時時小心提防。

271 春之繁華，不如秋爽

■ 原文

春日氣象繁華，令人心神駘蕩，不若秋日雲白風清，蘭芳桂馥，水天一色，上下空明，使人神骨俱清也。

■ 譯文

春天裡萬象更新，繁花似錦，令人心曠神怡。但是不如秋天裡天高雲淡，清風拂面，蘭桂飄香，水天一色，景色空曠明媚，使人精神清爽，輕快異常。

■ 活學活用：

春之繁華，不如秋爽

大自然的春天，百花齊放，百鳥爭鳴，蓬勃朝氣，生機勃勃，正是播種的好時機。然而時光再好，如果不及時播種，到秋天收穫的季節裡只會是顆粒無收。

人的一生跟自然一樣有著四季，然而自然的四季有輪迴，人的一生卻無法重頭來過，因此，更應珍惜美好的時光。風華正茂的時候是人生的春天，也是為事業打基礎的季節，只因有了春天的努力耕耘，秋天才會變得特別美麗。

對於人來說，年輕就是資本，年輕也許意味著某些不成熟，但是不經過年輕時的鍛鍊，哪有中老年時穩健的風采。所以，凡事從現在做起，不要抱著今天姑且讓它過去，明天幸福的日子就會來臨的想法。今天不好好把握，明天是絕不會有幸福來臨的。因此，只有腳踏實地、勤勉不懈才能有秋天的豐收。

272 高深智慧，源於生活

■ 原文

一字不識而有詩意者，得詩家真趣；一偈不參而有禪味者，悟禪教玄機。

■ 譯文

一字不識，而說話卻充滿詩意，這種人才算得到了詩人真趣；一個從不參禪的人，話語卻充滿禪機，這種人才算悟得了禪宗玄妙佛理。

■ 活學活用：

高深智慧，源於生活

天然生成的美玉最美，不加雕飾的語言才最貼近生活，這也便是俗到極致便成雅。從不參禪的人，說話卻充滿深奧微妙的義理，這是真正悟得禪理的人。然而禪理是不能透過言語理倫而悟得的，只有透過細心觀察生活才能悟得。

有一個不信佛教的外道人向釋尊問：「不問不言，不問無言」，釋尊聽後，許久不說話。外道人以稱讚的口氣對釋尊說：「釋尊大慈大悲地教導我，解開我心中的迷團，使我有所悟。」一直陪伴在釋尊旁的無量莫名地問釋尊：「剛離去的外道人說有所悟，到底悟到什麼道理，使他覺得茅塞頓開，高興地離去呢？」釋尊沒有正面回答，而是說：「一匹良馬不需要主人去鞭打，只要看到鞭子的影子，就知道自己該往何處走。這個外道人不就像可以見鞭而行的馬嗎？」

很多時候，不需要用言語去教別人怎麼做，因為很多事情是無法用言語表達出來的，只有靠其自己用心去思索，才能獲得答案。

273 像由心生，像隨心滅

■ 原文

機動的，弓影疑為蛇蠍，寢石視為伏虎，此中渾是殺機；念息的，石虎可作海鷗，蛙聲可當鼓吹，觸處俱見真機。

■ 譯文

一個好挖空心思算計別人的人，能把杯中的弓影誤會成蛇蠍，能把靜臥的石頭當成猛虎，這樣的人，奸詐陰險、內心充滿殺氣；清心寡慾的人，可以同海鷗嬉戲玩樂，把聒噪的蛙聲當作悅耳動聽的樂曲，這樣的人，所到之處，一舉一動都是一片祥和之氣。

■ 活學活用：

像由心生，像隨心滅

一個好用心機的人，能把酒杯中的弓影看成是長蛇，能把草叢中的石頭誤會成臥虎，這種人往往陰險、狠毒。有個「杯弓蛇影」的故事，諷刺的就是那些心虛、疑慮不解而自相驚擾的人。

有一個人走在黑暗的小路上，突然覺得衣服被人給抓住了，這個人就以為有鬼，拔腳就跑，第二天忍不住又跑去看了看，才發現原是被帶刺的藤條勾住了衣服。

動用心機的人好疑神疑鬼，做了虧心事的人更是夜不能寐。一代梟雄曹操為人多疑，為了防止夜間有人對他進行偷襲，他假稱有夜遊症而將侍寢的兩個侍衛殺害，以警告別人勿靠近其身。動用心機的人到頭來只會自招其辱，相反胸懷坦蕩的人，眼中的一切都會認為是美好的，因而其人生就會快樂無比。

274 無慾無求，來去自如

■ 原文

身如不繫之舟，一任流行坎止；心似既灰之木，何妨刀割香塗？

■ 譯文

身體猶如江河中的一葉扁舟，自由自在地隨波逐流；心靈就像大火燒過的樹木，聽憑刀割香塗，榮辱毀譽都不在乎。

■ 活學活用：

無慾無求，來去自如

人生在世，身當如不繫之舟，流行坎止，一任自便；心當如既灰之木，刀割不覺其痛，香塗不覺其喜，無苦無樂。

逍遙自在的生活是每個人都嚮往的，但真正要做到逍遙自在，心無牽掛卻很難。首先，社會中的人受到種種約束，周圍的環境是不自由的，即便周圍的環境是自由的，內心也同樣充滿各種煩惱：經濟的拮据、工作的調遷等。所以生活中的自由是有限的，也是相對而言的，是有條件的自由，這份自由和慾望的減少、名利的淡泊成反比。慾望越重，名利越沉，生命之舟越會顯得岌岌可危。心胸豁達，淡泊功名利祿，就算是做不到心靜如水，也能給自己增添一份灑脫，給人生增添一份真趣。

275 憂喜取捨，皆出形氣

■ 原文

人情聽鶯啼則喜，聞蛙鳴則厭，見花則思培之，遇草則欲去之，俱是以形氣用事。若以性天視之，何者非自鳴其天機，非自暢其生意也？

■ 譯文

人之常情，都是聽見鶯聲就喜歡，聽到蛙鳴就討厭，見到鮮花願為其培一把土，遇野草則想著將其拔去，這些都是只看重外表，以自己感官為標準意氣用事的表現。如果從萬物之本性來看，有哪一種啼鳴不是大自然賦予其的天賦，又有哪一樣生物不是為了自身的繁茂而生長？

■ 活學活用：

憂喜取捨，皆出形氣

自然界的萬物都是按自己的法則顯現其旺盛生機的，無論是美妙婉麗的鶯歌燕舞，還是嘰喳的蟬鳴和呱呱的蛙叫，都只不過是大自然生命力的一種體現。

然而，世人卻總是以自己的心情來感受客觀事物，聽到黃鶯婉轉就高興，聽到烏鴉啼叫就惱怒，聽到蟬鳴蛙叫就討厭，看到鮮花就想栽培，見到雜草就想拔除。其實，只要以客觀實在的心情面對大自然的萬物，就會發現「鶯歌燕舞」顯示著大自然的生機蓬勃，「蟬鳴蛙噪」同樣是大自然本身的顯露。大自然的美醜其實是人們主觀強加的。

276 夢幻空華，生命本象

■ 原文

髮落齒疏，任幻形之凋謝；鳥吟花開，識自性之真如。

■ 譯文

頭髮脫落、牙齒漸稀，人的軀體總要衰敗消亡，大可任其自然退化而不必悲傷；從小鳥的歌唱和鮮花的盛開，來體會永恆不變的本性，才是最豁達的人生觀。

■ 活學活用：

夢幻空華，生命本象

髮落齒疏，笑看人生之衰老；鳥語花香，洞察生命永恆之真諦。花開花落，人生人死，這是自然界中新陳代謝的普通規律，誰也逃不掉，誰也跑不了。古時秦始皇渴望長生不老的丹藥，耗費巨大的人力、物力，也只能在路途中猝然死去，留下千古笑柄。

認識到生死是一種自然規律之後，就不會再哀嘆容顏老去，不會再顧影自憐，而是將有限的生命投入到無限的為人類做貢獻中去，崇尚精神追求而不是物質享受，那樣的一生即使人已離去就像孔子，其名也能流芳千古。

277 欲生邪念，虛生正念

■ 原文

欲其中者，波沸寒潭，山林不見其寂；虛其中者，涼生酷暑，朝市不知其喧。

■ 譯文

一個內心充滿慾望的人，能使平靜的水潭蕩起洶湧波濤，即便身在深山老林也難以平靜；一個內心沒有雜念的人，即使在盛夏也會感到涼爽，即使身在鬧市也不覺得喧囂。

■ 活學活用：

欲生邪念，虛生正念

人生在世，精神力量的作用不可估量，有句話說得好：「有啥也別有病，沒啥也別沒精神。」可見精神的重要性。

精神充實的人視各種困難如家常便飯，唐朝的鑒真和尚為了東渡日本講學，數次失敗，雙目失明仍心志不改；蘇武牧羊數載，終得以歸漢。唐朝的玄奘和尚為了印證佛學理論，遠涉千山萬水、戈壁沙漠，數次出生入死，西去印度求法，憑的就是心中神聖的信念。

近現代史上，多少仁人志士，為了追求救國救民的真理，拋頭顱，灑熱血，不屈不撓，靠的就是堅定的信念。

大凡精神上富有的人，他能把握自己的內心，無論身處何地，均不會受到外界的影響。

278 富者多憂，貴者多險

■ 原文

多藏者厚亡，故知富不如貧之無慮；高步者疾顛，故知貴不如賤之常安。

■ 譯文

聚斂財富過多而不願救濟別人的人，必然會引起眾怒而招致禍患，可見富有不如貧窮那樣無憂無慮；一個地位很高的人，整天患得患失擔心丟官，所以地位高的人不像平民百姓那樣平安自在。

■ 活學活用：

富者多憂，貴者多險

富者多憂，貧者無慮；廟官多險，百姓常安。俗話說：「富憂愁，貧快樂。」講的就是富人老擔心自己的財產會被別人奪去而整天心神不寧，貧者往往能因為 無所有而快意於粗茶淡飯之中，享受到真正的快樂。

「貴人處富如貧，窮人處貧如富。」造成貧富、貴賤之間的強烈反差的是一個「錢」字。有錢有勢的人，既要保護自己的財產，又要保住自己的官位，怎能不整日戰戰兢兢呢？平民百姓貧窮但量入為出，反能貧中有餘，知足常樂，過著無官一身輕的生活。

279 以《易》為伴，談經竹下

■ 原文

讀《易》曉窗，丹砂研松間之露；談經午案，寶磬宣竹下之風。

■ 譯文

清晨靜坐窗前攻讀《易經》，用松樹上的露水和著丹砂來圈點批註；中午時分圍著案几談論《佛經》，清脆的木魚之聲隨風飄到竹林。

■ 活學活用：

以《易》為伴，談經竹下

天剛拂曉，一人靜坐窗前，細讀《易經》，這是怎樣一種超凡脫俗的境界。更讓人拍案叫絕的是他所用的筆墨也是與眾不同，那是採集松樹滴下的露水加上硃砂調製而成，這真是羨煞了多少讀書人。

沒想到的是，中午的時候，又開始輕輕地敲打木魚，誦讀著《佛經》，木魚聲聲隨風飄散，好一幅飄飄欲仙的神態。哎！真是此景只應天上有，人間難得幾回見。這與世人熙熙攘攘追求名利、時時刻刻忙於算計，最終使自己身疲力竭、百憂煩心的境況相比。難道不是地獄、天堂之別嗎？

280 顯露真我，賞心悅目

■ 原文

花居盆內終乏生機，鳥落籠中便減天趣，不若山間花鳥，錯集成文，翱翔自若，自是悠然會心。

■ 譯文

花被栽植在盆裡就顯得缺乏生命力，鳥被關進籠中就會減少活潑可愛的天然情趣，都不如山間的野花野鳥那樣顯得豔麗自在，它們自由生存於大自然中，看起來比人工修飾顯得賞心悅目。

■ 活學活用：

顯露真我，賞心悅目

溫室裡的樹木，永遠長不成參天大樹；溫室裡的花朵，即使開得再嬌豔，也經不起風吹雨打；籠中的鳥兒叫得再歡，卻也只能撲騰著翅膀無法展翅飛翔，因為它們失去了賴以生存的自然環境。所以，我們對萬物都要順其天性，讓其自然成長，千萬不能改變其自然狀態下的生存環境，否則你帶給它的是災難。

在對待孩子的教育上，不可逆孩子的個性，按父母的意志來塑造，這樣做與其說是愛孩子，還不如說是在葬送孩子的前途，最正確的做法是：順勢引導，才能有美好的明天。

281 「身」是苦本，「我」為罪孽

■ 原文

世人只緣認得我字太真，故多種種嗜好、種種煩惱。前人云：「不復知有我，安知物為貴？」又云：「知身不是我，煩惱更何浸？」真破的之言也。

■ 譯文

只因世人把「自我」看得太重，因此才有了各種嗜好和煩惱。古人說：「壓根就不知道世上還有我的存在，又如何能知道物的可貴呢？」又說：「我的身體尚且非我所有，那世間還有什麼煩惱能困擾我呢？」這些話真是太對了。

■ 活學活用：

「身」是苦本，「我」為罪孽

世上的人將「我」字看得太重，因此有了種種慾望和煩惱。如果能夠明白連身體也在幻化中，一切都不是我所能掌握、所能擁有，那也就沒什麼煩惱能侵害自我了。

佛語有云：「未曾生我誰是我，生我之時我是誰？長大成人方是我，闔眼朦朧又是誰？」「我」既不存在，又有誰在受苦呢？因此，佛家開導我們對於財富是：「生不會帶來，死不會帶去，一切隨緣，能得自在，放下即得解脫。」

人只有不過度看重自我，才不會為私心所累。

282 一日三省，其身也正

■ 原文

自老視少，可以消奔馳角逐之心；自瘁視榮，可以絕紛華靡麗之念。

■ 譯文

以老人的目光來審視少年的抱負，可以打消爭強好勝、不停奔忙的心思；從沒落世家回頭看榮華富貴，就可以斷絕追求奢華生活的念頭。

■ 活學活用：

一日三省，其身也正

從老年的成熟看年輕的浮躁，從今天的衰敗看過去的繁榮，用換位思考法，你就能明白一些道理。

有人躊躇滿志於自己的商業計畫，不辭勞苦，東拼西湊，好不容易籌措到第一筆起動資金，腦海想像著這個偉大計畫執行後的美好明天，不僅暗自得意，於是不再仔細考察和規避市場中的風險。最終，當計畫全部擱淺而又身陷其中的時候，才仰天嘆息，後悔當初沒有聽投資家的建議。

同樣的事情，年輕人和老年人的想法是有很大區別的，有人曾對年輕人和老年人對時間的感受做了總結：「年輕人的一天好短，一年好長；老年人的一天好長，一年好短。」其實，老年人也曾年輕過，可以說他是用一生的時間悟得了生命的真諦，可又悔於人生不能重新再來，於是只好把經驗留給年輕人，但擁有時間的年輕人又不會相信老人的經驗，只好重蹈覆轍。其實，生命中，只要我們能換位思考，你就會明白，名利和聲色的虛幻了。

283 世態無極，萬事達觀

■ 原文

人情世態，倏忽萬端，不宜認得太真。堯夫云：「昔日所云我而今卻是伊，不知今日我又屬後來誰？」人常作如是觀，便可解卻胸中矣。

■ 譯文

人情世故，瞬息不變，所以對任何事都不要太認真。宋儒邵雍說：「昔日所說的我，而今卻變成了他，不知今天的我，以後又會變成誰。」一個人如果能常抱這種看法，就可以除去胸中的煩惱。

■ 活學活用：

世態無極，萬事達觀

人情冷暖，世態炎涼，凡事不可太當真，要有超然的態度。佛教禪宗六祖慧能說得好：「菩提本無樹，明鏡亦非台，本來無一物，何處惹塵埃。」如悟出：我不會是我，我是誰也沒人知道，這種禪機，世間的事就會變得很淡泊，心中也就不會有煩惱了。

滄桑變化轉眼事，世上千年如走馬，人生不過百年，何其短暫，又何必要去與人爭名奪利呢？佛家人就能以如此幽默的態度來對待世人：「有人罵老拙，老拙只說好。有人唾老拙，留它自乾了，有人打老拙，老拙自唾倒。他也省氣力，我也少煩惱。」

284 鬧中求靜，永不放棄

■ 原文

熱鬧中著一冷眼，便省許多苦心思；冷落處存一熱心，便得許多真趣味。

■ 譯文

在熱鬧的場面中能夠保持頭腦冷靜，就可減少很多不必要的憂慮；在貧困潦倒被人冷落之時，如能保持奮鬥精神，就可以領悟到人生最大的樂趣。

■ 活學活用：

鬧中求靜，永不放棄

當今社會有人利慾薰心，被功名矇住了雙眼。燈紅酒綠的生活很容易使一個人墮落，在這熙熙攘攘的煩囂中，如能冷靜觀察事物的變化，便可省去許多無謂的煩惱。如一時處於不順的境地，才華得不到施展，也不要鬱悶、焦慮、煩躁，而要保持積極進取的熱情，這樣就能在困境中獲得真正的快樂。

一個人的喜怒哀愁，全在於自己的心境。心如止水，即使是再大的喜事，也能面無喜色，再大的災難，也能泰然處之。洪應明曾立言：「冷眼觀人，冷耳聽語，冷情當感，冷心思理。」告誡世人凡事當冷靜思考，在冷靜處世之餘，還要永保內心的激情。

285 樂必有苦，好必有壞

■ 原文

有一樂境界，就有一不樂的相對待；有一好光景，就有一不好的相乘除。只是尋常家飯素位風光，才是個安樂的窩巢。

■ 譯文

有一個快樂的境界，必然就有一個憂愁密布的哀傷場面與之對應，有一個美好的光景，必然會有一段艱難困窘的苦日子與其抵消。可見有樂必有苦、有好必有壞，只有平平凡凡，吃家常便飯，才是最靠得住，最能抵禦人生風浪的安樂窩。

■ 活學活用：

樂必有苦，好必有壞

道家倡導「中」，實則是無為的翻版，與無為相對的即是有為，而人生在世，不外乎有為和無為這兩種方法。王棲雲說：「無為的人，奉行的是天道；有為的人，奉行的是人道。無為同天，有為同人。就像挑擔子，兩頭俱在就能保持平衡，一頭脫落了就偏了。若是兩頭都脫落了，擔子也就沒有了，卻回到本來之外。」

為人處世能把擔子通通卸下，連擔子也沒有了，這是何等的輕鬆自在？又是何等的瀟灑自如？用這樣的態度去對待萬事萬物，自然會通達樂觀，就是在生死的關鍵時刻，也沒有眉頭可皺了！

一個人能夠安天樂命，把守著自己的本分，則無處不逍遙自在；能夠以達觀的態度看世界，則無不瀟脫自樂。人能安分守己，通達樂觀，就會天清地寧，心境泰然。

286 萬物一體，物我兩忘

■ 原文

簾櫳高敞，看青山綠水吞吐雲煙，識乾坤自在；竹樹扶疏，任乳燕鳴鳩送迎時序，知物我之兩忘。

■ 譯文

把窗簾高高捲起，看遠山蒼翠，綠水蕩漾，白雲繚繞，煙霧連蒙，這時才意識到大自然是多麼安閒而神奇。窗前花木茂盛，翠竹搖曳，一任雛燕翻飛，斑鳩鳴叫，送走冬天，迎來新春，此時才感覺到忘記了周圍的一切，也忘掉了自我，進人一種物我兩忘的世界。

■ 活學活用：

萬物一體，物我兩忘

軒窗高敞，遙看雲煙在青山綠水間繚繞，懂得大自然本身是多麼自在。竹樹獨疏，春去秋來任由乳燕鳴鳩相迎送，可知何為物我兩忘之意境。

大自然是一個和諧的世界，只要你去認真領悟，就會發現許多令人神往的境界：寧靜與安詳，悠閒與自在，生機與和平等等。生活在現代都市中的人，患城市症候群的人越來越多。因為他們遠離了自然，他們看到的不是青山綠水，而是高樓大廈。聽到的不是鳥語啾喁而是車船轟鳴，即使「清明踏青」「重陽登高」看到的也只是人工的自然，又怎能和真正的大自然相比呢？他們心中隱藏的是奪取功名利祿的心計，而不是恬淡與世無爭的胸懷，因此，人類越發顯得孤獨和冷漠。

所以勸誡大家在工作之餘，要常常回歸到自然中去，以使人心靈純淨、思想昇華。

287 生死成敗，任其自然

■ 原文

知成之必敗，則求成之心不必太堅；知生之必死，則保生之道不必過勞。

■ 譯文

明白世間的事情有成功，就必然有失敗的道理，那麼追求成功的慾望就不必過度強烈；明白世間萬物有生必有死，那麼就不必挖空心思去鑽研養生之道。

■ 活學活用：

生死成敗，任其自然

「生死有命，富貴在天」，有成功就有失敗。領悟了這一點，追求成功的慾望就不會太過強烈；無論多長壽，總難逃一死，知道了這個規律，也就不會為追求長壽而苦心鑽研養生之道了。

勝敗乃兵家常事，也是生活中的常事，俗話說：「智者千慮必有一失」，何況是庸庸大眾。人生苦短，何須計較太多，成敗得失不必放在心頭，今朝對月高歌，明朝海闊天空，不如平平安安過一生。

「人生自古誰無死」，多少風流人物今又安在？不老仙丹是沒有的，與其千方百計苟延殘喘，還不如痛痛快快、開開心心地過好每一天。

288 六根清淨，心無雜念

■ 原文

古德云：「竹影掃階塵不動，月輪穿沼水無痕。」吾儒云：「水流任急境常靜，花落雖頻意自閒。」人常持此意，以應事接物，身心何等自在！

■ 譯文

古時一位有德行的人說：「竹影掠過台階，雖似掃階而塵土卻不為所動；月光越過池沼，雖似穿水，而水面卻平靜無痕。」我的老師邵雍說過：「流水再湍急，我的內心卻保持平靜；雖然落花紛紛，我卻無動於衷，意志安閒。」人如能常持這種心境處世接物，身心該是多麼歡暢自在。

■ 活學活用：

六根清淨，心無雜念

「跳出三界外，不在五行中」，那是一種灑脫，是悟了生活真諦的體現。佛家所說的六根清淨，說的是耳不聽惡，心不想惡，眼不觀惡，鼻不聞惡，舌不嘗惡，意不念惡，在五官意念裡不存任何印象。要想做到這一點就要袪除感官的誘惑，使六根清淨，四大皆空。

對現代人來說，要想清除心中的慾望，像登月一樣的艱難，因為這個社會一直在鼓勵消費，在鼓勵消費的同時也在鼓勵慾望，社會的進步在基本上來說是為人們提供實現慾望的條件。因此，在這個慾望膨脹的年代，加強意志的鍛鍊成為建立高尚精神境界的必要前提。

289 勘破乾坤，識見天地

■ 原文

　　林間松韻，石上泉聲，靜裡聽來識天地自然鳴佩；草際煙光，水心雲影，閒中觀去見乾坤最上文章。

■ 譯文

　　山風吹過鬆林，發出陣陣濤聲。飛瀑濺落，使岩石發出陣陣轟鳴。凝神靜聽，這些彷彿都是大自然的佩玉相互撞擊發出的美妙樂聲；煙靄籠罩草地，白雲倒映水中，在悠閒時細細觀看，這些都是大自然最賞心悅目的畫面。

■ 活學活用：

　　勘破乾坤，識見天地

　　林間松濤，山上泉聲，靜靜聽來，可以聽出這是天地間最為自然美妙的樂章。青草連天，水映白雲，用悠閒之心去看，能讀出世界上最好的文章。

　　大自然所蘊涵的真意並不是每個人都能悟出的，面對大自然的美景，不同的人有不同的感受。充滿生活情趣和文化素養高的人，泉水咚咚，松聲濤濤，在他聽來都是大自然奏出的最優美的樂章；水中的煙霧，天上的白雲，在他看來都是天然而成的最好最美的圖畫。而對於品行低下、粗俗無知的人，面對世間最優美的樂章，他聽到的只是聲音，面對世間最華麗的畫卷，他看到的只是物體和顏色，這樣的人怎麼能夠領悟到大自然的情趣呢？

290 猛獸易伏，人心難降

■ 原文

　　眼看西晉之荊榛，猶矜白刃；身屬北邙之狐兔，尚惜黃金。語云：「猛獸易伏，人心難降；谿壑易填，人心難滿。」信哉！

■ 譯文

　　西晉時期，眼見國破家亡，民不聊生，可是一些高官顯貴還在那裡炫耀武力；不久就要身死入土，屍體多半為狐鼠之食，還在那裡錙銖必較吝嗇錢財。俗話說：「猛獸容易制伏，人心卻難以降服，溝壑可以填滿而人心難以填滿。」這話一點不假！

■ 活學活用：

猛獸易伏，人心難降

　　貪慾者，眾惡之本。人一旦貪慾過度，就會方寸大亂，計算謀略一亂，慾望就更加多，貪慾多，心術就不正，就會被貪慾所困，離開事物本來之理行事，就導致把事做壞、做絕，大禍也就臨頭了。

　　《郁離子》一書中記錄了這樣一個故事：一隻老虎追趕一隻麋鹿，麋鹿為了生存狂奔不止，倉皇之際從懸崖上跳了下去，老虎趕到了也隨著牠跳了下去，結果都摔死了。麋鹿從懸崖上跳下去，是不得已而為之，因為前面是懸崖，後邊是猛虎，向前是死，後退也是死，向前衝去雖然必定會墜落，但萬一還有一線生的希望呢？也勝過坐以待斃，被老虎吃掉的好。反觀老虎，其進退完全可以由自己決定，可由於貪慾，最後也隨麋鹿一起摔死了。這則故事是諷刺那些貪婪之徒的。

291 心無雜念，開朗豁達

■ 原文

心地上無風濤，隨在皆青山綠水；性天中有化育，觸處見魚躍鳶飛。

■ 譯文

只要心湖中沒有風波浪濤，到處所見都是一片青山綠水的美景；只要天性溫和善良，仁慈博愛，那麼隨時都彷彿看見魚在騰躍，鳶鳥高飛，充滿無限生機。

■ 活學活用：

心無雜念，開朗豁達

心中寧靜無波，可覺隨處皆是青山綠樹，充滿和平安寧；天性善良博愛，能化育萬物，那滿目所見都是魚躍鳶飛，充滿生機。

如果心如死灰，看到繁花似錦也會感到毫無生氣；心靈之樹常青，看到光山禿嶺也會想像出它將來的綠色，因此生活的情趣主要來自人們的內心深處。

當你心情愉悅的時候，看到誰都會覺得和善可親，到處都是喜氣洋洋，當心情不佳時，看誰都討厭。之所以這樣，就是因為心中的雜念太多，心中常常失去平衡。要想讓自己總能心平氣和，就要控制慾望消滅苦惱，做到知足常樂，樂觀豁達，和諧地與周圍的人相處，這樣就可以處處看見青山綠水、花紅柳綠了。

292 寧求祥和，不爭名利

■ 原文

峨冠大帶之士，一旦睹輕蓑小笠飄飄然逸也，未必不動其咨嗟；長筵廣席之豪，一旦遇疏簾淨幾悠悠焉靜也，未必不增其綣戀。人奈何驅以火牛、誘以風馬，而不思自適其性哉？

■ 譯文

身著官服的人，一旦看到那些披著蓑衣，頭戴竹笠的人，顯得無所拘束、飄逸瀟灑，難免會發生由衷的感慨；終日周旋於交際應酬、奢侈飲宴的富豪，一旦看到那收拾得窗明几淨的小家庭院，是那麼清靜怡人，難免會產生一種留戀不捨的情懷。既然如此，人們為什麼要爭先恐後地追逐富貴，以至於百般利誘乃至兵戎相見，而不去追求那種恬然清淡，適合人之本性的生活呢？

■ 活學活用：

寧求祥和，不爭名利

達官顯貴的快樂來自於名利，但名利所得到的快樂求之甚苦，而又短暫易失，因此他們才會羨慕平民百姓悠閒自得、平安寧靜的生活。然而要讓他們遠離官場，過一種清淡、無爭的生活，他們卻又會叫苦連天，認為官場才是他們棲身的地方。同樣的道理，平民百姓也渴望有一天能山雞變鳳凰，過上豐衣足食的日子，然而，要是真有一天入得朝廷，卻又嘆息於廷野的勾心鬥角，而又懷念以前平淡的生活。

大凡形成反差和對比的東西最容易刺激人們追求的慾望，卻不知道形成反差和對比的雙方其實各有利弊。

293 處世忘世，可以樂天

■ 原文

魚得水游而相忘乎水，鳥乘風飛而不知有風，識此可以超物累，可以樂天機。

■ 譯文

魚只有借助水才能游來游去，但牠並不感到水對牠的至關重要；鳥只有借助風才能自由飛翔，但牠們在飛行時卻感覺不到風的存在；人如能看清此中道理，就可以超然物慾的誘惑之外，充分享受大自然的恩賜。

■ 活學活用：

處世忘世，可以樂天

水中的魚為什麼能優哉游哉？是因為牠置身水中卻忘卻了水對牠的重要性。空中的鳥兒為什麼能自由翱翔？那是因為牠置身風中忘了風的存在。人如果從此中悟出道理，也就明白了人間的道理。

名利、錢財都是身外之物，只能為民所用，而不能拘役我，心才是人的主宰。如果一生為名利所拖累，就等於做了它們的奴隸。如果心為主宰，就能萬物為我用，就可以海闊天空、無憂無慮了。

294 人生無常，盛衰不定

■ 原文

狐眠敗砌，兔走荒台，盡是當年歌舞之地；露冷黃花，煙迷衰草，悉屬舊時爭戰之場。盛衰何常？強弱安在？念此令人心灰！

■ 譯文

狐狸棲息的斷壁殘垣，野兔奔跑的廢亭荒台，都是當年歌舞之地；遍地菊黃在寒風中抖擻，枯草在煙靄中搖曳，那都是從前英雄爭霸的戰場。人世的興盛和衰落有什麼常理，無論強大還是弱小如今都已逝去。每當想到這些，不由得令人心灰意冷，扼腕嘆息！

■ 活學活用：

人生無常，盛衰不定

斷壁殘垣、廢亭荒台，皆是當年歌舞繁華之地，涼風中滿園黃花地，煙霧中衰草連天，如今這淒涼之地，皆是以往馬嘶人喊的戰場。俱往矣，人間換了天地。

滄海亦成桑田，世事變化莫測，大江東去，淘盡多少風流人物。曾經意氣風發，聲勢顯赫的人如今還不是一塚白骨，和平民百姓死後又有什麼區別呢？為什麼還有那麼多人熱衷強權，在乎成敗呢？

和怎麼樣，權傾朝野，富可敵國，最後的結局怎麼樣？抄家處死。霍去病呢？立下過汗馬功勞，那又怎樣，其後代最後落得個處斬，滅九族的下場。興衰成敗如此無常，為什麼還要苦心追逐呢？

295 寵辱不驚，去留無意

■ 原文

寵辱不驚，閒看庭前花開花落；去留無意，漫隨天外雲卷雲舒。

■ 譯文

無論受到寵愛還是羞辱都無動於衷，永遠用安靜的心情欣賞庭院中的花開花落；無論做官還是退隱都不在乎，學那天邊的閒雲時而聚攏，時而舒展，無拘無束。

■ 活學活用：

寵辱不驚，去留無意

人生在世，當從容自若，不為外物所牽絆，得寵時不驚喜，因為得寵也會有失去寵幸的時候。楊國忠的妹妹楊貴妃寵幸於唐玄宗，全家承受恩澤，權傾天下，勢蓋朝野，可在天寶十四年，安祿山在漁陽起兵反叛，玄宗逃到馬嵬驛時，敵不過眾怒，將楊貴妃賜死，楊門敗落。

真正的智者，上則盡力而為，下則逍遙自在，能進能退，能屈能伸，寵辱不驚，去留無意。如今的人要是也能練就這種功夫，也就不會陷身得失成敗之中而不能自拔了。

296 苦海無邊，回頭是岸

■ 原文

晴空朗月，何處不可翱翔？而飛蛾獨投夜燭；清泉綠果，何物不可飲啄？偏鴟鴞嗜腐鼠。噫！世之不為飛蛾鴟者，幾何人哉？

■ 譯文

晴空萬里，皓月當空，何處不可自由自在的飛翔，而飛蛾偏要撲向燈燭，自取滅亡；清澈泉水、翠綠瓜果，哪一樣不能享用？可是鴟鴞卻偏偏愛吃腐爛的老鼠。唉！世上的人能夠不當飛蛾和鴟鴞者，又有幾個呢？

■ 活學活用：

苦海無邊，回頭是岸

飛蛾撲火是自取滅亡，鴟鴞食鼠是自食其臭。我們身邊有多少人又何嘗不是如此，他們常常自討無趣、自討苦吃。

「明知山有虎，偏向虎山行」者常有，有些事情明知不能做，卻偏要去試一試，利用權力貪汙腐化，利用暴力搶劫行凶，結果落得個身陷囹圄的下場，這是何等的可悲？此外，還有另外一類人，死腦筋，遇事不思變通，一意孤行，往死胡同裡鑽，結果是作繭自縛，自擋去路。

前車之覆，後車之鑒，飛蛾撲火自取死亡的故事流傳了多少年，鴟自食其臭的行為影響了多少人，可是從中吸取教訓的又有幾人呢？這完全是因為慾望太重、私心太濃的緣故。及時回頭吧，從慾望的苦海裡逃脫出來，那樣才能找到生活的真正樂趣。

297 求心內佛，了心外法

■ 原文

才就筏便思舍筏，方是無事道人；若騎驢又復覓驢，終為不了禪師。

■ 譯文

剛乘上木筏，便想著到達彼岸後捨棄木筏，這樣的人才不會為外物所累；假如騎著驢還在找驢，那就證明欲心未絕，還是個尚未脫俗的和尚。

■ 活學活用：

求心內佛，了心外法

為人處世，做事的方法只是工具，最終的結果才是目的。就像過河木筏只是你藉以過河的工具，過去了不要也罷，因為你已經達到了過河的目的。如果到了目的地，你還在想方設法處理這木筏或是像騎著驢找驢的人一樣，只能說明你心中的慾望太重。

《傳燈錄》說：「如不了解心即是佛，那真是騎驢又尋驢。」什麼是心？達摩祖師說：「心心心難可尋，寬時遍法界，窄也不容針，我本求心不求佛，了知三界空無物。若欲求佛但求心，只這心不是佛，我本求心心自待，求心不得待心知，佛性不從心外得，心生便是罪生時。」所以為人要求心內佛，了卻心外法。

298 冷情當事，冷靜思考

■ 原文

權貴龍驤，英雄虎戰，以冷眼觀之，如蟻聚羶，如蠅競血；是非蜂起，得失蝟興，以冷情當之，如冶化金，如湯消雪。

■ 譯文

達官顯貴雄踞高位，如巨龍騰飛，煞是威風。英雄豪傑披堅執銳，殊死相鬥，殺得天昏地暗。這種情形如果冷眼旁觀，就如同螞蟻被羶腥味引誘在一起，如同蒼蠅為爭食血腥聚集在一起，都是令人感到噁心的局面；是非成敗宛如蜂群飛舞一般紛亂，利害得失宛如刺蝟針頭一樣密集，這種種情景如果冷靜思考，就如同熔爐化鐵、開水澆雪一樣，自然融化。

■ 活學活用：

冷情當事，冷靜思考

歷史上，金戈鐵馬造就了多少英雄豪傑，可如今看來，也不過是白骨纍纍，荒塚堆堆。昔日防範森嚴的皇家園林，今日遊人卻能閒庭信步。

想想昔日的英雄豪傑，再看看如今的你爭我奪、趨炎附勢，除了給後人留下「都付笑談中」的笑柄之外，還有什麼實際的意義呢？冷靜地思考一下人生的結局，有些事情就不會太放在心上了。

299 徹見真性，自達聖境

■ 原文

羈鎖於物慾，覺吾生之可哀；夷猶於性真，覺吾生之可樂。知其可哀，則塵情立破；知其可樂，則聖境自臻。

■ 譯文

人的身心如果被世俗貪慾所束縛，就會覺得生命很悲哀；人如果能悠閒自得地陶冶性情，便會覺得人生有了很多樂趣。意識到追求物慾的悲哀，庸俗的欲念就會立即消失；能夠體會到人生的快樂，則聖潔的境界自然到來。

■ 活學活用：

徹見真性，自達聖境

人類最大的悲哀莫過於是身陷物慾之中，不能自拔。「人之初，性本善」的傳統思想已在「人不為己，天誅地滅」自私自利的侵蝕中早已遁形。功名占據了頭腦，利益矇住了雙眼，身體裡流淌著的是貪婪的血液，人的純真本性早已體無完膚。人就像牛馬一樣的活著，整日奔波勞碌的目的只是為了獲取賴以生存的「一把草」，為了「草」而活著，這是多大的悲哀。

有個富翁在河邊釣魚的時候，看見一個年輕人也在垂釣。富翁說：「小夥子，你怎麼不去努力工作？」小夥子沒有正面回答，而是反問道：「人為什麼要那麼拚命地工作。」「因為工作能給你帶來財富然後可以去渡假、釣魚、享受生活。」富翁自豪地說。「你看我現在在做什麼？享受生活。」年輕人慢條斯理地說。是啊！拋開物慾，才能享受到生活的真正樂趣，才能進入到超凡脫俗的至高境界。

300 心無物慾，眼前空明

■ 原文

胸中既無半點物慾，已如雪消爐焰冰消日，眼前自有一段空明，時見月在青天影在波。

■ 譯文

一個人內心純樸，世俗的物慾就像火爐熔雪、陽光化冰一般快速清除；一個人如能把眼光放長遠一些，那清朗景象宛如皓月當空、月影倒映水中，令人氣爽神清。

■ 活學活用：

心無物慾，眼前空明

據說佛有五眼，即肉眼、天眼、法眼、佛眼和慧眼。相比之下，人只有一雙肉眼，因而看到的全是物質利益，所以心中的煩惱自然會很多。如能減少慾望，淡泊名利，在喧鬧的市井中獨自沉默，在橫流的物慾中潔身自好，拋卻諸般紛擾，胸中便慾火自滅，堅冰自溶，便能活得自在、清閒。

文豪蘇東坡有一次去寺廟拜佛，和方丈一塊靜坐念功。功畢，蘇東坡問方丈：「大師，你覺得我打坐時像什麼？」方丈想也沒想說：「像一尊佛」。蘇東坡存心想取笑方丈一回：「大師，知道你打坐時像什麼嗎？」方丈漫不經心地說：「像什麼？」「一堆狗屎。」蘇東坡取笑著說。方丈聽後微微一笑，什麼也沒說。蘇東坡回來後把這事跟家裡人說了，家裡人聽後說：「你並沒有占便宜，方丈說你像佛，那是人家心中有佛，你說大師像狗屎，是因為你心中有狗屎，你心中有太多的塵俗。」蘇東坡聽了不禁啞然。

人只有真正的心無雜念，才能萬物皆空。

301 山野深處，詩興自湧

■ 原文

詩思在灞陵橋上，微吟就，林岫便已浩然；野興在鏡湖曲邊，獨往時，山川自相映發。

■ 譯文

在充滿別情和詩意的灞陵橋邊寫詩，但覺山林飄蕩著浩然之氣。在美麗清幽的鏡湖邊野遊，獨自前往，清澈的水面映著山巒，讓人流連忘返。

■ 活學活用：

山野深處，詩興自湧

唐朝的鄭綮說過，作詩的興致在灞陵橋上。誠然，閉門造車怎麼能做出好詩，只有深入生活，置身於大自然，才能激發靈感。詩人賀知章也說過，願把鏡湖作為他隱居之所。在那裡他離群索居，寄情山水，可謂是超凡脫俗。

「閉門閱佛書，開門接佳客，出門尋山水。」是人生的三件樂事。有生活情趣的人能與大自然進行神交而不會覺得離群索居的苦寂。在大自然的無限美景裡，心中的激情會得以激發，心靈也能得到陶冶，才思如潮奔湧。將身體交付給大自然，這種天人合一的快樂，又豈是富貴能相比？

302 見微知著，等待時機

■ 原文

伏久者飛必高，開先者謝獨早；知此，可以免蹭蹬之憂，可以消躁急之念。

■ 譯文

長久潛伏、養精蓄銳的大鳥，一旦飛起必定直衝雲霄；一棵早開的花木，敗落時凋謝得很快；明白了這個道理，就可以避免因命運坎坷而滿腹憂愁，可以消除急於求成的念頭。

■ 活學活用：

見微知著，等待時機

久伏之鳥，一飛必高；先開之花，凋謝獨早。懂得這一點，就不會為總是失意難以發跡而焦慮，也可消除掉總是急躁不安的心性。

傳說中有種鳥，三年不鳴，一鳴驚人，三年不飛，一飛沖天。因為這種鳥長期潛伏，因此早已養精蓄銳，只要一有機會，一出手，必定有不同的凡響。對人來說凡事都應等待最佳的時機，不要急功近利，而要修煉內涵，這樣才能在機會來臨時做到「不鳴則已，一鳴驚人」，「不飛則已，一飛沖天」。

同時，對自己要有足夠的信心，切不可心無鬥志，心灰意冷，俗話說：「小時了了，大未必佳。」這和先開的花必定先敗是一樣的道理，一個人開發太早，平庸得太快，要不怎麼會有「江郎才盡」「黔驢技窮」這樣的成語呢？倒是默默無聞的人，在歲月中不斷儲備實力，而終會大器晚成。

303 森羅萬象，如同泡影

■ 原文

樹木至歸根，而後知花萼枝葉之徒榮；人事至蓋棺，而後知子女玉帛之無益。

■ 譯文

樹木到了枯死的時候，才能明白那鮮豔的花朵、茂盛的枝葉不過是一時榮華；人到死後進入棺材的時候，才知道美女錢財的毫無用處。

■ 活學活用：

森羅萬象，如同泡影

人若對生命不能大徹大悟，生、老、病、死這四個生命關卡，又怎麼能夠看透？「親戚或餘悲，他人亦已歌，死去何所道，托體同山阿。」面對親人的離去，或許你還沉浸在無限的悲傷中，可與之毫無相關的人仍舊過著自己的生活，死了還有什麼好說的，不過是把軀體託付給山阿，回歸自然，尋得解脫罷了。

天有春夏秋冬，人有生老病死；草木有一時的花團錦簇，卻都不能常在，人一旦死去，生前的一切對他來說又有什麼意義呢？佛陀在年少時，曾隨父王出宮，遊於四野，見到人的勞累，牛被鞭打，鳥在奪食，還看到了羸弱的老人，他覺得生命的無常，因此立志出家求道，以解決生命的痛苦。

304 真空不空，在世出世

■ 原文

真空不空，執相非真，破相亦非真，問世尊如何發付？在世出世，徇欲是苦，絕欲亦是苦，聽吾儕善自修持！

■ 譯文

佛教所稱的真空其實並不空，世人所追求沉迷的物慾人情其實並不真，破除物象仍不能得到真理，請問佛祖是如何看待這個問題的。生活在世間，又想擺脫世俗的束縛，尋求物慾很痛苦，斷絕一切慾望也很痛苦，如何應付就只能憑自己的修行了。

■ 活學活用：

真空不空，在世出世

真正的「空」並不是虛空無物，迷戀、執著於千姿百態的世間萬物固然不對，但因此而否定一切，把大千世界看做一片死寂也不合理。雖然生活在世間，卻要超脫世俗，放縱物慾會帶來很大的傷害，而矯枉過正，斷絕一切情感慾望同樣有害，怎樣做才能恰到好處，佛祖也給不了你答案，只能靠各自的修養如何了。

佛法是十分活躍深含玄機的，說萬法本空，是要我們了解萬事本無永恆的特性，一切都將壞散，要我們不要對事物起執著之心，從而達到身心自在。「色即是空，空即是色。」就是說色和空不是相礙而是相同的，執著於色的人不明白「色即是空」，而執著於空的人不明白「空即是色」。就像放縱慾望是一種苦惱，放棄慾望也是一種苦惱一樣。對這一切，最好的辦法是一切隨興。

305 欲有尊卑，貪無二致

■ 原文

烈士讓千乘，貪夫爭一文，人品星淵也，而好名不殊好利；天子營國家，乞人號饔飧，分位霄壤也，而焦思何異焦聲？

■ 譯文

胸懷大志的人可以把千乘之國拱手讓人，而貪婪小人則為一文錢也要爭個你死我活，從人品上說，有天壤之別，但喜好禮讓的美名與喜好財利在本質上並無兩樣；天子管理國家，乞丐治街叫喊討飯，就其地位而言確有天壤之別。但當皇帝的苦心焦慮，當乞丐的嘶聲乞討，就其焦慮來講，兩者也沒有多少差別。

■ 活學活用：

欲有尊卑，貪無二致

壯烈之士可讓千乘之國，吝嗇小人強爭一文之錢，其人品可謂天壤之別，但喜好美名和追求錢財，就其競逐這一點上，兩者並沒有多少差別。

俗話說：「富人有富人的苦惱，窮人有窮人的悲哀。」每個人所處的地位不一樣，面臨的矛盾也會不一樣，富人苦惱的是如何更有錢，窮人苦惱的是如何擺脫貧窮。雖然他們愁苦內容不同，但愁苦的性質和程度是完全一樣的。

天子管理國家，乞丐沿街討飯，從地位上說二者有著天壤之別，但終日為國家苦苦思慮同乞丐的痛苦哀號沒有什麼不同。

因此，人性的高貴並不在於地位的高低，身分的象徵也不在於官位的有無。從本質上說，人與人之間是平等的，富貴貧賤皆指身外之物。

306 褒貶毀譽，一任世情

■ 原文

飽諳世味，一任覆雨翻雲，總慵開眼；會盡人情，隨教呼牛喚馬，只是點頭。

■ 譯文

飽經風霜，看夠了世態炎涼的人，任憑人世間的風雲變幻，反覆無常都懶得睜眼過問其中是非；見多識廣，對人情冷暖瞭如指掌的人，對於世間毀譽無動於衷，不論呼牛喚馬，只是若無其事地點頭。

■ 活學活用：

褒貶毀譽，一任世情

飽嘗世態炎涼之人，任憑世事的變化覆雨翻雲，連眼也懶得一睜；看透人情冷暖之人，任隨別人對其呼牛喚馬般的輕視，也只是微笑點頭。人生逢到這種境界，雖是飽受生活之苦，卻也算是「得道成仙」了。不再為世俗、物慾所累，這是一種怎樣的超脫！

蘇秦在未發跡之時，也是受到了親人的冷嘲熱諷，後取得功名被封為武安君時，父母特意派人清掃道路郊迎三十里，妻子對他側目而視、側耳而聽，哥嫂俯伏在地侍候他用飯，面對這前後反差太大的場面，蘇秦深有感慨地嘆息說：「同樣是一個人，富貴了親戚就敬畏我，貧賤時親戚卻怠慢，更何況是其他一般的人呢？」

一個人受過別人的寵愛，經歷過別人的怨恨，做過顯達的事情，也做過失意的事情，一切都經歷了，一切人情都感受到了，那還是有什麼可以讓他怵目驚心的呢？看透人情世故也就能做到無動於衷了。

307 不為心繫，凡事隨緣

■ 原文

今人專求無念而終不可無，只是前念不滯，後念不迎，但將現在的隨緣打發出去，自然漸漸入無。

■ 譯文

現在的人總想做到內心清靜沒有雜念，卻總也做不到，其實只要把已經過去的事忘記，對以後的事不要預先去考慮它，集中心思應付當前的事，能夠做到這一點，自然而然就會慢慢進入清靜境界。

■ 活學活用：

不為心繫，凡事隨緣

佛語說：「有即是無，無即是有」，人們一心想做到心中沒有雜念，按照佛語的釋義，雜念卻已經產生了。如何做到恰到好處，其實只要使以前的念頭不復存在，也不要去想以後的事情，用心做好現在的事情，雜念自然會慢慢消除。所以，每個人都應該保持「苟日新，日日新，又日新」的心態，以開朗的心情迎接每一天。

308 自然得真，造作減趣

■ 原文

意所偶會便成佳境，物出天然才見真機，若加一分調停布置，趣味便減矣。白氏云：「意隨無事適，風逐自然清。」有味哉！其言之也。

■ 譯文

無意之中如願以償，就是最佳境界；事物只有保持本來的自然狀態，才能體現大自然的玄妙神奇。假如加上一分人工的修飾，就大大減少了天然趣味。所以白居易說：「人清靜無為時意志自然很安閒，按照自然節奏吹起的風，才能感到清爽。」這真是值得玩味的至理名言。

■ 活學活用：

自然得真，造作減趣

「清水出芙蓉，天然去雕飾」，一個天真無邪的孩子一舉一動都惹人高興惹人愛，但一個「老天真」「老頑童」就讓人覺得可笑了。

微縮景觀中的山水做得再逼真，也只能是唯妙唯肖，山只是一堆石頭，水只是一汪死潭，沒有自然的生命。人也是同樣的道理，矯揉造作總給人以虛偽之感，只有平平淡淡才是真。品行修善極高的人，其實就是一個純真自然的人，所以說：人貴在自然，文貴在自然，萬物均貴在自然，因為自然才是最清純的，也是最有韻味的。

309 性天澄澈，不必談禪

■ 原文

性天澄澈，即饑食渴飲，無非康濟身心；心地沉迷，縱談禪演偈，總是播弄精魂。

■ 譯文

天性純真、大徹大悟的人，餓了就吃，渴了就喝，全都為保持自己的身心健康；心地沉迷於世俗名利的人，即便每天誦經談禪，也只能是空耗精神，於事無補。

■ 活學活用：

性天澄澈，不必談禪

俗話說：「真人不露相，露相非真人」「有學問的人不說，說的人沒有學問。」真正領悟禪機的人從不說禪，因為禪在悟而不在說。

生活中有很多事情，表面和事實往往相差甚遠，故弄玄虛，以不知者為多。就如談山水之樂的人，總以久處塵囂者居多，而真正了解山水之趣的人，早已身處其境而樂不思返了，又怎麼會再向世人談山水的樂趣呢？

世人經常掛在嘴邊的東西，只不過是一知半解的東西或者是故弄風雅，高談闊論也只是發洩一些多餘的精力去博別有用心之人的掌聲罷了。因此，做事如果只講形式而不注重實質就難見成效。務實才是成事的關鍵。

310 念淨境空，絕慮忘憂

■ 原文

人心有個真境，非絲非竹而身恬愉，不煙不茗而自清芬，須念淨境空，慮忘形釋，才得以游衍其中。

■ 譯文

人的內心都有一處充滿真情的境界，不需要美妙音樂就會自然感到舒適愉快，不需要烹茶煮茗，就能使滿室飄香。只要無慾無念、意境空靈，就會忘卻煩惱、超脫形骸，從而能夠自在地浮游於這種境界之中。

■ 沽學活用：

念淨境空，絕慮忘憂

絲竹之類的樂器雖然能演奏出優美的曲子，然聽過以後就會忘記。檀香、茗茶雖然可以散發出沁人肺腑的清香之氣，但聞過之後就沒有了。外在聲色的刺激短暫而且容易消逝，只有心中的音樂、心中的清香才能常駐，這就是所說的意境。

每個人的心中都擁有一個佛家所說的超越一切色相情識的真境。一個人要是達到了這種真境，即使沒有絲竹之樂而自有其恬適愉快，沒有好煙好茶而自有其清新芬芳。要想達到這一真境，就必須使自己的內心清淨，無慾無念，斷絕對名利和物慾的追求，忘卻自我，這時才能夠身臨其境，去領悟那令人賞心悅目的美景，悠悠的仙樂，清清的芬芳才能夠在你心中永遠迴蕩。

311 幻產生真，俗孕育雅

■ 原文

金自礦出，玉從石出，非幻無以求真；道得酒中，仙遇花裡，雖雅不能離俗。

■ 譯文

黃金是從礦山裡挖出的，美玉從璞石中剖出，可見不經過幻變就不能得到真悟；道理是從開懷暢飲中悟出來的，神仙也許能在煙花場中邂逅，可見即便是高雅之事也來自於世俗之事當中。

■ 活學活用：

幻產生真，俗孕育雅

黃金選自礦山，美玉出自頑石，偉大出自平凡，虛幻和真實總是伴生在一起，無虛幻也就沒有真實。高雅的荷花出自淤泥，可見即使是高雅之士也擺脫不了世俗之情。

一個人的本質非常重要，因為它決定了一個人發展的方向。一個清官處身於社會中能做到出淤泥而不染；一個心地善良之人即使落草為寇也能劫富濟貧這全是本質使然。氣質高雅之人即使出身寒門，只要條件一旦改變，他天生氣質就會表露無遺；天生粗俗的人，生活環境再好，也培養不出好的氣質，一旦遇到適合的環境，粗俗的舉止就會表現出來。

對一個人來說，第一是要本質好，因為「巧婦難為無米之炊」，再能幹的工匠如果找不到品質好的原料，做出來的就不會是好的物件；第二是要經歷磨練，因為玉不琢不成器，即使是天才也需要後天的培養。

312 何須分別，何須取捨

■ 原文

天地中萬物，人倫中萬情，世界中萬事，以俗眼觀紛紛各異，以道眼觀種種是常，何須分別？何須取捨？

■ 譯文

自然界的萬物，人與人之間的各種感情，世上的每件事情，如用世俗的眼光去觀察，皆各不相同，如用超越世俗的眼光去觀察，其本質是一樣的，因此無須對其加以分別和取捨。

■ 活學活用：

何須分別，何須取捨

世間萬物如果用世俗的眼光來看，那真是亂紛紛各不相同，但如果用看破一切的非凡眼光來觀察，萬事萬物都有一定的發展變化規律，而且其本質都一致。形形色色的人各不相同，但都逃不掉喜怒哀樂、生老病死的過程，因此何須分別和取捨呢？

禪宗二祖慧可，曾向達摩祖師訴說他內心的不安，請求佛祖幫他，讓心靜下來。達摩祖師答應了慧可的請求，但要求慧可把心找出來才肯替他安心，慧可怎麼找也找不到，因為慧可用凡眼找心，祖師用道眼找心。最後慧可悟到了真諦，連心都找不到，又哪裡來的心不安呢？有心才有煩惱，無心哪來煩惱。

313 布茅蔬淡，頤養天年

■ 原文

神酣布被窩中，得天地衝和之氣；味足藜羹飯後，悟人生淡泊之真。

■ 譯文

精神充實的人，睡在布被窩中亦可得天地衝和之氣；粗茶淡飯吃得香的人，才會意識到生活在淡泊寧靜之中的快樂。

■ 活學活用：

布茅蔬淡，頤養天年

一個人心中如果沒有欲念，便能從種種束縛下解放出來，體味人生真正的快樂。然而，許多人的自由被一些生命之外的東西所束縛，名利、金錢、地位……有人為了它們耗費掉自己寶貴的時間，甚至有人因為它們而失去了生命。

當生命的自由被塵世的金絲籠關門上鎖的時候，鮮活的生命頓然失去了靈性和光彩。在晦澀的日子裡，金色的生命不過是冰冷時間的無情堆積，空虛的心將無數次迎來沒有激情的生活，黎明的光輝也將失去意義。

因此，立身處世，當不為權勢利祿所羈，不為功名所累，做到曠達，在超越凡俗中提高自己的人生境界。輕鬆做人，從容處事，自己主宰自己。如此人生便達到了一個新的境界。

314 萬心悟性，俗即是僧

■ 原文

纏脫只在自心，心了則屠肆糟塵，居然淨土，不然縱一琴一鶴一花一賈，嗜好雖清魔障終在。語云：「能休，塵境為真境；未了，僧家是俗家。」信夫！

■ 譯文

一個人能否擺脫世俗利慾的纏繞，完全取決於自己的心性，內心清淨，即使生活在肉店酒坊也覺是潔淨之地。否則，即使成天撫琴弄鶴，養花種草，假如內心不能安靜，苦惱自然會困擾著你。所以佛家說：「能做到心中領悟，則世俗之地可變為佛家真境，不能領悟，即使是出家之人也還是俗人一個。」這誠然是一句至理名言。

■ 活學活用：

萬心悟性，俗即是僧

看世間一切，是煩惱之地還是一方淨土，關鍵在於自己的一念之間。只要能大徹大悟，就能使酒肆變成樂園，使屠鋪變成淨土。否則，就算你整天與琴鶴為伴，澆花種草，固然是高雅的愛好，如果執著於此，反而是修道上的障礙。

修道之人對一切事物應無所牽掛，若因澆花植木，而對花木產生了不捨之情，撫琴弄鶴而對此愛不釋手，那就背「道」而馳了。所以說，心中的真境在於自己領悟，而不是形式的裝模作樣或是鸚鵡學舌，生活中也是這樣，凡事如果只追求形式而忽略了本質，那是永遠都沒有實際效果的。

315 萬慮都捐，光風霽月

■ 原文

斗室中，萬慮都捐，說甚畫棟飛雲、珠簾捲雨；三杯後，一真自得，唯知素琴橫月、短笛吟風。

■ 譯文

身處狹小的居室，把一切憂愁煩惱全都拋到腦後，還管什麼雕梁畫棟、珠簾輕卷的豪華殿堂，全都不值一提；三杯老酒下肚後，便不由得真情流露，只知月光下輕拔琴弦、臨風吹笛，自有一番雅趣。

■ 活學活用：

萬慮都捐，光風霽月

身居斗室，拋卻種種欲念，哪稀罕那雕梁畫棟、珠簾輕卷的豪華住宅。數杯酒後，悟得人生真諦，只管素琴對月、短笛吟風，自得其樂。

一個人有博大的胸懷，高尚的情操，即使身居陋室，也能美名遠颺。諸葛孔明身居陋室，卻能讓劉備三顧茅廬。狹小的空間，簡陋的居室，全因主人的德業而蓬蓽生輝。因此有劉禹錫的《陋室銘》流傳至今。

心靈的空間變得遼闊，志向變得高遠，陋室何陋？相反，一個言行汙穢，品德低下的人，即使住在金殿銀屋中也會使金殿銀屋頓失光輝。

316 天性未枯，最易觸發

■ 原文

萬籟寂寥中，忽聞一鳥弄聲，便喚起許多幽趣；萬卉摧剝後，忽見一株擢秀，便觸動無限生機。可見天性未曾枯槁，機神最易觸發。

■ 譯文

當大自然歸於寂靜之時，忽然聽到一隻小鳥在叫，就會引起很多幽深的雅趣；當各種花草枯死凋謝一片蕭條之時，忽然看見一株花草屹立無恙，馬上會給荒涼的原野增添無限生機，令人精神振奮。可見萬物的本性並不會消滅，遇到外景的刺激，它隨時會煥發出生命的活力。

■ 活學活用：

天性未枯，最易觸發

萬籟俱寂中，忽聞一聲鳥鳴，便可喚起許多幽趣。萬物凋零後，忽見一枝獨秀的鮮花，便會觸動心中的無限生機。因此情趣往往來自於生活的契機，它不在遠處，而是近在眼前；它能讓人產生心靈感應，觸發幽趣。

宋朝大詩人陸游曾經作詩云：「山重水複疑無路，柳暗花明又一村。」絕處逢生的感覺更能讓你體會到生活的趣味。人生也是同樣的道理，沒有誰會永遠一帆風順，挫折和災難會不時的光顧，就像大自然時而有風時而有雨一樣，但要記住，風雨過後依然會是豔陽天。所以，在生活中碰到失意的時候，要有擺脫困境的信心，不要心灰意冷，只要你心中希望不滅，總會有成功的一天。

317 把柄在手，收放自如

■ 原文

白氏云：「不如放身心，冥然任天造。」晁氏云：「不如收身心，凝然歸寂定。」放者流為猖狂，收者入於枯寂。唯善操心者，把柄在手，收放自如。

■ 譯文

白居易說：「不如放任自己的身心，隨心所欲，一切聽天由命。」而宋代的晁補之卻說：「不如約束身心，使意念專注，達到寂然入定狀態。」其實，對身心不加約束很容易導致狂放不羈，而約束太緊又容易走向枯燥單調和古板冷漠。只有善於把持自己身心的人，才能牢牢掌握自己的思想和行動，做到寬嚴適度，使身心收放自如。

■ 活學活用：

把柄在手，收放自如

放任身心很容易使人變得狂放不羈，夜郎自大。約束身心，會使人做事畏手畏腳，枯槁死寂。因此，白居易和晁補之的主張都過於片面，不可取。

一個人只有做到能放能收，放收自如，才能操縱身心，做事時才能把握分寸。追求極端的人，做事總會走上絕路。

318 自然人心，融為一體

■ 原文

當雪夜月天，心境便爾澄澈，遇春風和氣意界亦自沖融；造化人心，混合無間。

■ 譯文

在白雪落地、皓月當空的夜晚，人的心境也會覺得清爽明淨；遇到春風拂面，天氣晴好的日子，人的內心也會感到暖融融的特別舒暢。可見大自然和人心靈是渾然一體的。

■ 活學活用：

自然人心，融為一體

有一句話說：「人類因有夢想而偉大。」人是奇怪的動物，他不僅只要求吃飽而已。人類有靈性，有情感，有思想，有意志，而且更重要的是，人和宇宙萬物，自然環境之間有一種密不可分的聯繫。像倦鳥要回歸樹林，池魚要回到大海，人在疲倦的時候，也需要回歸自然，在那裡，才能找到自己，感受生命的偉大和歡樂。

善於和自己相處的人，怎麼過都是快樂的；善於和他人相處的人，總能給別人帶來快樂；善於和自然相處的人，才會獲得永恆的快樂。

319 不加雕飾，以拙為進

■ 原文

文以拙進，道以拙成，一「拙」字有無限意味。如「桃源犬吠，桑間雞鳴」，何等淳龐！至於「寒潭之月，古木之鴉」，工巧中便覺有衰颯氣象矣。

■ 譯文

寫文章要「拙」，養成樸實無華的文風才能大有長進；學道要修得拙樸才能成功。一個「拙」字包含著很深的用意。就像陶淵明《桃花源記》中所說：「阡陌相通，雞犬相聞」，這是一幅多麼古樸而又充滿生命力的景象！至於清潭中映出月影，烏鴉在老樹上悲鳴的情形，儘管看起來有些詩情畫意，實則顯出沒落景象。

■ 活學活用：

不加雕飾，以拙為進

拙並非愚笨，乃是樸實。樸實之美和靈巧之美同樣是美的境界，樸實中體現本性美，而靈巧中綻放著智慧。

精巧別緻往往隱藏在拙樸之中，因此，與巧飾之美相比，拙樸之美則更深一層。

芙蓉之所以美麗，是因為不加雕飾，而巧飾都是人力所為，借助於外來東西，掩蓋了真實的本性，沒有人類痕跡的原始森林、天然公園，比人為建造的各種園林更勝一籌，原因就在於此。

320 得固不喜，失亦不憂

■ 原文

　　以我轉物者，得固不喜，失亦不憂，天地盡屬逍遙；以物役我者，逆固生憎，順亦生愛，一毛便生纏縛。

■ 譯文

　　以我來支配事物的人，成功了不覺得高興，失敗了也不會憂愁，大地廣闊可以優遊自在；而受物慾奴役的人，遭遇逆境心中產生怨恨，處於順境又生戀棧之心，雞毛蒜皮的小事也會使其身心受到困擾。

■ 活學活用：

得固不喜，失亦不憂

　　一個超脫於物慾和塵念的人，成功與失敗對他來說就如天晴和下雨一樣的平常，喜怒不為功名而生，怨恨不因利祿而起，這樣的人，精神主宰了物質，他的世界便顯得無比開闊，人也能如魚游水般自由、歡快。

　　相反，人一旦被外物役使，心中裝的全是權勢，頭腦裡想的都是錢財，那麼一定是一個斤斤計較，目光短淺的人，這種人毫髮之間也會產生煩惱，即使物質上富可敵國，可是其精神上貧窮得就像一個沿街乞討的乞丐。這樣的人也就是人們常說的「錦衣乞丐」「富翁餓鬼」。

321 形影皆去，心境才空

■ 原文

理寂則事寂，遣事執理者，似去影留形；心空則境空，去境存心者，如聚膻卻蚋。

■ 譯文

道理無存事物當然無存，企圖排除現象而執著本體，那就好比是把形體留下來，卻想把影子趕走一樣，可笑之極；內心空虛環境也跟著空虛，不顧環境的干擾而想內心清靜的人，就如同聚了一堆腥羶之物而要趕走蒼蠅一樣，愚蠢透頂。

■ 活學活用：

形影皆去，心境才空

一個人思想上達到清靜空寂，才不會有煩惱來困擾。但假如本末倒置，只想著驅趕煩惱，而思想上卻未達到空寂，那是不可能的。

有物體才有影子，沒有了物體影子自然也就沒有了，如果物體都不存在，又到哪裡去找影子呢？世間的道理也是如此，脫離了實際的理論是沒有用的，這就像一件偉大的設計作品，作品再好，可找不到符合要求的建築材料，那這作品還有什麼實際意義呢？對於人的內心世界來說，如果內心是虛空的、沒有絲毫的慾望，就算是置身酒樓妓院，也會視而不見，棄耳不聞。如果你心有邪念，就算你隱居在深山幽谷，也無法擺脫酒色財氣的干擾，形式上的擺脫並不能說明心中真正的空無，所以環境的空虛並不是內心的空虛，相反只有內心做到了虛空，環境也就自然而然的空虛了。

322 任其自然，萬事安樂

■ 原文

幽人清事總在自適，故酒以不勸為歡，棋以不爭為勝，笛以無腔為適，琴以無弦為高，會以不期約為真率，客以不迎送為坦夷，若一牽文泥跡，便落塵世苦海矣！

■ 譯文

一個隱居的人，內心清淨而俗事又少，一切只求適應本性。因此，飲酒以不過為歡樂，下棋以不爭勝負為好，吹笛子以不講究調門為適宜，彈琴以無弦之琴為雅；美妙的旋律要靠心靈才能感受得到。與朋友相會，不必約定時間，不期而遇最見真情。賓客來去自便，以不迎送為誠懇自然。如果受到人情世故的約束，就會墮入塵世的苦海之中難以自拔。

■ 活學活用：

任其自然，萬事安樂

為人做事只有適宜於自己的本性，才能快樂。如果飲酒為了一醉方休，表現自己的酒量，下棋意在爭輸贏以此來體現自己的智慧，吹笛是為了在人前表現技巧，彈琴是為了追求韻律，朋友是有約而來，這都是違背了人的本性。如何調適性情，一個重要的原則是不要逆著事物的本性行事。

逆水行舟，只會使阻力越來越大；順勢而為，才能勢如破竹。水上行舟，陸上行走，是自然而然的事，但如果你非要在水上行走，陸上行舟，即使不被溺死，也會是寸步難行。

天地萬物，各有其天性，只有隨緣適性，才能真正的體會到存在本身的樂趣。

323 忘卻生死，可超物外

■ 原文

試思未生之前有何象貌，又思既死之後作何景色，則萬念灰冷，一性寂然，自可超物外。遊象先。

■ 譯文

先想一想人在未出生之前是什麼樣子，再想一想死後又是一番什麼光景？這樣一想就會心灰意冷，不過只要能夠保持純真本性，自然能超脫物外遨遊天地之間。

■ 活學活用：

忘卻生死，可超物外

生死對人來說是一個沉重的話題，但如果你能忘卻生死，充分感受現在，你就會發現眼前真是一個充滿美妙感覺的世界。這世界猶如一席人生的宴會，擺出來讓我們去享受。如果你能感受到這一點，你就會覺得生命之可貴，生命之自由了。但人的生命畢竟是有限的，而這世界是無限的，如何用這有限來對應這無限呢？

人生雖然有限，對自由的追求卻是無限的，當人們充分享受自己自由生命的快樂時，一切有限都被超越，對有限人生的感嘆消失在享受自由生命帶來的愉快中……

324 卓智之人，洞燭機先

■ 原文

遇病而後思強之為寶，處亂而後思平之為福，非蚤智也；幸福而先知其為禍之本，貪生而先知其為死之因，其卓見乎！

■ 譯文

害病之後才想到健康之寶貴，遭遇變亂之後才思念太平的幸福，這都不算有先見之明。能早早知道非分之福乃招禍之根，貪生怕死偏偏是早死之因，這才是具有遠見卓識的人。

■ 活學活用：

卓智之人，洞燭機先

人總是那樣，擁有的時候不知道珍惜，失去了才知道可貴，擁有健康體魄的時候，不懂得愛護自己的身體，等到生病的時候，才覺得健康的可貴。

人們總要經過種種波折之後，才能看透生命的真相，對自己該怎麼活著最好，才會有最真切的領悟。事實上，僅有這種領悟是不夠的，雖然能亡羊補牢，然而羊已死去，損失終究補不回來，可如果具備了洞察事物發展變化的能力，有「福兮禍之所伏，禍兮福之所倚」的先見之明，就能及早識破事物的真相，自由地駕馭生活了。

325 妍醜何存，雌雄安在

■ 原文

優人傅粉調朱，效妍醜於毫端，俄而歌殘場罷，妍醜何存？奕者爭先競後，較雌雄於著子，俄而局盡子收，雌雄安在？

■ 譯文

演戲的人塗脂抹粉，美醜都決定在畫筆上，可轉眼間戲終人散，方才的美醜不復存在；下棋的人你來我往，殺得難解難分，非要一決勝負，但是轉眼之間棋局完了，子收人散，方才的勝負又能怎麼樣呢？

■ 活學活用：

妍醜何存，雌雄安在

人生好像一場戲，每個人粉墨登場，盡顯自己的悲歡離合、喜怒哀樂，還沒來得及名留史冊，生命已走到了盡頭，所以諸葛孔明嘆曰：「出師未捷身先死，常使英雄淚滿襟」。

人生如下棋，剛才還是戰火硝煙，鏖戰猶酣，但轉眼間，已是白骨纍纍、荒塚堆堆，成敗勝負不復存在。歷史上，金戈鐵馬造就多少英雄豪傑，可如今只是都付談笑中而已。邵雍「堯舜指讓三杯酒，湯武爭逐一局棋」的名言可以說是點破了人生的一切，在他看來，像唐堯、虞舜那樣被人稱讚的賢者只不過是三醇酒的事，像商湯與周武王那樣的較量只不過是一局棋的功夫而已。

由此可見，人生短暫，名利是非微不足道，轉眼之間煙消雲散，何苦要太計較呢？

326 靜者為主，獨閒操權

■ 原文

　　風花之瀟灑，雪月之空清，唯靜者為之主；水木之榮枯，竹石之消長，獨閒者操其權。

■ 譯文

　　迎風怒放的鮮花，是那麼瀟灑脫俗；雪海中的月光，是那樣清冷明亮。這一切只有內心寧靜的人，才能感受得到；水位的漲退、樹木的繁榮和蕭條，竹子石頭的消長，只有悠閒的人才能留心觀察並以此為樂。

■ 活學活用：

　　靜者為主，獨閒操權

　　唯心情寧靜之人才能欣賞花舞清風之瀟灑，月映白雪之冰清。只有閒情逸趣者才能注意到水漲水落，葉茂葉凋，竹青竹瘦，石沒石出，並從中領悟到世上萬種的變化規律，以此來陶冶情趣、調劑身心，忘卻人世的喧囂，拋卻人世的煩惱，達到天人合一的超脫境界。

　　當然，如果因鍾情於山水，而忘卻了自身的責任，就違背了儒家入世的人生觀。要是既能寄情於山水，淡泊名利，又能對社會盡自己的一份職責，那就是一個能夠把握自己的人。

　　山水雖好，能修身養性，能怡情眷志，可不能過於沉淪。社會雖紛繁雜亂，可天下匹夫，當盡一己之力。如何把握個中分寸，看你修煉的境界有多深。

327 天全欲淡，雖凡亦仙

■ 原文

田父野叟，語以黃雞白酒則欣然喜，問以鼎食則不知；語以縵袍短褐則油然樂，問以袞服則不識。其天全故其欲淡，此是人生第一個境界。

■ 譯文

那些村夫老農，當你同他們說起農家的白雞老酒，便津津樂道。而問起那些山珍海味，就茫然不知了；同他們說起布衣棉袍，便會流露歡樂之情，但一問到那些蟒袍玉帶的官服，則一點不懂了。可見他們保全了純樸本性，慾望才會這樣淡泊，這是人生第一等境界。

■ 活學活用：

天全欲淡，雖凡亦仙

田園之美在於綠水青山，民風樸實。在這裡，樹林、青山、綠水、莊稼鋪蓋著大地，匯成一片綠色的海洋；在這裡空氣新鮮，沒有城市工業廢氣汙染的威脅；在這裡安寧靜謐，沒有城市那麼多噪音；在這裡生活節奏相對緩慢從容，遠離了城市那種緊迫急促；在這裡人際關係單純明朗，不像城市那樣錯綜複雜；在這裡人們古道熱腸，不像城市那樣人情冷暖，世態炎涼。總之，田園生活是人類理想的生存方式，所以在都市裡生活的人，想方設法把住處田園化。紅磚綠瓦的平房裡，常常是綠樹成蔭、繁花似錦、鳥叫蟲鳴。

田園的環境能讓人暫時擺脫煩惱，遠離是非之地、名利場，保持一分做人的真性。所以說鄉村的生活雖然清苦，卻能遠離喧鬧，雞犬相聞，稻花飄香，其樂融融。

328 心無其心，物本一物

■ 原文

心無其心，何有於觀？釋氏曰觀心者，重增其障；物本一物，何待於齊？莊生口齊物者，自剖其同。

■ 譯文

內心假如沒有雜念，有什麼需要觀察心性的呢？佛祖所說的「反內省」，實際上卻增加了修行的障礙；天地萬物本為一體，哪還用得著人為地去統一呢？莊子所說的「等同萬物」，實際上是將本來同一的事物強行分割了。

■ 活學活用：

心無其心，物本一物

莊子認為一切事物都是平等無差別的，人們對事物的認識本來沒有確定不移的是非標準，所以人們應該從紛繁複雜的萬事萬物中看到它們最本質的特徵是同一的，因而提出了齊是非、齊物我、齊彼此的「齊物論」。

佛教對「齊物論」進行了發展，認為萬物本來就是同一的，又何必把本來一體的東西看作是分割的呢？從莊子和佛家的說法來看，生死本是一回事，只是因為人們的心識執著於虛妄，因此才有生和死這兩個概念，如果超越了這種心識，也就不會計較生與死了。

329 勿待興盡，適可而止

■ 原文

　　笙歌正濃處，便自拂衣長往，羨達人，撒手懸崖；更漏已殘時，猶然夜行不休，笑俗士沉身苦海。

■ 譯文

　　歌舞看得興味正濃時，能獨自拂袖而去，這種胸懷曠達者真是令人羨慕；夜深人靜的時候還在四處奔忙不肯停步，可笑這些凡夫俗子身陷苦海還不清醒。

■ 活學活用：

　　勿待興盡，適可而止

　　人生在世不過百年，不論成功或失敗，百年後都成過眼煙雲。通達生命真相的人能在關鍵時刻把握住內心，從而不使自己墜入痛苦的深淵。相反，一生追逐錢財的人，三更半夜仍然忙著應酬，唯恐其無多，這種人鼠目寸光，說來實在可笑。有人曾出一對聯說：「後世若如我，留錢做什麼？後世不如我，留錢做什麼？」話語精警，足以戒人。

　　名利富貴，容易使人動心，動心則容易全力追求它們，最終為它們所害。在名利富貴面前，保持一顆平常心是難能可貴的。

　　成亦平常，敗亦平常，其中的道理有多少人能明了，又有多少人能親身實踐呢？而這就是區分人生境界高下之所在了。

330 修行於塵，悟道於世

■ 原文

把握未定，宜絕跡塵囂，使此心不見可欲而不亂，以澄吾靜體；操持既堅，又當混跡風塵，使此心見可欲而亦不亂，以養吾圓機。

■ 譯文

當意志還不堅定、尚無把握之時，最好不要涉足喧囂的塵世，使自己看不見種種誘惑，以保持自己純潔樸實的本性。當意志堅定，可以自我控制之時，就應該將自己置身到塵世中去，耳濡目染引起人貪慾的東西，而內心保持堅定的信念，這樣就能使自己的修養達到爐火純青，不管遇到什麼困難都能應付自如。

■ 活學活用：

修行於塵，悟道於世

世間險惡，有很多事情，容易讓人們迷失自我，倘若我們定力不夠，很可能深陷於迷戀中不能自拔。一旦我們無法掌握自己生活的方向時，生活便失去了意義。

所謂出世，那是一種智慧，是一種看透世間種種的智慧，不貪利祿、不愛功名、不為美色所誘惑，具有這種超越世事的心懷，便能夠在世間做任何事而不至於墮落，能夠把握自己生命的方向。

出世又是為了入世，當領悟了道的玄機，完成了自己的修行，就應該接受塵世的洗禮、社會的磨練，藉以培養自己質樸的本性。

331 人我一體，動靜相聯

■ 原文

喜寂厭喧者，往往避人以求靜，不知意在無人便成我相，心著於靜便是動根，如何到得人我一視、動靜兩忘的境界？

■ 譯文

喜好清靜、厭惡喧鬧的人，往往躲到無人的地方去尋求安靜，豈不知遠離人群是為了自我，實際心中所執著的卻是自身。人我本為一體，動靜相互關聯，如不能忘卻自我，只知一味強調寧靜，又怎麼能達到寧靜的境界呢？

■ 活學活用：

人我一體，動靜相聯

修身養性是為了提高自己的道德修養，鍛鍊自己的堅強意志，以能控制自己的物慾情慾，排除自己的私心雜念。求得內心的寧靜在於心靜，環境在其次。

一些清修的人喜歡遠離塵囂隱居山林，以求得寧靜。其實，這樣既然和人群隔離，就表示你內心還存有人己、物我、動靜的觀念，自然也就無法獲得真正的寧靜。所以必須完全拋棄動靜不一的主觀思想，才能真正達到身心都安寧的境界。真正的寧靜是在喧鬧的環境中也能保持平靜的心情，靜亦是靜，鬧亦是靜，才算是真正寧靜。

332 居山清麗，入都俗氣

■ 原文

山居胸次清灑，觸物皆有佳思：見孤雲野鶴而起超絕之想，遇石澗流泉而動澡雪之思，撫老松寒梅而勁節挺立，侶沙鷗麋鹿而機心頓忘，若一走入塵寰，無論物不相關，即此身亦屬贅旒矣。

■ 譯文

隱居在深山老林能使人胸懷坦蕩，看到什麼事物都能引起高雅的思緒；看見無拘無束的孤雲野鶴，就會引起超塵絕俗的觀念；看到清澈的山泉衝激著潔白的山石，就會萌生清洗塵垢、淨化靈魂的衝動；撫摸挺立的老松寒梅，渾身便增添無窮的力量，變得堅貞不屈；常與沙鷗麋鹿為伴，便會把投機取巧的念頭忘得乾乾淨淨。一走入世俗的環境中，不但那些自然景物會被忽視，而連自家身體也會成為多餘之物了。

■ 活學活用：

居山清麗，入都俗氣

俗話說：「近朱者赤，近墨者黑。」生活環境對一個人的性情有著非常重要的影響。

一個久居山林野泉中的人在無形中會生成一派仙風道骨的氣質；一個在社會上生活時間久了的人，也會自覺不自覺地染上市儈的習氣；一隻在雞窩里長大的老鷹，甚至會喪失會飛的本性。所以，心性的培養一定要選擇一個合適的環境。

333 天人合一，景與心會

■ 原文

興逐時來，芳草中撒履閒行，野鳥忘機時作伴；景與心會，落花下披襟兀坐，白雲無語漫相留。

■ 譯文

興致來臨時，何妨脫鞋在草地上漫步，連小鳥也毫不戒備地與你作伴；遇會心之景，落花下披衣獨坐，白雲靜靜飄蕩，滿含留戀之情。

■ 活學活用：

天人合一，景與心會

萬物是無心的，而人類卻有太多的慾望，當我們也能拋棄功名、擺脫權勢的束縛做到無心時，就可以達到天人合一的境界，與自然界渾然融為一體。那時，鳥兒飛來作伴，雲兒與之為伍，大自然顯示出祥和寧靜的氣氛。

事實上，人們已經遠離了大自然，在喧鬧的塵世不能自拔，早就忘卻了還有人來鳥不驚的境界，這是多大的悲哀啊！

334 念頭稍異，境界頓殊

■ 原文

人生福境禍區皆念想造成，故釋氏云：「利慾熾燃即是火坑，貪愛沉溺便為苦海；一念清靜烈焰成池，一念警覺航登彼岸。」念頭稍異，境界頓殊，可不慎哉？

■ 譯文

人生的禍福皆由心念所想而起，所以佛經上說：「利慾薰心，便會葬身慾望的火坑，貪婪之心強烈，便會墮入苦難的海洋；只要有一點警覺精神，那麼便能脫離苦海。」可見想法稍有不同，人生境界就會全面改觀，因此，所思所想必須慎重。

■ 活學活用：

念頭稍異，境界頓殊

人的一生是幸福美滿還是遭遇悽慘，完全取決於個人的主觀意念。名利慾望太過強烈，便會葬身在慾望的火坑；私慾太強烈，就會使自己沉入苦海；要是能時刻有一點警覺精神，面對功名利祿的引誘時，想想古來多少豪傑，今朝都已融入黃土，明白生活的真諦，便能使苦海變樂園。

福禍苦樂，一念之差，釋迦牟尼早就看到了這一點，現實的生活也驗證了這一點。貪戀之心能讓人墮入苦海，純淨的心靈能澆滅心頭的慾火，自我的覺悟能使人達到智者的彼岸。

人生雖短，歧路卻多，所以人生面臨選擇時，要慎之又慎，最好是擇其善者而從之。

335 水到渠成，瓜熟蒂落

■ 原文

繩鋸木斷，滴水穿石，學道者須加力索；水到渠成，瓜熟蒂落，得道者一任天機。

■ 譯文

只要堅持不懈，繩索能鋸斷木頭，水滴可以穿透堅石，做學問的人也要發揚這種精神，加倍努力才能成功；細水彙集自然形成河流，瓜果成熟自然脫落枝蔓，學有所成的人自然可以隨心所欲，暢通無阻。

■ 活學活用：

水到渠成，瓜熟蒂落

相傳唐朝大詩人李白看見一老婦人在磨鐵杵，心中頗感好奇，一問才知道是要讓鐵棒變成針。李白不解地問：「這麼粗的鐵棒何時才能磨成針？」老婦人答道：「只要功夫深，鐵棒磨成針。」曾幾何時，我們的日記本上，我們的書本上都抄寫著這句引人思考的警句，我們把它當作座右銘時刻牢記在心。

《荀子‧勸學篇》中說：「不積跬步，無以至千里；不積小流，無以成江海。」又說：「鍥而捨之，朽木不折；鍥而不捨，金石可鏤。」荀子在此提倡的就是一股鍥而不捨的精神和百折不撓的勇氣。

「繩鋸木斷，滴水穿石」同樣提倡持之以恆的精神。「錐刺股」、「髮懸梁」的故事，說明治學精神的刻苦。相反，如果做事遇難而退，淺嘗輒止，便會一事無成。

336 機息心清，月到風來

■ 原文

機息時便有月到風來，不必苦海人世；心遠處自無車塵馬跡，何須痼疾丘山。

■ 譯文

內心純樸沒有心計的人，就會有月到風來之清新舒暢的感覺，而不必再為人間的煩惱而痛苦；內心清靜沒有雜念，自然就不會留意世俗的喧囂，不必一定眷戀山野林泉的隱居生活。

■ 活學活用：

機息心清，月到風來

人的機巧之心平息了，自然會感到月光皎潔，暖風拂面，生活中充滿溫馨。看到魚兒在水中遊樂，你會感受到無拘無束的快樂；看到蝦群嬉戲，你會體會到生命的靈趣，世界在你眼裡是那樣的和諧和安寧，而不會像有的人一輩子苦苦戚戚。內心清靜沒有雜念，周圍自無車馬之喧。人情擾攘、何必認準此山不變，而要出世隱居呢？

登上高山確實會使人心胸開闊，面對流水也會使人意念深遠，充滿詩情畫意的高山流水也的確有利於修身養性，然而修養達到最高境界的人，就會心無雜念，即使身處塵囂鬧市中，也如同置身深山老林。

337 肅殺之中，可見天地

■ 原文

草木才零落，便露萌穎於根底；時序雖凝寒，終回陽氣於飛灰。肅殺之中，生生之意常為之，即是可以見天地之心。

■ 譯文

草木才開始凋零，其根端已露出萌芽的尖尖；隆冬時節寒凝大地，溫暖的陽春就即將到來。看似一片蕭條死寂景象，其實卻孕育著無限生機，由此可見上天化育萬物的本心。

■ 活學活用：

肅殺之中，可見天地

天無絕人之路，也無絕物之理。常言說得好：「有生必有死，有死必有生。」天地萬物就是如此生生不息的。「野火燒不盡，春風吹又生。」

南宋陸游詩中寫道：「山窮水盡疑無路，柳暗花明又一村。」人在一生中往往會遇到很多困境，是從困境中走出來，還是就此沉淪，關鍵看你心中是否有堅定的意志，意志堅定者，往往會絕處逢生，使事情出現轉機。由此可見，天無絕人之路。

只要對自己的前途充滿必勝的信心，不自暴自棄，不怨天尤人，那麼風雨過後一定是彩虹，黑暗過後一定是黎明的曙光，寒冬過後必定是溫暖的春天。暫時的困境只會培育出永恆的成功。

338 仁者見仁，智者見智

■ 原文

雨後觀山色，景象便覺新妍；夜靜聽鐘聲，音響尤為清越。

■ 譯文

雨後放晴時看那遠處的山巒，就會覺得景色十分美麗；夜闌人靜時聽那寺院的鐘聲，就會感到聲音特別洪亮悠揚。

■ 活學活用：

仁者見仁，智者見智

雨後山色，靜夜鐘聲，皆因清新寂靜而更顯其美，這是大自然在視覺上給人的感受。

很多東西在視覺和聽覺上給人的感覺可能相同，但由此而引發的聯想卻是仁者見仁，智者見智，各不相同。對於相同的事物，造成認識上的不同或是截然相反取決於人的認知水平、性情雅俗、修養高低、心情的好壞。同時也說明，在為人處事時，不要責備他人的不同意見，因為我們都擁有自己的意見和看法，求同存異，才是與人交往最正確的方法。

339 雪夜神清，登山心曠

■ 原文

登高使人心曠，臨流使人意遠。讀書於雨之夜，使人神清；舒嘯於丘阜之巔，使人興邁。

■ 譯文

登高遠望令人心胸開闊，站在江河之畔常令人心潮澎湃，思緒飛揚。在下雨飛雪的夜晚讀書，令人神清氣爽；在雲霧騰繞的山頂引吭高歌，就會感到意氣豪邁。

■ 活學活用：

雪夜神清，登山心曠

登高使人心胸開闊，目光遠大，思維敏捷。所以孟子說：「孔子登東山而小魯，登泰山而小天下。」古書有云：「不歌而誦謂之賦，登高能賦，可以為大夫。」清代大才子紀曉嵐《登高符》中寫道：「一上一上又一上，一上上到高山上；回首紅日向雲低，五海四湖皆在程」。

340 貧窮富有，存於一心

■ 原文

心曠則萬鐘如瓦罐，心隘則一發似車輪。

■ 譯文

一個心胸豁達、為人慷慨的人，即使家財萬貫，也看得像一個瓦罐那麼微不足道；一個心胸狹隘的人，把頭髮絲般的小事也會看得像車輪那麼大。

■ 活學活用：

貧窮富有，存於一心

俗話說「宰相肚裡能撐船，將軍額角能跑馬」，心中有容人容事的雅量，便不會大事小事跟人計較。只有不計較別人過錯的人，才能用人之長補己之短，心平氣和就可以得到大家的幫助。反之，一個人目光短淺，氣量狹小，鼠肚雞腸，私心雜念太多，就會常把芝麻當西瓜，誇大事實，去強求原本不屬於自己的東西，這樣的人天長日久，就不可能有很多的朋友，甚至於會孑然一身。

一個人的心胸是需要後天培養的，心胸豁達才是成就事業的基礎。西漢張良在圯橋上為老者黃石公撿鞋，得其贈送《太公兵法》，後來張良就是靠太公良策輔佐漢高祖劉邦奪取天下，受到劉邦的高度讚賞，被譽為「漢之三傑」之一，封留侯。正是因為其寬闊的心胸，才功成名就。

341 以我轉物，勿物役我

■ 原文

無風月花柳不成造化，無情慾嗜好不成心體。只以我轉物，不以物役我，剛嗜欲莫非天機，塵情即是理境矣。

■ 譯文

如果沒有輕風明月、紅花綠柳，就永不成大自然，假如人沒有七情六慾、各種嗜好，就不是心理健康的人。重要的是讓人來支配事物，而不能讓物慾來左右人的行為。能做到這一點，那麼人的嗜好和慾望就無不順應人的天性，一切世俗情慾也都變為合理的境界。

■ 活學活用：

以我轉物，勿物役我

自然界缺少了清風明月、花草樹林，大自然也就成不了大自然。人無七情六慾、喜怒哀樂，人生也就不成其人生了。

一個人在世上，要能以自己為中心來操縱萬物，而不可以物為中心來奴役自己。一個操縱萬物的人，才不會被無盡的誘惑所吞沒，做事才會有禮有節，能張能弛，才會有分寸而不致失度，使萬物合理地為己所用。相反，以物為中心的人，心性為物所奴役，就會跌入陷阱而不能自拔，就算是災難來臨他也會看不見。

有一個人在溜冰時，因突然發生冰裂而失身落水，眾人慌忙救助，救出水的時候，這人說：「等一等，我的帽子還沒撿上來呢。」想起來就悲哀，生命竟然沒有一個帽子值錢。唉！人怎麼能為物慾所控制呢？須知，玩火者終將自焚。

342 就身了身，以物付物

■ 原文

就一身了一身者，方能以萬物付萬物；還天下於天下者，方能出世間於世間。

■ 譯文

能以自身來領悟人生的人，才能使世間萬物按自身的天性自由發展。能把天下還給天下萬民的人，儘管生活在塵世，卻頗有超凡脫俗的品德。

■ 活學活用：

就身了身，以物付物

人世間有很多事情容易讓人們喪失自己，因此張延魏在陰謀敗落後帶著：「一失足釀成千古恨，再回首已是百年身」的嗟嘆黯然了結餘生。

君王（當政者）只有把天下從心中抹去，才能英明永存，唐太宗因深知：「水能載舟，亦能覆舟」的道理，才使得其在政年間國泰民安，呈現出大好的局勢。

佛家認為，世間的一切事情，皆由心生，亦由心滅。因此事情之所以無法了結，往往是我們心中還眷戀不捨，若能除卻這層障礙，就沒什麼事情不能解決。對外界不起貪戀愛慕的心思，做事才能不至於墮落，從而掌握自己的生命方向。

343 不可徒勞，當樂風月

■ 原文

人生太閒則別念竊生，太忙則真性不現。故士君子不可不抱身心之慮，亦不可不耽風月之趣。

■ 譯文

人生活在世上，過於悠閒則容易產生各種雜念，過於忙碌則會勞累不堪，就會喪失純真的本性。所以高尚的人既不能無憂無慮，遊手好閒，也不能不適當享受一下高雅閒適的樂趣。

■ 活學活用：

不可徒勞，當樂風月

人生苦短，貪圖安逸和終日過於忙碌的人都不能算是領悟到了生命真正的樂趣。因為如果一味地追求閒暇安逸的生活，會消磨人的意志，使人沉淪變壞，成為社會的害蟲。而如果只懂得為了生計而忙碌奔波的人，往往體驗不到生命的寶貴和人生的樂趣，也是可悲的。這些會逐漸泯滅人的純真本性，使一個人變得自私，內心充滿狡詐，心地陰險。

因此，人生不能沒有追求，只有心中有所嚮往，生活才會五光十色。同樣，只為工作而勞累，沒有適當的休息也不行，只有兩者結合起來，才是成功的人生。

344 保持寧靜，心無雜念

■ 原文

人心多從動處失真。若一念不生，澄然靜坐，雲興而悠然共逝，雨滴而冷然俱清，鳥啼而欣然有會，花落而瀟然白得。何地非真境？何物無真機？

■ 譯文

人的心靈大多是抵禦不了外界的誘惑而失去純真本性的。假如內心沒有任何雜念，只要自己靜坐凝思，就會有一種回歸自然的快感，當天邊飄過白雲，便彷彿自己也要乘雲而去；雨滴打在身上，便覺得渾身清冷無比；聽到鳥語就有一種喜悅的意念；看到花瓣紛紛落下，內心覺得非常寂寞蒼涼。可見，任何地方都有真正的妙境，任何事物都有真正的玄機。

■ 活學活用：

保持寧靜，心無雜念

人心往往是從躁動不安中失去自己的純真。要是內心清靜，沒有雜念，便會有一種萬籟歸寂的趣感。凝心靜坐，雲起而悠然與其一同飛逝；雨落則冷然與其共感清爽；聞鳥啼而欣然有會，見花落而瀟然自得。如此，何處不是純真的境界，何處不現其天然的意趣？

心性原來是不受任何拘束的，只是因為嗜欲浮躁而失去了真性。如果心無雜念，見到天上的日月星辰，地上的花鳥魚蟲，就有一種賞心悅目、心曠神怡的感覺。生活原本處處充滿玄機，處處都是真境，關鍵在於我們能不能去領悟和發掘。

345 順逆一視，欣戚兩忘

■ 原文

子生而母危，鏹積而盜窺，何喜非憂也；貧可以節用，病可以保身，何憂非喜也；故達人當順逆一視，而欣戚兩忘。

■ 譯文

孩子出生時母親就要冒生命危險，錢財太多盜賊就會來騷擾，哪一樣高興的事中不包含著憂愁呢？家境貧窮可以養成節儉的美德、身患疾病可以學會養生的方法，可見值得顧慮的事也都伴隨著歡樂；因此，心胸豁達的人把順境和逆境看作是一樣的，因此，自然也就沒有高興和悲傷了。

■ 活學活用：

順逆一視，欣戚兩忘

「塞翁失馬，焉知非福。」通常事物存在正反兩方面，有好的一面必定就有壞的一面，就像生物的基因一樣有顯性和隱性，當顯性基因占主導地位，那麼某些特徵就會表現出來，當隱性基因占主導地位，那麼某些特徵在一定的時期處於隱藏狀態，在一定條件下會相互轉化。生活也是如同此理，如果人們在遭受災禍後能夠吸取教訓，就可以讓災禍成為過去而迎接幸福的來臨；如果人們在幸福的境況中過度奢侈淫逸，那麼很快就會大禍臨頭了。

因此，看問題一定要全面，不要像盲人摸象，要從多角度來判斷事物的特徵，預測其發展方向，而不能侷限於眼前利益的得失。同時，只有把眼前的利益得失、順利和挫折、歡樂和悲哀都看作一回事，才能體驗到挫折中的順利和悲哀中的歡樂。

346 心境如月，物我兩忘

■ 原文

耳根似飆谷投音，過而不留，則是非俱謝；心境如月池浸色，空而不著，則物我兩忘。

■ 譯文

耳中聽到任何事，都要像大風吹過山谷，一陣呼嘯過後什麼都不留下，這樣所有流言蜚語就都不起作用；心靈要像月光下的清潭，月光雲影倒映其中卻不能長駐，這樣心中不裝仼何雜事，就能忘掉一切。

■ 活學活用：

心境如月，物我兩忘

生活瑣碎，煩惱眾多，人生在世，逃不了，躲不掉，只有坦然面對，才能心生寧靜。

事情的苦樂福禍最終都不能由人的主觀意志來決定，所以人生應當抱定隨遇而安的態度，事情來了就要盡心盡力，事情完了內心就要立即恢復寂靜，不因失敗而悲傷不已，不因事情成功而高興。用這種心態來對待萬事萬物，就能拿得起，放得下，想得開，也就沒有什麼可煩惱的了。

回顧古今中外的歷史，成功者與偉人們多不是幸運兒，多不是春風得意的幸運兒，他們之所以能獲得成功，能建立豐功偉業，在於他們克服了一般人面對逆境時的哀怒和軟弱、怯懦的表現，戰勝了自己，也就征服了世界。

347 世間皆樂，苦自心生

■ 原文

世人為榮利纏縛，動塵世苦海，不知雲白山青，川行石立，花迎鳥笑，谷答樵謳，世亦不塵，海亦不苦，彼自塵苦其心爾。

■ 譯文

世人被名利所困擾，動不動就抱怨人世間太紛亂，然而卻不知道，只要看淡名利不去追逐，回過頭來欣賞白雲籠罩下的青山翠谷，屹立在河水奔流中的奇岩怪石，迎風招展的花卉，歡快啼叫的鳥兒，以及漁人和樵夫的引吭高唱。就會發出會心的微笑，世間何處是苦海？完全是庸人欲念薰心，自討苦吃罷了。

■ 活學活用：

世間皆樂，苦自心生

世人因為被名利所束縛，所以動輒愛說人生如苦海，何時才是盡頭。他們從不知有青山、白雲的雅景，山石錯落的美麗，鳥語花香的溫馨，空谷回音的人間樂趣。

人生本無塵垢，也不是苦海，不過是世人將塵垢自蒙其心而感到心靈的苦惱罷了。如能擺脫名利、私慾，跳出苦海，那麼人間處處都是天堂了。

348 月盈則虧，履盈者戒

■ 原文

花看半開，酒飲微醉，此中大有佳趣。若至爛漫。便成惡境點，履盈滿者宜思之。

■ 譯文

花卉以含苞待放最為美麗，喝酒以似醉非醉為最好，這裡也很有講究。如果鮮花怒放或喝得酩酊大醉，就不好了。事事如意，志得意滿的人，對此應多想一想。

■ 活學活用：

月盈則虧，履盈者戒

天道忌盈，人事懼滿，花開最早，敗得最快。俗話說：「得意無忘失意時，上台無忘下台時。」一個人正當春風得意、呼風喚雨時，一定要多積德、多做善事，以免失勢之後會人單力薄，會被人落井下石。

「月盈則虧，履盈者戒。」無論出身多麼高貴，地位多麼榮耀，在順境得勢時，一定要做到心中有數，心知肚明，知道進退權變，要居安思危，處進思退，留有轉圜的餘地，千萬不可恃富凌人，倚強欺弱。

349 物貴天然，人貴自然

■ 原文

山肴不受世間灌溉，野禽不受世間豢養，其味皆香而且冽，吾人能不為世法所點染，其臭味不迥然別乎？

■ 譯文

山間野菜不需要人去澆灌，野外的動物不需要人們去飼養，可是這些味道都很鮮美。同樣的道理，如果人們不受世俗習慣的汙染，渾身也會透出清新自然的氣息，與那些充滿銅臭味的人大不相同。

■ 活學活用：

物貴天然，人貴自然

山珍沒有世人為其澆灌，野禽沒有世人將其飼養，但都特別味美香醇，那是因為其成長在大自然中，一切順其自然發展，才營養豐富，味道鮮美。

同樣的道理，做人如果不為功名所累，不為利益所羈絆，永保一顆純潔自然的心，自然會有一種清新飄逸的氣質，這種天然的氣質是那些名利之徒想學也學不來的。

350 玩弄物華，有何佳趣

■ 原文

　　栽花種竹，玩鶴觀魚，亦要有段自得處，若徒留連光景，玩弄物華，亦吾儒之口耳，釋氏之頑空而已，有何佳趣？

■ 譯文

　　栽花種竹、養鶴賞魚，要從中領悟到高雅的生活情趣。假如僅僅為了觀賞景色，或者玩個新奇，那不過是儒家所說的「小人之學，耳入口出」，佛家所說的「只知誦經，不明佛理」而已，有什麼真正的情趣呢？

■ 活學活用：

　　玩弄物華，有何佳趣

　　栽花種竹，玩鶴觀魚，看似悠閒，但從中也要能懂得悠然自得的道理。倘若僅僅是流連風光，把玩景物，也只不過如談淺書者略懂皮毛，出家人而不懂佛理而已，又有何雅趣呢？

　　附庸風雅只為裝點門面，打腫臉來充胖子只為追求表面形式，沉迷於浮華之中，而不注重內在品德的修養，高雅的情趣又從何而來？

351 陷於不義，生不如死

■ 原文

　　山林之士，清苦而逸趣自饒；農野之人，鄙略而天真渾具。若一失身市井駔儈，不若轉死溝壑神骨猶清。

■ 譯文

　　山林中的隱士，生活雖然清苦，但卻擁有很多的雅趣，農夫山野之人雖然孤陋寡聞，但卻不失其純樸的天真。一旦回到市井變成一個市儈，還不如死在荒郊保持清白的名聲與屍骨。

■ 活學活用：

　　陷於不義，生不如死

　　一個人活在世上如果只知貪利忘義，甚至為了一己私利不惜損害他人的利益，這樣的人生不如死，這樣的人即使擁有堆積如山的財富，身著錦衣，吃著山珍海味，生活又有什麼意義。故那些重義而輕利者認為生活可以清貧，但大義卻不能丟掉。宋代文學家蘇軾曾經說過：「夫君子所重者，名節也。故有捨生取義、殺身成仁、可殺不可辱之語。」

　　翻開中國的歷史，有多少重義重節、殺身成仁、捨生取義的忠臣義士，如西漢出使匈奴的使者蘇武、宋代抗元名將文天祥，他們為了國家的利益，絕不苟且偷生，屈膝投降，這種無畏的精神，這種精忠報國的節義成為民族氣節的精華。

352 非分之獲，陷溺之根

■ 原文

非分之福，無故之獲，非造物之鉤餌，即人世之機阱，此處著眼不高，鮮不墮彼術中矣。

■ 譯文

不是自己分內應得的福分，不是經過自己努力而獲得的財物；這些要麼是上天為誘人墮落而設下的鉤餌，要麼是別人用來暗算你的陷阱。在這個時候，人如果不站高一點看問題，很少有人能逃過圈套的。

■ 活學活用：

非分之獲，陷溺之根

世上沒有不勞而獲的好事，所以在面對飛來橫財之時，當小心謹慎；在平白受人贈送的時候，要冷靜處理，絕不可貪一時之利而喪失更多的錢財。

小王有一次在過天橋的時候，遇上一男一女手裡拿著四個金元寶，那兩人一唱一和，聲情並茂地對小王說，要不是家有急用也不會將祖傳金元寶拿出來賣，邊說邊掏出一些偽造的證明。小王當時被兩人說得有點動心了，當知道只需要兩萬元的時候，私慾矇住了雙眼，上了賊人的圈套，事後，小王後悔不已。

通常，無故讓你得到就是有意讓你失去，這樣的人不是想利用你，就是想騙你。

353 把握要點，卷舒自在

■ 原文

人生原是一傀儡，只要根蒂在手，一線不亂，卷舒自由，行止在我，一毫不受他人提掇，便超出此場中矣。

■ 譯文

人生就像一場木偶戲，只要能把偶線握好，主線不亂，就能進退自如，絲毫不受他人操縱，能夠做到這一點，便可超出人生遊戲之外了。

■ 活學活用：

把握要點，卷舒自在

人生是一過程，要讓這個過程精彩絕倫，關鍵要把握好自己，掌握好自己的分寸。

對於自己的人生，要將命運之繩握在自己的手裡，分析、認清自己，看清周圍的環境，掌握好為人處事的方法，這樣，就可以在人生的海洋裡任意邀遊，而不受制於人。

對他人，要冷靜觀察，小心對待，不輕信於人，也就不受人控制了。一個人做到了這些，就可以超然物外了。

354 利害常情，不若無事

■ 原文

一事起則一害生，故天下常以無事為福。讀前人詩云：「勸君莫話封侯事，一將功成萬骨枯。」又云：「天下常令萬事平，匣中不惜千年死。」雖有雄心猛志，不覺化為冰霰矣。

■ 譯文

凡事有利總有弊相隨，所以，人們常以天下無事視為自己的福氣。前人曾說：「勸君不要談封侯拜相之事，名將的戰功都是萬人的頭顱堆成。」古人又說：「要想天下太平無事，只有把兵器收藏在倉庫。」讀了這些詩，就是再有雄心壯志，一腔熱血也會馬上化為冰水。

■ 活學活用：

利害常情，不若無事

事物總是有好壞兩個方面的，有利就有弊，有福就有災。俗話說得好「得失相隨，利弊相間。」平和的人又說：「多一事不如少一事，少一事不如沒有事。」沒有事才是福氣。

利害得失是此消彼長、相互轉化的，衰敗過後也許就是強勝，今日的強勝也許就是明日的衰敗；今天的得到也許就是明天的失去，只要能看清世間這種輪迴循環的道理，牢記富無三代，窮無三代的教訓，就會自動打消曾經擁有的雄心壯志了。

355 清淨之門，常為淫淵

■ 原文

淫奔之婦矯而為尼，熱衷之人激而入道，清淨之門常為淫邪之淵藪如此。

■ 譯文

與人私奔的婦人，常常也會削髮為尼；熱衷於功名利祿的人，往往一氣之下當了道士。本來是最講清靜的修行之地，反倒成為淫邪之徒聚集的地方。唉，真是太可笑了！

■ 活學活用：

清淨之門，常為淫淵

俗話說，「最危險的地方最安全」，一個行善的場所最容易成為罪惡的避難所。所以才有了私奔的淫婦打扮成尼姑，許多人披著善良的外衣行惡。所以才有追逐名利之徒穿上袈裟，在遠離紅塵的潔淨之地，做見不得人的勾當。

世間複雜，五花八門，真真假假，虛虛實實。生活中有很多惡人卻披著行善的外衣，這種人的欺騙很容易得手，因為沒有人會去防範一隻披著羊皮的狼，人們往往被表象欺騙，而無法識破他們的罪惡意圖。因此，為謹防上當受騙，要睜大自己的雙眼，要善於識別真假、善惡、美醜。

356 身在局中，心在局外

■ 原文

波浪兼天，舟中不知懼，而舟外者寒心；猖狂罵坐，席上不知警，而席外者咋舌。故君子雖在事中，心要超事外也。

■ 譯文

波浪滔天，翻江倒海，坐在船上的人並不感到害怕，而船外的人都膽顫心驚；當酒醉怒罵之時，同席的人見了並不吃驚，而席外的人卻驚得目瞪口呆。因此，君子雖然身在事中，也要像局外人那樣保持清醒的頭腦。

■ 活學活用：

身在局中，心在局外

一個人最怕沉溺於事中，而不能置身事外來看事。看不清事物發展的方向，就會被其勢所左右，這樣就可能出現錯誤的判斷，導致錯誤的行為。俗話說：「當局者迷，旁觀者清」說的就是這個道理。意思就是說身當其事反而不能客觀準確地了解實際情況，變得糊塗起來。一個處世高手，往往能身在局中心在局外，不為事物暫時的假象所迷惑。當然，要做到這樣，既要具備高尚的修養和優良的素質，還要能聽從不同的意見，經常深入實際作調查研究才行。

357 減繁增靜，安樂之基

■ 原文

人生減省一分，便超脫了一分，如交遊減便免紛擾，言語減便寡愆尤，思慮減則精神不耗，聰明減則混純可完。彼不求日減而求日增者，真桎梏此生哉。

■ 譯文

人生在世若能減少一點煩惱，就能多一分超脫。比如：少一些交遊往來，便免去許多紛擾；少一些話語議論，便少犯許多過錯；少一些焦思苦慮，便少耗費許多精神；少一些自做聰明，就能保持純真的本性。那些不求每日能省一些事反而要生出一些事情來的人，真是自己給自己戴上枷鎖啊。

■ 活學活用：

減繁增靜，安樂之基

人生在世，為人處世越簡單越好，能減少一點，相應的就能多一分超脫。如果減少在人情場上作周旋，就能免去許多不必要的麻煩；少言多做，就能少犯過失。事實上，有的人不是每天減少而是一天天增加煩惱，那麼一輩子也別想擺脫世俗的枷鎖。

交際應酬，本來就很難面面俱到，此處應付得了，它處必定應付不得，即便是八面玲瓏的人，也難免落得個虛假油滑之名。何況大多數交往都只是表面功夫，窮於應付，難免虛與委蛇，周旋到煩人之處，種種嫌隙頓時就會產生。以此類推，也就不難明白「言多語失」、「禍從口出」、「思慮耗神」的道理了。

358 滿臉和氣，隨地春風

■ 原文

天運之寒暑易避，人世之炎涼難除；人世之炎涼易除，吾心之冰炭難去。去得此中之冰炭，則滿臉皆和氣，自隨地有春風矣。

■ 譯文

大自然的嚴寒和酷暑都容易躲過，而人世間的世態炎涼卻難以去除。人世間的冷暖變化容易消除，只有那鬱積在心中的愛和恨難以除去，假如能去除心中的愛憎之情，則會感到滿臉和氣，感覺到遍地都是和煦的春風，暖人心扉。

■ 活學活用：

滿臉和氣，隨地春風

人自然的寒暑容易躲避，而世間世態炎涼難以去除，比世態炎涼更難消除的是人心中的恩怨情仇，人若能去得心中的恩怨情仇，還有什麼不能放寬心胸的呢？

俗話說：「怨家易解不易結」，很多人心中的怨恨大多數是自己一念之差造成的。天氣的冷暖和世態的炎涼來自外界，因而能夠克服和避免，只有心中的敵人才是最難戰勝的。因此，面對複雜的人際關係，要做到「以直抱怨，以德報德」，這樣才能獲得一個和諧的人際環境。

359 超越形體，得見真趣

■ 原文

茶不求精而壺也不燥，酒不求洌而樽也不空；素琴無弦而常調，短笛無腔而自適，縱難超越羲皇，亦可匹儔嵇阮。

■ 譯文

喝茶不必一定要喝名茶，只要壺中常有，飲酒不一定非要十分清洌，只要保持酒壺經常不空；無弦之琴雖彈不出旋律，然而卻足可調劑身心，無孔之笛雖然吹不出音調，然而卻可使精神舒暢。一個人假如能做到這樣，那麼縱然不像處在伏羲氏時代那麼超凡脫俗，起碼也和嵇康、阮籍一樣逍遙自在。

■ 活學活用：

超越形體，得見真趣

人生的真正樂趣不在於整日美酒、名茶，也不在於擁有高雅的琴樂和美妙的笛音。真正的快樂是品嚐淡酒、清茶、調拔素琴和吹奏拙笛的過程。

人生應當享受過程，而不要注重形式，不要在乎結果。如能超脫於實體，注重精神感受，就能逍遙自在、怡然自得、超凡脫俗。

360 萬事隨緣，隨遇而安

■ 原文

釋氏隨緣，吾儒素位，四字是渡海的浮囊。蓋世路茫茫，一念求全則萬緒紛起，隨遇而安則無入不得矣。

■ 譯文

佛家主張「隨緣」，即根據客觀條件決定自己的行為；儒家主張「素位」，即安分守己。「隨緣」和「素位」這四個字是渡過人生海洋的法寶。因為人世間的道路十分漫長曲折，如果始終抱著一個要求完美無缺的念頭，那麼種種頭緒就會紛紛興起。只有那些處於各種環境能安心的人，才會時時刻刻感到快樂。

■ 活學活用：

萬事隨緣，隨遇而安

人生的慾望太過強烈，以至於迷失了自我。在功名和利祿面前，超脫被改造成了私利，生活毫無樂趣可言。那麼怎樣改變現狀呢？做到「隨緣」、「素位」。「隨緣」、「素位」是佛、儒兩家為人處事的祕訣。佛家主張「隨緣」，凡事要聽其自然，遵循事物的發展規律辦事，如果倒行逆施、任憑自己的主觀努力去行事，那是無論如何也不能獲得成功的。儒家主張「素位」就是要滿足現狀，知足常樂，如果是滿腹牢騷，不安於現狀，不僅是庸人自擾，還將貽害別人。

就現代觀點而言，隨喜、隨緣、隨遇而安是一種逃避競爭的好藉口。但是，人不應當聽從天命的安排，也不可違背事物的發展規律，只有遵循規律辦事才能取得成功。

國家圖書館出版品預行編目（CIP）資料

當菜根譚成為商場必修課：為人處事學分修好修滿 / 歐陽翰，劉燁 著 .
-- 第一版 . -- 臺北市：崧燁文化 , 2020.02
　　面；　公分
POD 版

ISBN 978-986-516-329-7(平裝)

1. 修身

192.1　　　　　　　　　　　　　　　　　　108022335

書　　　名：當菜根譚成為商場必修課：為人處事學分修好修滿
作　　　者：歐陽翰，劉燁 著
發 行 人：黃振庭
出 版 者：崧燁文化事業有限公司
發 行 者：崧燁文化事業有限公司
E-mail：sonbookservice@gmail.com
粉 絲 頁： 　　　　　　網 址：
地　　　址：台北市中正區重慶南路一段六十一號八樓 815 室
8F.-815, No.61, Sec. 1, Chongqing S. Rd., Zhongzheng
Dist., Taipei City 100, Taiwan (R.O.C.)
電　　　話：(02)2370-3310 傳　真：(02) 2388-1990
總 經 銷：紅螞蟻圖書有限公司
地　　　址：台北市內湖區舊宗路二段 121 巷 19 號
電　　　話:02-2795-3656 傳真 :02-2795-4100　　網址：
印　　　刷：京峯彩色印刷有限公司（京峰數位）
　　　本書版權為千華駐讀書堂出版社所有授權崧博出版事業有限公司獨家發行電子
　　　書及繁體書繁體字版。若有其他相關權利及授權需求請與本公司聯繫。
定　　　價：450 元
發行日期：2020 年 02 月第一版
◎ 本書以 POD 印製發行